Chinese to a T

Fourth Semester

Chinese to a T

by John Marney

edited by Steven Marney

Ann Arbor
The University of Michigan Press

Contents

Session 1

Tone Practice: 4th+2nd

\	/

jùhé   *shìqíng*   *xiùcái*   *còuhé*   *jìdé*   *shàonián*

yùyán   *wèilái*   *jìnlái*   *yùfǎng*   *guìtái*   *zhèng qián*

dànbái   *fùzá*   *kuàihuó*   *jìngtóu*   *shùpí*   *diàntái*

dòngqíng   *kuàngshí*   *zài lái*

jiù [immediacy, as soon as]

Fourth Semester sessions introduce grammatical words and structures that extend and refine subtle command of Chinese.

就 *jiù*

In Classical Chinese, 就 *jiù* functions as a full verb *go to*. It is useful to observe this meaning and treat its modern use as *tending towards* the verb it modifies. *Earlier than expected* seems to work better than the misleading "then" usually given in textbook explanations and glossaries:

說話就來   no sooner said than done
shuōhuà jiù lái   [speak words, *immediately* come]

jiù appears in a variety of structures.

1. The idea of immediacy is provided in the structure:

一 V 就 V
yì V jiù V

她一進家門兒**就**去冰箱裏找吃的。

tā yí jìn jiāmér jiù qù bīngxiāng lí zhǎo chī de.

the moment she gets in the door she makes a beeline for the fridge to get something to eat.
[she one enter family door immediately goes to refrigerator inside look for eat (thing)]

她一**看見**他**就暈**倒了

tā yí kànjiàn tā jiù yūndǎo le

the moment she set eyes on him she fainted

Different subjects may govern the *yì V* and *jiù V* units:

我一坐下好好兒的看電視，電話鈴**就要響**

wǒ yí zuò xià hǎohār de kàn diànshì, diànhuà-líng jiù yào xiǎng

the moment I sit down to watch TV, the **telephone**'s bound to **ring**

Negated verbs may also follow *jiù:*

老師一生氣學生**就不**吵鬧了

lǎoshī yì shēngqì xuéshēng jiù bù chǎonào le

the moment the prof became angry, the students stopped their ruckus

我一進洗澡盆熱水**就没有**了

wǒ yí jìn xǐzǎo-pén rèshuǐ jiù méiyǒu le

the moment I get into the shower the hot water goes off

2: 了 *le* [complete] or 完 *wán* [finish] occurs between the verb and an object, optionally reinforced by 以後 *yǐhòu* [after] to produce a verb-phrase *after having verbed the object*...:

她吃了飯

tā chī le fàn

having eaten, she...

她吃完飯以後

tā chī wán fàn yǐhòu

having finished eating, she...

The connective 就 *jiù* connects the completion of the sentence:

a.   For habitual activity:

> V 完／了 (Obj) 以後，就 V (Obj)（了）
> *V wán/le (Obj) yǐhòu, jiù V (Obj) (le)*

她吃完早飯以後，**就**上班去
*tā chī **wán** zǎofàn **yǐhòu**, **jiù** shàngbān qù*

she **goes** to work **as soon as** she's finished breakfast
[she eat finish breakfast afterwards, immediate ascend shift go]

b.   For negated habitual activity

她吃完飯以後 **就不去**游泳
*tā chī **wán** fàn yǐhòu jiù **bú qù** yóuyǒng*

she **never goes** swimming after a meal

c.   For completed activity, requiring the terminal 了 *le:*

> V 完／了 (Obj)（以後），就 V (Obj) 了
> *V wán/le (Obj) (yǐhòu), jiù V (Obj) le*

她吃完早飯以後，**就**上班去了
*tā chī **wán** zǎofàn **yǐhòu**, **jiù** shàngbān qù le*

she **went** to work **as soon as** she'd had breakfast

Exercises

A.   Practice the structure *yì V jiù V:*

a.   一聽就明白
yì tīng jiù míngbái

understand the moment (you) hear

b.   一出門就下雨
yì chūmén jiù xiàyǔ

rains the moment (you) go out

c.   一看書就睡覺
yí kànshū jiù shuìjiào

fall asleep the moment (you) start to read

d. 一打電話就說半天
yì dǎ diànhuà jiù shuō bàntiān

once (you) pick up the phone you're there for the duration

e. 一看見他就生氣
yí kànjiàn tā jiù shēngqì

get angry the moment (you) set eyes on him/her

f. 一坐汽車就暈車
yí zuò qìchē jiù yùnchē

get carsick the moment (you) get in the car

g. 一聽就明白
yì tīng jiù míngbái

understand the moment (you) hear it

h. 一吃就好了
yì chī jiù hǎo le

better the moment (you) take it

i. 天一亮就起床
tiān yí liàng jiù qǐchuáng

get up at the crack of dawn
[sky one bright immediate rise-bed]

j. 一上班就工作
yí shàngbān jiù gōngzuò

get down to work the moment (you) go on-shift

k. 她一聽別人說什麼她也就說什麼
tā yì tīng biérén shuō shémme tā yě jiù shuō shémme

she immediately repeats what she hears other people say

B. Practice the structure *yì (bu) V jiù bu/méiyǒu V (le)*:

a. 老板一走，工人就不工作了。
Láobǎn yì zǒu, gōngrén jiù bù gōngzuò le.

The moment the boss's away, the workmen stop work.

b. 我一看見她不去我也就不去了。
Wǒ yí kànjiàn tā bú qù wó yě jiù bú qù le.

The moment I saw she wasn't going, I didn't go either.

c. 我一看見人家不吃，我也就不吃。
Wǒ yí kànjiàn rénjiā bù chī, wó yě jiù bù chī.

If I see other people aren't eating it, I don't eat it either.

d. 天氣一冷我就不出門兒。
Tiānqì yì lěng wǒ jiù bù chūmér.

The moment the weather gets cold I don't go out.

e. 你一不留心就發生問題！

   Nǐ yí bù liúxīn jiù fāshēng wèntí!

You stop paying attention, and there'll be trouble!

f. 我一不說她好話她就不理我了。

   Wǒ yí bù shuō tā hǎo huà tā jiù bù lí wǒ le.

The moment I stop saying nice things about her, she stops paying attention to me.

g. 我一不交電費，電就停止供應了。

   Wǒ yí bù jiāo diànfèi, diàn jiù tíngzhǐ gòngyíng le.

The moment I don't pay my electricity bill, they shut the service off.

h. 你一走就不可以回來。

   Nǐ yì zǒu jiù bù kéyǐ huílái.

Once you go, you can't come back.

i. 你一撒謊，人家再也就不相信你了。

   Nǐ yí sāhuǎng, rénjiā zài yě jiù bù xiāngxìn nǐ le.

Once you tell a lie, no one will ever believe you again.

j. 你一說出來就不許後悔。

   Nǐ yì shuō chūlái jiù bù xǔ hòuhuǐ.

Once you say it, it's no good regretting it.

C. Practice the structure *V wán/le (Obj) yǐhòu:*

a. 做完作業以後

   zuò wán zuòyè yǐhòu

after finishing (my) homework

b. 洗完衣服以後

   xǐ wán yīfú yǐhòu

after doing the laundry

c. 寫完信以後

   xiě wán xìn yǐhòu

after writing a letter

d. 休息好了以後

   xiūxí hǎo le yǐhòu

after taking a good rest

e. 搶了銀行的錢以後

   qiǎng le yínháng de qián yǐhòu

after robbing a bank

f. 吵完架以後   after (they'd) stopped quarreling
    chǎo wán jià yǐhòu

g. 天黑了以後   after it gets/got dark
    tiān hēi le yǐhòu

h. 學會漢語以後   after mastering Chinese
    xué huì Hànyú yǐhòu

i. 看完她的信以後   after reading her letter
    kàn wán tā de xìn yǐhòu

j. 洗完車子以後   after washing the car
    xǐ wán chēzi yǐhòu

D. Express in Chinese the following ideas using the structure *yì V jiù V:*

a. Explain that you get airsick the moment you board a plane.

b. Complain that your parents/spouse **get on your case**.
    (*jiàoxùn* [give a lesson]) as soon as you come home.

c. Tell class members you'll **take off** (*pǎo dào* [run to]) for China the moment you
    graduate.

d. Say how you **always (*fēiděi yào* [have to]) reply** (*huíxìn* [return letter]) to letters
    the moment you **receive** *(shōudào)* them.

e. Say how you always **pay** off *(fùqián)* your **bills** *(zhàngdān)* as they come in.

f. Say how your sister turns on the **heat** *(nuǎnqì)* the moment it gets a bit chilly.

g. Say how your brother turns on the **air-conditioning** *(kōngtiáo)* the moment it gets a
    bit warm.

h. Say how the moment your Mom's friends arrive for a visit, they never **seem**
    (hǎoxiàng) to want to leave (*shēng gēn* [grow roots]).

i. The moment I **buy** *(mǎi huílái)* something it goes wrong.
    [things one buy return come immediate spoil complete]

j. The moment she senses there's something to eat, she's in the door **like a shot**
    (*mǎshàng* [on horseback, immediately]).

E. Express in Chinese the following ideas using the structure *V wán/le (Obj) yǐhòu jiù V (le)*:

 a. I usually take off for school as soon as I've had breakfast.

 b. You should wash your hands as soon as you've been to the toilet.

 c. Whenever I buy something, I **look it over** (*jiǎnchá* [inspect]) for **defects** *(máobìng).*

 d. Let's go as soon as class is out.

 e. He has to have a cigarette after meals.

 f. I already did my homework as soon as I got home from class.

 g. After the dance she went **directly** *(yìzhí)* home to bed.

 h. After the teacher left, pandemonium broke out (*kāishǐ* [begin]).

 i. We went to the movies as soon as the **shops** *(shāngdiàn)* closed.

 j. After the movies, we went for a hamburger **and then** *(ránhòu)* called it a day.

F. Express in Chinese the following negative statements:

 a. The moment I enter a store the service disappears.

 b. If I touch a single drop of beer, I feel sick.

 c. If I don't watch them every minute of the day (*guānzhào* [supervise]) they're immediately up to something (*táoqì* [naughty]).

 d. Policemen and waiters are alike: the moment you **need** *(xūyào)* one, they're never around.

 e. The moment it's **his turn** *(gāi tā)* to buy, he says he left his wallet at home [not have/forgot to **bring** *(dài)* money].

 f. She never drives after she's been drinking.

 g. It's best not to **sit in the sun** *(shài tàiyáng)* after you've been drinking.

 h. You must **put** things **back** *(fàng huíqù)* after you've finished with them.

 i. I don't feel like studying **immediately after** *(gāng chī wán)* dinner.

 j. I don't want to go to the movies after an evening of TV.

Key to Exercises

D.

a. 我一上飛機就暈飛機。   *Wǒ yí shàng fēijī jiù yùn fēijī.*

b. 我一進家門兒，我父母/愛人就教訓我。   *Wǒ yí jìn jiāmér, wǒ fùmǔ/àirén jiù jiàoxùn wǒ.*

c. 我一畢業就要跑到中國去。   *Wǒ yí bìyè jiù yào pǎo dào Zhōngguó qù.*

d. 信一收到我就非得要回信。   *Xìn yì shōudào wǒ jiù fēiděi yào huíxìn.*

e. 賬單一收到我就付錢。   *Zhàngdān yì shōudào wǒ jiù fùqián.*

f. 天氣一涼我姐姐/妹妹就開暖氣。   *Tiānqì yí liàng wó jiějie/mèimei jiù kāi nuǎnqì.*

g. 天氣一暖一點兒我哥哥/弟弟就開空調。   *Tiānqì yì nuǎn yìdiǎr wǒ gēge/dìdi jiù kāi kōngtiáo.*

h. 我媽媽的朋友來看她的時候，一進門兒就好像生根。   *Wǒ māmā de péngyǒu lái kàn tā de shíhòu, yí jìnmér jiù hǎoxiàng shēng gēn.*

i. 東西一買回來就壞了。   *Dōngxī yì mǎi huílái jiù huài le.*

j. 她一知道有東西吃就馬上進來。   *Tā yì zhīdào yǒu dōngxī chī jiù mǎshàng jìnlái.*

E.

a. 我照例吃完早飯以後就上學校去。   *Wǒ zhàolì chī wán zǎofàn yǐhòu jiù shàng xuéxiào qù.*

b. 上了廁所以後就要洗手。   *Shàng le cèsuǒ yǐhòu jiù yào xíshǒu.*

c. 東西買回來了以後我就檢查有沒有毛病。   *Dōngxī mǎi huílái le yǐhòu wǒ jiù jiǎnchá yǒu méiyǒu máobìng.*

d. 下了課以後就去吧。   *Xià le kè yǐhòu jiù qù ba.*

e. 他吃完飯以後就非得要抽煙。   *Tā chī wán fàn yǐhòu jiù fēiděi yào chōuyān.*

f. 我下課回家了以後就已經做好作業了。

Wǒ xiàkè huíjiā le yǐhòu jiù yǐjīng zuò hǎo zuòyè le.

g. 她跳完舞以後就一直回家睡覺去了。

Tā tiào wán wǔ yǐhòu jiù yīzhí huíjiā shuìjiào qù le.

h. 老師走了以後，學生就開始吵鬧了。

Lǎoshī zǒu le yǐhòu, xuéshēng jiù kāishǐ chǎonào le.

i. 商店關門兒了以後我們就去看電影了。

Shāngdiàn guānmér le yǐhòu wǒmen jiù qù kàn diànyǐng le.

j. 看完電影以後，我們就去吃漢堡包，然後回家去了。

Kàn wán diànyǐng yǐhòu, wǒmen jiù qù chī hànbǎobāo, ránhòu huí jiā qù le.

F.

a. 我一進商店，服務員就不見了。

Wǒ yí jìn shāngdiàn, fúwù-yuán jiù bú jiàn le.

b. 我一喝啤酒就不舒服。

Wǒ yì hē píjiǔ jiù bù shūfú.

c. 我一不關照他們，他們就淘氣。

Wǒ yí bù guānzhào tāmen, tāmen jiù táoqì.

d. 警察和飯店服務員一樣：一需要他的時候就不見了。

Jǐngchá hé fàndiàn fúwù-yuán yíyàng: yì xūyào tā de shíhòu jiù bú jiàn le.

e. 一該他請客，他就說他沒有/忘了帶錢。

Yì gāi tā qǐngkè, tā jiù shuō tā méiyǒu/wàng le dài qián.

f. 她喝(完)酒以後就不開車了。

Tā hē (wán) jiǔ yǐhòu jiù bù kāichē le.

g. 最好你喝完酒以後就不要曬太陽。

Zuìhǎo nǐ hē wán jiǔ yǐhòu jiù bú yào shài tàiyáng.

h. 用完了以後就不許不放回去。

Yòng wán le yǐhòu jiù bù xǔ bú fàng huíqù.

i. 我剛吃完晚飯以後就不想學習功   *Wǒ gāng chī wán wǎnfàn yǐhòu jiù bù*
    課。   *xiǎng xuéxí gōngkè.*

j. 我看完一個晚上的電視以後，就   *Wǒ kàn wán yí gè wǎnshàng de diànshì*
    不要去看電影。   *yǐhòu, jiù bú yào qù kàn diànyǐng.*

Session 2

Tone Practice: **4th+3rd**

bìshǔ	*yìdiǎr*	*fùshǒu*	*hòuhuǐ*	*xiànfǎ*	*zuòfǎ*
xìtǒng	*jìnkǒu*	*shànggǔ*	*xìngmiǎn*	*shàngděng*	*wàngxiǎng*
yòngfǎ	*tòngkǔ*	*tiàowǔ*	*tiàozǎo*	*màigěi*	*Mèngzǐ*
liù bǎi	*fù yǒu*				

Continuing the discussion of 就 *jiù*, to express the idea of doing one activity prior to another, the structure becomes:

> 在(沒有)V(Obj)以前，就V(Obj)(了)
>
> *zài (méiyǒu) V (Obj) yǐqián, jiù V (Obj) (le)*

她(在)沒有吃飯以前，就上班去
tā (zài) méiyǒu chīfàn yǐqián, jiù shàngbān qù

she goes to work before eating anything [she (in) not have eat food before, immediate on-shift go]

他(在)沒有吃飯以前就走了
tā (zài) méiyǒu chīfàn yǐqián jiù zǒu le

he left without having anything to eat

As observed above, different subjects may govern the *V wán/le (Obj) yǐhòu/zài méiyǒu V (Obj) yǐqián* and *jiù V* units:

老師在沒有上課以前，學生就吵鬧
lǎoshī zài méiyǒu shàngkè yǐqián, xuéshēng jiù chǎonào

before the teacher gets to class, the students make a noise

老師上課了以後，學生就老實了
lǎoshī shàngkè le yǐhòu, xuéshēng jiù lǎoshí le

after the **teacher** gets to class, the **students** become well behaved

11

As we have observed, the 有 *yǒu* in 沒有 *méiyǒu* may be omitted. The negation 沒有 *méiyǒu* itself may also be omitted without change of meaning:

他(在)吃飯以前，就走了   he left without eating anything
tā (zài) chīfàn yǐqián, jiù zǒu le

As before, the advice is to include these markers, however, for added clarity of expression.

Exercises

A. Practice the structure *zài méiyǒu V (Obj) yǐqián:*

    a.   在沒有吃早飯以前   before eating breakfast
        zài méiyǒu chī zǎofàn yǐqián

    b.   在沒有洗手以前   before washing your hands
        zài méiyǒu xǐshǒu yǐqián

    c.   在沒有睡覺以前   before sleeping/going to bed
        zài méiyǒu shuìjiào yǐqián

    d.   在沒有做飯以前   before cooking a meal
        zài méiyǒu zuòfàn yǐqián

    e.   在沒有考試以前   before taking an exam
        zài méiyóu kǎoshì yǐqián

    f.   在沒有去以前   before going
        zài méiyǒu qù yǐqián

    g.   在沒有到中國去以前   before going to China
        zài méiyǒu dào Zhōngguó qù yǐqián

    h.   我在沒有認識她以前   before I met her
        wǒ zài méiyǒu rènshì tā yǐqián

    i.   在沒有去游泳以前   before going swimming
        zài méiyǒu qù yóuyóng yǐqián

j.   在没有告訴他以前   before telling him
     zài méiyǒu gàosù tā yǐqián

k.   在没有十五歲以前   before (he's) fifteen
     zài méiyǒu shí-wǔ suì yǐqián

B. Express in Chinese the following ideas using the structure *zài méiyǒu V (Obj) yǐqián jiù V*:

a.   Tell class members you plan to leave for China before graduating.

b.   Say that your Mom never let's you sit down for meals before washing your hands.

c.   I never go out without checking that the doors and **windows** *(chuānghù)* are **locked**
     (suó hǎo).

d.   She used to travel all over China by train without ever once buying a ticket first.
     [she in the past in China travel, **always** *(zǒngshi)* not have buy ticket before then go
     sit train]

e.   She **went on a trip** *(qù wár)* without **asking for time off** *(qǐngjià)*.

f.   He left **even** *(lián)* before he'd **asked after** *(wènhòu)* his dad.

g.   He was driving (even) before he'd **got** *(kǎodào* [examine get]) his **driver's license**
     (jiàshǐ-zhí zhào).

h.   She was **wearing makeup** *(huì huàzhuāng)* before she was thirteen.

i.   **That's nothing** *(nà méiyǒu shémme liǎo bù qǐ)*. She was smoking before she was
     ten.

j.   Before I'd ever tasted Chinese food, I knew it was very tasty.

Key to Exercises

B.

a.   我在没有畢業以前就要到中國去。   *Wǒ zài méiyǒu bìyè yǐqián jiù yào dào
                                              Zhōngguó qù.*

b. 我媽在我沒有洗手以前就不讓我
吃飯。

Wǒ Mā zài wǒ méiyǒu xíshóu yǐqián jiù bú ràng wǒ chīfàn.

c. 我在沒有檢查門兒和窗戶都鎖好
以前就不出去。

Wǒ zài méiyǒu jiǎnchá mér hé chuānghù dōu suó háo yǐqián jiù bù chūqù.

d. 她過去在中國旅行，總是沒有買
票以前就去坐火車。

Tā guòqù zài Zhōngguó lǚxíng, zǒngshì méiyǒu mǎi piào yǐqián jiù qù zuò huǒchē.

e. 她在沒有請假以前就去玩兒了。

Tā zài méiyǒu qǐngjià yǐqián jiù qù wár le.

f. 他連沒有問候他爸以前就走了。

Tā lián méiyǒu wènhòu tā bà yǐqián jiù zǒu le.

g. 他沒有考到駕駛執照以前就已經
去開車了。

Tā méiyǒu kǎodào jiàshǐ-zhí zhào yǐqián jiù yǐjīng qù kāichē le.

h. 她在沒有十三歲以前就已經會化
裝了。

Tā zài méiyǒu shí-sān suì yǐqián jiù yǐjīng huì huàzhuāng le.

i. 那沒有什麼了不起。她在沒有十
歲以前就已經會抽煙了。

Nà méiyǒu shémme liǎo bù qǐ. Tā zài méiyǒu shí suì yǐqián jiù yǐjīng huì chōuyān le.

j. 在我沒有吃過中國飯以前，我就
早已經知道了中國飯好吃的很。

Zài wǒ méiyǒu chī guò Zhōngguó fàn yǐqián, wǒ jiù záo yǐjīng zhīdào le Zhōngguó-fàn hǎochī de hěn.

Session 3

Tone Practice: 4th+4th

chùdiàn   bìdìng   bànyè   luòhòu   kòushàng   zhuàngzhì

xiàohuà   fèndòu   gèng dà   sùdù   suìshù   mànhuà

yìhuì   lìnsè   jìnbù   gòngxiàn   qìhòu   dànshì

dàoqiàn   dài shàng

yào bú shì X jiù Y

就 *jiù* is the connective in the structure:

要不是 X 就 Y

yào bú shì X jiù Y

if it weren't for X, then Y

要不是她我就不學漢語   if it weren't for her, I would not study/be
yào bú shì tā wǒ jiù bù xué Hànyǔ   studying Chinese

Past tense requires the auxiliary 會 *huì* [likely to] and the terminal 了 *le* [complete]:

要不是她我就不會學漢語了   if it weren't for her, I would not have
yào bú shì tā wǒ jiù bú huì xué Hànyǔ le studied Chinese

Exercises

A. Practice the structure *yào bú shì X jiù Y:*

a. 要不是你爸的錢你就不能到中國
    去。

    *Yào bú shì nǐ bà de qián nǐ jiù bù néng
    dào Zhōngguó qù.*

    If it weren't for your father's money,
    you wouldn't be able to go to China.

b. 要不是你愛人的錢，你就不能學
    法律。

    *Yào bú shì nǐ àirén de qián, nǐ jiù bù
    néng xué fǎlǜ.*

    If it weren't for your wife's money, you
    wouldn't be able to go to law school
    (study law).

c. 要不是正在下雨，我們就去**野餐**。

    *Yào bú shì **zhèng zài** xiàyǔ, wǒmen jiù
    qù **yěcān.***

    If it weren't raining **right now**, we'd go
    on a **picnic**.

d. 要不是沒有錢，我們就去看電影。

    *Yào bú shì méiyǒu qián, wǒmen jiù qù
    kàn diànyǐng.*

    We'd go to the movies except that we
    don't have any money.

e. 要不是已經太累了我就跟你去玩
    兒。

    *Yào bú shì yǐjīng tài lèi le wǒ jiù gēn nǐ
    qù wár.*

    If I weren't already so tired I'd go out
    with you.

f. 要不是**要減肥**我就跟你去吃午飯。

    *Yào bú shì **yào jiǎnféi** wǒ jiù gēn nǐ qù
    chī wǔfàn.*

    If I weren't **on a diet**, I'd have lunch
    with you.

g. 要不是車子拋錨了我就去接你。

    *Yào bú shì chēzi pāomáo le wǒ jiù qù jiē
    nǐ.*

    I'd come and get you, but my car's in the
    shop.

h. 要不是她做證人我就不相信你。

    *Yào bú shì tā zuò zhèngrén wǒ jiù bù
    xiāngxìn nǐ.*

    If she weren't your witness, I wouldn't
    believe you.

i. 要不是你老看電視你作業早就做好了。

Yào bú shì ní lǎo kàn diànshì nǐ zuòyè zǎo jiù zuò hǎo le.

If you weren't always watching TV you'd have your homework done earlier.

j. 要不是我沒空兒我就學日語。

Yào bú shì wǒ méi kòngr wǒ jiù xué Rìyǔ.

I'd take Japanese except that I don't have time.

B. Practice the structure *yào bú shì X jiù (bú) huì Y le:*

a. 要不是我住在中國我就不會認識你了。

Yào bú shì wǒ zhù zài Zhōngguó wǒ jiù bú huì rènshì nǐ le.

If I hadn't been living in China, I wouldn't have met you.

b. 要不是沒時間我就會學日語了。

Yào bú shì méi shíjiān wǒ jiù huì xué Rìyǔ le.

If I had had time (if it weren't that I didn't have time), I would have studied Japanese.

c. 要不是你非得看完電視上的棒球賽，我們就不會遲到了。

Yào bú shì nǐ fēiděi kàn wán diànshì shàng de bàngqiú-sài, wǒmen jiù bú huì chídào le.

If you hadn't insisted on watching the end of the baseball game on TV, we wouldn't have been late.

d. 要不是他偷錢他不會坐牢了。

Yào bú shì tā tōu qián tā bú huì zuòláo le.

If he hadn't stolen the money, he wouldn't be in the slammer.

e. 要不是你在中學的時候努力學習，你就不會考上大學了。

Yào bú shì nǐ zài zhōngxué de shíhòu nǔlì xuéxí, nǐ jiù bú huì kǎoshàng dàxué le.

If you hadn't studied hard in high school, you wouldn't have got to college.

f. 要不是沒鎖好門兒就不會有人進來偷東西了。

Yào bú shì méi suó hǎo mér jiù bú huì yǒu rén jìnlái tōu dōngxī le.

If you had locked the door properly the place wouldn't have been robbed.

g. 要不是你給我打電話我就不會知
道了。

    *Yào bú shì ní géi wó dǎ diànhuà wǒ jiù
bú huì zhīdào le.*

If you hadn't phoned me, I wouldn't have known.

h. 要不是起來的早我們就來不及了。

    *Yào bú shì qǐlái de zǎo wǒmen jiù lái bù
jí le.*

If we hadn't **got up early**, we **wouldn't have been on time**.

i. 要不是没用功你就不會考試了。

    *Yào bú shì méi yònggōng nǐ jiù bú huì
kǎoshì le.*

If you had studied hard (if it weren't that you didn't study hard), you wouldn't have failed the exams.

j. 要不是臭氧層在那兒保護地球我
們就被太陽的紫外線給曬死。

    *Yào bú shì chòuyǎng-céng zài nàr bǎohù
dìqiú wǒmen jiù bèi tàiyáng de zǐwài-
xiàn géi shàisǐ.*

If it weren't for the ozone layer (there protecting Earth), we'd all be fried by the sun's ultraviolet rays.

C. Express in Chinese the following ideas:

a. Say that you won't be able to buy the car without a bank loan.

b. Say that you would not have been able to afford the car without a bank loan.

c. Say that if it weren't for **TV soaps** *(diànshì féizào liánxù-jù),* she wouldn't know **what to do with her time** *(dǎfā shíjiān).*

d. Say that you wouldn't have got the job if you hadn't studied Chinese.

e. Say that your friend wouldn't have got sick if he hadn't eaten so many hotdogs.

f. Say that if your friend hadn't helped, you couldn't have done it.

g. Say that if it hadn't been for the **smoke warning** *(jǐngbào-qì),* the school would have **burned down** *(bèi shāo guāng).*

h. Say that if it weren't for the bad weather, you'd go flying.

i. Say that if you didn't need the salary, you'd quit your job.

j. Say that if you didn't have to go to work early in the morning, you'd go with her to the dance.

Key to Exercises

C.

a. 要不是銀行借錢給我，我就不能　　　*Yào bú shì yínháng jiè qián géi wǒ, wǒ*
買車。　　　　　　　　　　　　　　　*jiù bù néng mǎi chē.*

b. 要不是銀行借錢給我，我就不會　　　*Yào bú shì yínháng jiè qián géi wǒ, wǒ*
買車了。　　　　　　　　　　　　　　*jiù bú huì mǎi chē le.*

c. 要不是電視肥皂連續劇她就不知　　　*Yào bú shì diànshì féizào liánxù-jù tā jiù*
道怎麼打發時間。　　　　　　　　　　*bù zhīdào zěmme dǎfā shíjiān.*

d. 要不是學漢語我就不會找到這個　　　*Yào bú shì xué Hànyǔ wǒ jiù bú huì*
工作了。　　　　　　　　　　　　　　*zhǎodào zhè gè gōngzuò le.*

e. 要不是他吃那麼多熱狗他就不會　　　*Yào bú shì tā chī nèmme duō règǒu tā*
生病了。　　　　　　　　　　　　　　*jiù bú huì shēngbìng le.*

f. 要不是你幫忙我就不會做了。　　　　*Yào bú shì nǐ bāngmáng wǒ jiù bú huì*
　　　　　　　　　　　　　　　　　　zuò le.

g. 要不是有警報器學校就會被燒光　　　*Yào bú shì yóu jǐngbào-qì xuéxiào jiù*
了。　　　　　　　　　　　　　　　　*huì bèi shāo guāng le.*

h. 要不是天氣不好我就去開飛機。　　　*Yào bú shì tiānqì bù hǎo wǒ jiù qù kāi*
　　　　　　　　　　　　　　　　　　fēijī.

i. 要不是我需要工資我就退職。　　　　*Yào bú shì wǒ xūyào gōngzī wǒ jiù*
　　　　　　　　　　　　　　　　　　tuìzhí.

j. 要不是我明天早上去工作我就跟　　　*Yào bú shì wǒ míngtiān zǎoshàng qù*
你去跳舞。　　　　　　　　　　　　　*gōngzuò wǒ jiù gēn nǐ qù tiàowǔ.*

Session 4

Tone Practice: 1st+1st

┌─────────┐
│ ― ―   │
└─────────┘

kāiguān	*hūnyīn*	*gēgē*	*yīntiān*	*bēiguān*	*zhāngkāi*
jīguān	*zījīn*	*xīguā*	*guā fēng*	*fēngwō*	*gōngdūn*
fāngxiāng	*jīngdū*	*fēijī*	*zhēnzhū*	*zhāohū*	*dāngzhōng*
gōngsī	*jiāotōng*				

jiùshì X yě bu/méiyǒu Y

Another structure combines 就 *jiù* with the "spotlighting" 是 *shì* [true to say] and 也不 *yě bù* [also not] to express the idea of *even if X, still won't Y*. Note that 就是 *jiùshì* appears directly in front of the unit to which it refers. This is indicated by italics in the following examples:

┌─────────────────────────────┐
│ 就是 X 也 negative Y   │
│ *jiùshì X yě negative Y*   │
└─────────────────────────────┘

就是你去也没有用
jiùshì nǐ qù yě méiyǒu yòng

even if *you* go, it **still won't** be any use

你就是去也没有用
nǐ jiùshì qù yě méiyǒu yòng

even if you *go* it won't be any use

你就是八點去看他，他也不在家
nǐ jiùshì bādiǎn qù kàn tā, tā yě bú zài jiā

even if you go to see him *at eight o'clock*, he **still won't** be in

This structure commonly collocates with the *resultative verb* formula we shall discuss later:

你就是現在去也來不及
nǐ jiùshì xiànzài qù yě lái bù jí

even if you go **now**, you **still won't** be in time

那種病，**就是**吃藥也治不了

nèi zhǒng bìng, jiùshì chī yào yě zhì bù liǎo

even taking medicine **won't** cure that disease

[that sort of disease, then-true eat medicine also cure not complete]

Exercises

A. Practice the structure *jiùshì unit yě bù unit*:

a. 就是她陪我去，我也不去。

   Jiùshì tā péi wǒ qù, wó yě bú qù.

   Even if *she* goes with me, I still won't go.

b. 他就是白送給我，我也不要。

   Tā jiùshì bái sònggéi wǒ, wó yě bú yào.

   Even if he *gives it to me for nothing*, I still don't want it.

c. 就是學一輩子，也學不會。

   Jiùshì xué yí bèizi, yě xué bú huì.

   You can *study all your life*, but you'll never master it.

d. 就是坐飛機也來不及。

   Jiùshì zuò fēijī yě lái bù jí.

   Even if you *go by plane* you'll not get there in time.

e. 就是愛因斯坦聽你講的，他也不明白。

   Jiùshì Àiyīnsītǎn tīng ní jiǎng de, tā yě bù míngbái.

   Even if it were *Einstein* listening to what you're saying, he wouldn't understand either.

f. 就是給我最好的我也不要。

   Jiùshì géi wǒ zuì hǎo de wó yě bú yào.

   Even if you *gave me the top of the line*, I still wouldn't want it.

g. 你就是到中國去，漢語也學不會。

   Ní jiùshì dào Zhōngguó qù, Hànyú yě xué bú huì.

   Even if you *went to China*, you still wouldn't be able to master Chinese.

h. 老師給我們的作業，就是每天多做兩個小時，也做不完。

   Lǎoshī géi wǒmen de zuòyè, jiùshì měi tiān duō zuò liǎng gè xiǎoshí, yě zuò bù wán.

   Even if we worked at it an extra two hours every day, we still wouldn't be able to finish the homework our teacher gives us.

   [teacher give us's homework, then-true every day more do two hours, also do not finish]

i.   我就是有機會學醫學，也不要學。
     Wǒ jiùshì yǒu jīhuì xué yīxué, yě bú yào xué.

Even if I *had the chance* to go into medicine, I wouldn't want to.

j.   就是請我到那兒去吃飯，我也不要去吃。
     Jiùshì qíng wǒ dào nèr qù chīfàn, wó yě bú yào qù chī.

Even if you *invited* me, I wouldn't want to eat there.

B. Express in Chinese the following ideas using *jiùshì...yě*:

a. Tell your class members that even if you had the time, you still would not go to see the film.

b. Tell your class members that even if you had the cash, you still would not buy that sort of car.

c. Tell your friend that even if he/she were to pick up the tab, you still wouldn't eat at that restaurant.

d. Say that even if admittance were **free** *(miǎnfèi)*, you still wouldn't go and hear her speak.

e. Express the opinion that even if Abraham **Lincoln** *(Línkěn)* were to come back as President, even he would not be able to put the country right *(jiějué wèntí* [solve problems]).

f. Say that even if you dress him up in a brand new suit he'd still look like a bum. [he then-true wear one body new clothes, also **still** *(háishì)* poor person's **likeness** *(yàngzi)*]

g. Say that even if they say they saw it on TV you still don't believe it.

h. Say that no matter how much they pay you, you still won't **do** *(gàn)* it.

i. No matter **how big** *(zài dà)* that dress is, she'd still never fit into it *(chuān bú shàng* [wear not on]).

j. No matter how much he eats, he never puts on weight.

Key to Exercises

B.

a. 那部電影，我就是有時間也不去看。

Nèi bù diànyǐng, wǒ jiùshì yǒu shíjiān yě bú qù kàn.

b. 那種車，我就是有錢也不買。

Nà zhǒng chē, wǒ jiùshì yǒu qián yě bù mǎi.

c. 你就是請我去，我也不要到那家飯店吃飯。

Nǐ jiùshì qíng wǒ qù, wó yě bú yào dào nèi jiā fàndiàn chīfàn.

d. 她的講演，就是免費聽我也不去聽。

Tā de jiángyǎn, jiùshì miǎnfèi tīng wó yě bú qù tīng.

e. 就是林肯回來當總統，他也不能解決我們國家的問題。

Jiùshì Línkěn huílái dāng zóngtǒng, tā yě bù néng jiějué wǒmen guójiā de wèntí.

f. 他就是穿一身新衣服，也還是窮人的樣子。

Tā jiùshì chuān yì shēn xīn yīfú, yě háishì qióngrén de yàngzi.

g. 他們就是說他們在電視上看見過，我也不相信。

Tāmen jiùshì shuō tāmen zài diànshì shàng kànjiàn guò, wó yě bù xiāngxìn.

h. 就是給我多少錢我也不幹。

Jiùshì géi wǒ duōshǎo qián wó yě bú gàn.

i. 那件衣服就是再大，她也穿不上。

Nèi jiàn yīfú jiùshì zài dà, tā yě chuān bú shàng.

j. 他就是吃多少，也不胖。

Tā jiùshì chī duōshǎo, yě bú pàng.

Session 5

Character Roundup

就 *jiù*	go to, "sooner than expected"	r. 43 尢 *wāng*	京 (ˋ亠六古古亨京京) 尤 (一ナ尢尤)
冰 *bīng*	ice	r. 15 冫 *bīng* (ice)	ˋ冫冫冰冰冰
箱 *xiāng*	box, case	r. 118 竹 *zhú* (bamboo); phon. 相 *xiang*	竹 (ノノ𠂆𠂆竹竹) 木 (一十才木) 目 (ㄖㄇㄍㄖㄖ目)
找 *zhǎo*	seek, look for	r. 64 扌 *shǒu* (hand)	扌 (一扌扌) 戈 (一弋戋戈)
倒 *dǎo*	fall down, invert	r. 9 人 *rén* (man); phon. 到 *dào*	亻 (ノ亻) 至 (一𡗥𡗥𡗥至至) 刂 (丨刂)
響 (响) *xiǎng*	sound	r. 30 口 *kǒu* (mouth)	乡 (ㄥㄥ乡) 良 (ˋㄋㄹ日日良) 阝 (ㄋ阝) 音 (ˋ亠立立产产音音音)
班 *bān*	class, company, on duty	r. 96 玉 *yù* (jade)	一二千王玉玎玘玙玙班班
及 *jí*	extend, reach to	r. 29 又 *yòu* (again, also)	ノ乃及
陪 *péi*	accompany	r. 170 阝 *fù* (mound)	阝 (ㄋ阝) 音 (ˋ亠六立立产音音)

24

病 *bìng*	sickness, disease	r. 104 疒	疒 (` 一 广 广 疒) 丙 (一 厂 厅 丙 丙)
藥 (药) *yào*	herbs, medicine	r. 140 艹 *cǎo* (grass)	艹 (一 十 艹 艹) 幺 (纟 纟 幺) 白 (' 亻 介 白 白) 幺 木 (一 十 才 木)
治 *zhì*	cure, control	r. 85 氵 *shuǐ* (water)	氵 (` ` 氵) 台 (厶 厶 台 台 台)
送 *sòng*	send, deliver	r. 162 辶	关 (` ` 丷 丷 关 关) 辶 (` 辶)
輩 *bèi*	generation, class, row of carriages	r. 159 車 *chē* (vehicle); phon. 非 *fēi*	非 (一 三 三 丬 引 非 非 非) 車 (一 厂 厅 厅 百 亘 車)

Exercises

A. Transcribe the examples in Sessions 1 through 4, including the Exercises into Chinese characters.

B. Write a letter in Chinese to a school administration in China stating that you would be interested in teaching English there for a year, and including a brief personal resume.

Calligraphy exercises: practice the following radical elements, and list characters featuring them learned previously.

zhú	竹	118 (bamboo)
yù	玉	96 (jade)
	疒	104 (sickness)

cǎo	艹	140 (grass)
	辶	162 ("walking" radical)
fù	阜 阝	170 (mound)

Session 6

For Memorization: Talking Modern History

Generalissimo 蔣介石 **Jiǎng Jièshí** [Chiang Kai-shek] took over as head of the 國民黨 *Guómín-dǎng* [Nationalist Party] ruling party in 中華民國 *Zhōnghuá Mínguó* [Republic of China] after the death of 孫中山 **Sūn Zhōngshān** [Sun Yat-sen] in 1925. In 1949, under what Chinese call 解放 *jiěfàng* [the Liberation], 毛澤東 **Máo Zédōng**, as leader of the 共產黨 *Gòngchán-dǎng* [Communist Party], ousted **Jiǎng Jièshí** and the *Guómín-dǎng*, who fled to Taiwan and there reestablished *Zhōnghuá Mínguó*. On the Mainland (內地 *nèidì* or 大陸 *dàlù*), **Máo** established 中華人民共和國 *Zhōnghuá Rénmín Gònghé Guó* [The People's Republic of China].

毛主席

Máo and other communist leaders drafted a new 憲法 *xiànfǎ* [Constitution], and set up the organs of government. **Máo** was 主席 *zhǔxí* [Chairman] of the 共產黨中央委員會 *Gòngchán-dǎng zhōngyāng wěiyuán-huì* [Central Committee of the (Chinese) Communist Party, CCCCP]; 劉少奇 **Liú Shàoqí** was 總書記 *zǒng-shūjì* [General Secretary]; and 周恩來 **Zhōu Ēnlái** was 國會總理 *guóhuì zóngli* [Premier of the State Council]. Thus **Máo** and **Zhōu** are usually referred to in China as 毛主席 *Máo zhǔxí* and 周總理 *Zhōu zónglǐ* [Chairman Mao and Premier Zhou].

The economy was organized under 五年計劃 *wǔ-nián jihuà* [Five Year Plan], e.g., 第七五年計劃 *dì-qī wǔ-nián jihuà* [the 7th Five Year Plan of 1987 - 1991], abbreviated to 七五 *qī-wǔ* [7 - 5]. Various political-economic movements were undertaken to establish a state-run industry, notably the 大躍進 *Dà-Yuèjìn* [Great Leap Forward] in 1957 - 1958. To maintain the spirit of egalitarian socialism, the 紅衛兵 *hóngwèi-bīng* [Red Guards] spearheaded the 文化大革命 *Wénhuà-Dà-Gémìng* [the Cultural Revolution], which lasted from 1966 to Mao's death in 1976.

In the 90s, after a decade of 反精神污染 *fǎn-jīngshén-wūrán* [opposing Spiritual Pollution], seminal P.R.C. political slogans include 反資產階級自由化 *fǎn zìchǎn jiējí zìyóu-huà* [Oppose Bourgeois Liberalization] and 反和平演變 *fǎn hépíng yánbiàn* [Oppose Peaceful Evolution].

Exercises

Explain in Chinese that the United States is governed by a Constitution; that the United States has a President and a Congress; and holds democratic elections (民主選擇 *mínzhú xuǎnzé*) for members of the Democratic (民主黨 *Mínzhú-dǎng*) and Republican parties (共和黨 *Gònghé-dǎng*).

Vocabulary

投票	*tóupiào*	cast a ballot
選擇	*xuǎnzé*	election, elect
選舉	*xuánjǔ*	elect (a candidate)
候選人	*hòuxuǎn-rén*	candidate
總統候選人	*zóngtǒng hòuxuǎn-rén*	presidential candidate
保守黨	*Báoshóu-dǎng*	Conservative Party
勞動黨	*Lǎodòng-dǎng*	Labor Party
自由黨	*Ziyóu-dǎng*	Liberal Party
左派	*zuǒpài*	left wing
右派	*yòupài*	right wing
法律	*fǎlù*	law
超級法庭	*chāojí-fǎtīng*	Supreme Court
白宮	*báigōng*	White House

Session 7

Tone Practice: 1st+2nd

─	／

guīzé	hēi-bái	guānchá	gūniáng	dāndú	chēchuáng
jiēshí	jīngshén	xiāngyóu	pāomáo	sōují	hūrán
sīcháo	tuōxié	Tiānhé	shīxíng	shuōmíng	shūtíng
xiūrén	shānhú				

cái [delayed activity, only then]: V le Obj cái V de

We have seen how 就 *jiù* imparts a sense of urgency to the verb it modifies. Essentially the opposite of 就 *jiù* is the particle 才 *cái* which suggests *delayed action*, the idea of *only just* or *not until*.

我們等到兩點半才去	let's wait until 2:30 before we go
wǒmen děngdào liángdiǎn-bàn cái qù	
我們吃完午飯以後才去	we won't go until after we've had lunch
wǒmen chī wán wǔfàn yǐhòu cái qù	

In past tense circumstances the structure is

> 才 V 的
> *cái V de*

他吃完飯以後才去的	he **didn't go until** he'd had something to eat
tā chī wán fàn yǐhòu cái qù de	he went **only after** he'd had something to eat

29

Compare this with the structure

就 V 了

jiù V le

他吃完飯以後 **就** 去了   he went **as soon as** he'd had something to
tā chī wán fàn yǐhòu jiù qù le   eat

Exercises

A. Practice the structure   *V le (Obj) yǐhòu cái V:*

a. 我們做完作業以後才去看電影。
   Wǒmen zuò wán zuòyè yǐhòu cái qù kàn diànyǐng.

   We do our homework first before we go to the movies.

b. 考到了駕駛執照以後才去買車。
   Kǎodào le jiàshǐ-zhí zhào yǐhòu cái qù mǎi chē.

   Get your driver's license before you buy a car.

c. 畢了業以後才到中國去。
   Bì le yè yǐhòu cái dào Zhōngguó qù.

   Don't go to China until you've graduated.

d. 打了電話以後才去看他。
   Dǎ le diànhuà yǐhòu cái qù kàn tā.

   Don't go to see him without telephoning first.

e. 修好車以後才去旅行。
   Xiū hǎo chē yǐhòu cái qù lǚxíng.

   Get the car fixed before going on a journey.

f. 他要找到了工作以後才結婚。
   Tā yào zhǎodào le gōngzuò yǐhòu cái jiéhūn.

   He wants to get a job before getting married.

g. 鎖好門兒和窗戶以後才出門兒。
   Suó hǎo mér hé chuānghù yǐhòu cái chūmér.

   Lock the doors and windows before going out.

h. 想好了以後才說。
   Xiáng hǎo le yǐhòu cái shuō.

   Think before you speak.

i.   做完事以後才玩兒。   Work before play.

      Zuò wán shì yǐhòu cái wár.

j.   交了錢以後才可以吃。   You can't eat until you pay.

      Jiāo le qián yǐhòu cái kéyǐ chī.

B. Practice the structure *V le (Obj) cái V de:*

a.   我做完作業以後才睡覺去的。   I didn't go to bed until I had finished my
                                                            homework.
      *Wǒ zuò wán zuòyè yǐhòu cái shuìjiào qù
      de.*

b.   他洗好了手以後他媽媽才讓他吃   His Mom didn't let him eat until he'd
      飯的。   washed his hands.

      *Tā xí hǎo le shǒu yǐhòu tā māmā cái
      ràng tā chīfàn de.*

c.   他找到了工作以後才結婚的。   He didn't get married until he'd found a
                                                            job.
      *Tā zhǎodào le gōngzuò yǐhòu cái jiéhūn
      de.*

d.   她考到了駕駛執照以後才買車   She didn't buy a car until she'd got her
      的。   driver's license.

      *Tā kǎodào le jiàshǐ-zhí zhào yǐhòu cái
      mǎi chē de.*

e.   我看見了他的證據以後才相信他   I didn't believe him until I'd seen his
      的。   proof.

      *Wǒ kànjiàn le tā de zhèngjù yǐhòu cái
      xiāngxìn tā de.*

f.   我們做完作業以後才去看電影   We didn't go to the movies until after
      的。   we'd done our homework.

      *Wǒmen zuò wán zuòyè yǐhòu cái qù kàn
      diànyǐng de.*

g.   我的文章修改好了以後才交給老   I didn't turn in my paper to the prof until
      師的。   I'd revised it.

      *Wǒ de wénzhāng xiūgái hǎo le yǐhòu cái
      jiāo géi lǎoshī de.*

h.	我畢了業以後才到中國去的。 *Wǒ bì le yè yǐhòu cái dào Zhōngguó qù de.*	I put off going to China until after I'd graduated.
i.	他踫到他所理想的小姐以後他才決定跟她交朋友的。 *Tā pèngdào tā suó líxiǎng de xiáojié yǐhòu tā cái juédìng gēn tā jiāo péngyǒu de.*	He didn't have a girlfriend until he'd found the right one. [he bump into he that which ideal's girl after only then decide with her make friend one]
j.	她有錢了以後他女朋友才跟他出去玩兒的。 *Tā yǒu-qián le yǐhòu tā nǚ-péngyǒu cái gēn tā chūqù wár de.*	She wouldn't go out with him unless he had some money.

C. Express in Chinese the following ideas:

a. I think I'll wash the car before I go.

b. I usually do ten minutes' exercise before I go to bed.

c. My doctor told me to be sure to have a glass of scotch every night before going to bed.

d. You should wash **fruit** *(shuíguǒ)* before eating it.

e. Our dad says we have to do our homework before we can watch TV.

f. At our school you have to pass **English Rhetoric** *(Yīngyú xiězuò)* before you can graduate.

g. We had to learn a lot of **safety rules** *(ānquán guīzé)* before we could go **sailing** *(kāi fānchuán).*

h. I had to **twist his arm** *(bìzhe tā yào)* before he'd pay me back.

i. I had to make an **appointment** *(dìng shíjiān)* with the doctor before I could see him.

j. My **granddaughter** *(xiǎo wàisūn-nǚér)* was a **month old** *(mǎnyuè)* before I went to see her.

Key to Exercises

C.

a. 我想等我洗好了車以後才去。

Wó xiǎng déng wǒ xí hǎo le chē yǐhòu cái qù.

b. 我照例運動了十分鐘以後才睡覺去。

Wǒ zhàolì yùndòng le shífēn zhōng yǐhòu cái shuìjiào qù.

c. 我的大夫叫我每天晚上喝完一杯威士忌酒以後才睡覺去。

Wǒ de dàifū jiào wó měi tiān wǎnshàng hē wán yì bēi wēishìjì-jiǔ yǐhòu cái shuìjiào qù.

d. 水果洗好了以後才能吃。

Shuíguǒ xí hǎo le yǐhòu cái néng chī.

e. 我爸讓我們做完作業以後才可以看電視。

Wǒ bà ràng wǒmen zuò wán zuòyè yǐhòu cái kéyǐ kàn diànshì.

f. 我們學校要考好英語寫作以後才能畢業。

Wǒmen xuéxiào yào káohǎo Yīngyú xiězuò yǐhòu cái néng bìyè.

g. 我們要學好好多的安全規則以後才能去開帆船玩兒的。

Wǒmen yào xué hǎo hǎo duō de ānquán guīzé yǐhòu cái néng qù kāi fānchuán wár de.

h. 我逼着他要以後他才還錢的。

Wǒ bìzhe tā yào yǐhòu tā cái huán qián de.

i. 我先給醫生定好時間以後才去看病的。

Wǒ xiān gěi yīshēng dìng hǎo shíjiān yǐhòu cái qù kànbìng de.

j. 我的小外孫女兒滿月了以後我才去看她的。

Wǒ de xiǎo wàisūn-nǚér mǎnyuè le yǐhòu wǒ cái qù kàn tā de.

Session 8

Tone Practice: 1st+3rd

kuājiǎng	lāshǒu	dānbǎo	xiāngfǎn	shāngpǐn	tiāojiǎn
zūgěi	guāngcǎi	sāorǎo	zhīpǐn	kāishuǐ	zhuāngjiǎ
yōudiǎn	jiēwěn	shuāilǎo	sīsuǒ	sānbǎi	sānděng
tiānzǐ	zhīdǐ				

V le cái number (time) noun

The sense of *only just* is exemplified in the formula

> verb 了 才 number+noun
> **verb *le cái* number+noun**

他走了才十分鐘
tā zǒu le cái shífēn zhōng

he left **just** ten minutes ago
he's **only** been gone ten minutes

你來了多久？
nǐ lái le duō jiǔ?

how long have you been here?
[you come complete how much long time?]

我來了才兩個月
wǒ lái le cái liǎng gè yuè

I arrived **just** two months ago

剩了才十塊錢
shèng le cái shí kuài qián

we've **only** got ten bucks left

Where the sense of *only* refers to the verb rather than to the quantity, i.e., where the particle 只 *zhǐ* [only] may be applied, 才 *cái* occurs in front of the *V le quantity:*

> 她才 / 只吃了一碗飯   she **only** ate one bowl of rice
> *tā cái/zhǐ chī le yì wǎn fàn*

> 我才 / 只喝了一杯啤酒   I only had one beer
> *wǒ cái/zhǐ hē le yì bēi píjiǔ*

cái bu V ne

Another "limiting" sense is implied in the formula

> Topic / Subj 才不 V 呢
> *Topic/Subj cái bu V ne*

which expresses the idea of "other subjects may please themselves, but this subject isn't going to do the verb"

> 我才不去呢   (you please yourself, but) I'm not going
> *wǒ cái bú qù ne*

Compare

> 我才知道的   I've just found out
> *wǒ cái zhīdào de*

and

> 我才知道呢   I'm the only one who knows
> *wǒ cái zhīdào ne*

fāngcái; gāngcái

Commonly 才 *cái* appears in combination with 剛 *gāng* [just] or 方 *fāng* [just] as 剛才 *gāngcái* or 方才 *fāngcái* meaning *only just.*

> 你要不要吃飯？   would you like something to eat?
> *nǐ yào bú yào chī fàn?*

不要。我**剛才**吃了一個漢堡包。   no thanks. I **just** ate a hamburger.
*bú yào. wǒ **gāngcái** chī le yí gè hànbǎobāo.*

你什麼時候要付錢？   when are you going to pay up?
nǐ shémme shíhòu yào fù qián?

啊！我的支票剛才（已經）寄了。   ah! my check's just (already) in the mail.
a! wǒ de zhīpiào gāngcái (yǐjīng) jì le.

Exercises

A. Practice the structure *V le cái:*

a. 畢業了才一年   graduated only a year ago
    bìyè le cái yì nián

b. 到了中國才兩天   only been in China two days
    dào le Zhōngguó cái liǎng tiān

c. 他們結婚了才兩個月。   They've only been married two months.
    Tāmen jiéhūn le cái liǎng gè yuè.

d. 電視我看了才十分鐘。   I've only been watching TV for ten
    Diànshì wǒ kàn le cái shífēn zhōng.   minutes.

e. 你運動了才五分鐘。   You've only been exercising for five
    Nǐ yùndòng le cái wǔfēn zhōng.   minutes.

f. 我們學／上了才兩堂課。   We've only studied two lessons.
    Wǒmen xué/shàng le cái liǎng táng kè.

g. 她工作了才三個月。   She's only been working for three
    Tā gōngzuò le cái sān gè yuè.   months.

h. 她開學了才兩天。   She started school just yesterday.
    Tā kāi xué le cái liǎng tiān.

i. 他出監獄了才一天。   He's only been out of the slammer a day.
    Tā chū jiānyù le cái yì tiān.

j.   你吃完飯了才一個小時。   It's only an hour since you ate.
     Nǐ chī wán fàn le cái yí gè xiǎoshí.

B.   Practice the structure *cái/zhǐ V le:*

a.   我們才學到第三課。   We've only studied up to lesson three.
     Wǒmen cái xuédào dì-sān kè.

b.   她才吃了兩碗飯。   She only ate two bowls of rice.
     Tā cái chī le liǎng wǎn fàn.

c.   他才喝了兩杯啤酒。   He only had two beers.
     Tā cái hē le liǎng bēi píjiǔ.

d.   我才看了兩頁。   I've only read two pages.
     Wǒ cái kàn le liǎng yè.

e.   我才用了一個。   I only used one.
     Wǒ cái yòng le yí gè.

f.   我的電視才有一個屏導。   My TV only has one channel.
     Wǒ de diànshì cái yǒu yí gè píngdào.

g.   我才看了一次。   I only saw it once.
     Wǒ cái kàn le yí cì.

h.   我才去了一次。   I only went once.
     Wǒ cái qù le yí cì.

i.   他才買了十塊錢的菜。   He only bought ten dollars' worth of
     Tā cái mǎi le shí kuài qián de cài.   groceries.

j.   他才向我借了一百塊錢。   She only borrowed a hundred dollars
     Tā cái xiàng wǒ jiè le yì-bǎi kuài qián.   from me.

C.   Practice the structure *cái bu V ne:*

a.   我才不吃呢！   You won't catch *me* eating the stuff!
     Wǒ cái bù chī ne!

b. 我才不要浪費時間學呢。
   Wǒ cái bú yào làngfèi shíjiān xué ne.

I for one am not about to waste my time learning it.

c. 我才不做呢。
   Wǒ cái bú zuò ne.

I'm not going to do it.

d. 黃色的電影我才不看呢。
   Huángsè de diànyǐng wǒ cái bú kàn ne.

I don't go to X-rated movies.

e. 她才不去跳舞呢。
   Tā cái bú qù tiàowǔ ne.

She doesn't go to dances.

f. 他才不看電視呢。
   Tā cái bú kàn diànshì ne.

He's not one for watching TV.

g. 我才不打高爾夫球呢。
   Wǒ cái bù dǎ gāoěrfū-qiú ne.

It'll be a snowy day in August before you catch me on the golf links.

h. 她才不喝酒呢。
   Tā cái bù hē jiǔ ne.

She's no drinker.

i. 我才不傻呢。
   Wǒ cái bù shǎ ne.

(You may be, but) *I'm* no idiot.

j. 我才不冒險呢。
   Wǒ cái bú màoxiǎn ne.

I'm not going to risk it.

D. Practice the structure *gāngcái V (Obj) le:*

a. 我剛才說了！
   Wǒ gāngcái shuō le!

I just this minute said so!

b. 她剛才走了。
   Tā gāngcái zǒu le.

She just left.

c. 我剛才交給他了。
   Wǒ gāngcái jiāo gěi tā le.

I just gave it to him.

d. 我剛才看到他了。
   Wǒ gāngcái kàndào tā le.

I just saw him.

e. 我們剛才吃過了。
   Wǒmen gāngcái chī guò le.   We've just eaten.

f. 車子我剛才已經洗好了。
   Chēzi wǒ gāngcái yǐjīng xí hǎo le.   I've just washed the car.

g. 那本書我剛才已經看完了。
   *Nèi běn shū wǒ gāngcái yǐjīng kàn wán   I've just finished reading that book.
   le.*

h. 那個電視節目剛才演完了。   You've just missed it.
   *Nèi gè diànshì jiémù gāngcái yǎn wán   [that TV program just show finish
   le.*   complete]

i. 會議剛才結束了。
   Huìyì gāngcái jiéshù le.   The meeting's just finished.

j. 她剛才回來了。
   Tā gāngcái huílái le.   She's just returned.

E. Express in Chinese the following ideas:

a. Explain that (although everyone else has seen) the film, you're not going.

b. Tell your classmate that your girl friend won't go in a car unless it is a **Cadillac**
   (*míngpáir-chē* [famous brand]).

c. Say you've only been learning Chinese for a few months.

d. He'll eat nothing but the best.

e. We only spent ten dollars.

f. I just got my paycheck.

g. She only earns five hundred a month.

h. We only learn some five hundred characters a year.

i. You'll not find me driving like a maniac.

j. The **speed limit**'s *(xíngchē sùdù guīdìng)* only thirty.

Key to Exercises

E.

a. 那部電影我才不去看呢。

Nèi bù diànyǐng wǒ cái bú qù kàn ne.

b. 不是名牌兒車我女朋友才不坐呢。

Bú shì míngpáir chē wó nǔ-péngyǒu cái bú zuò ne.

c. 我學了漢語才幾個月。

Wǒ xué le Hànyǔ cái jǐ gè yuè.

d. 不是最好的菜他才不吃呢。

Bú shì zuì hǎo de cài tā cái bù chī ne.

e. 我們花了才十塊錢。

Wǒmen huā le cái shí kuài qián.

f. 我的工資剛才得了。

Wǒ de gōngzī gāngcái dé le.

g. 她的工資一個月才五百塊錢。

Tā de gōngzī yí gè yuè cái wú-bǎi kuài qián.

h. 我們一年學了才五百個漢字。

Wǒmen yì nián xué le cái wú-bǎi gè Hànzì.

i. 我才不開英雄車呢。

Wǒ cái bù kāi yīngxíong chē ne.

j. 行車速度規定每小時才三十公里。

Xíngchē sùdù guīdìng méi xiǎoshí cái sān-shí gōnglǐ.

Session 9

Tone Practice: 1st+4th

zhīdào	zhīpiào	zhīshì	pēngrèn	fēnfù	fēnpèi
fāxiàn	diūdiào	dēngzhào	dānwù	chūqù	chūhàn
kāihuà	piānjiàn	zōngjiào	tuījiàn	xiāohuà	xiān yào
xīfàn	xīwàng				

zài [again, after]

The particle 再 *zài* [twice, a second time] serves as a connective like 就 *jiù* and 才 *cái* in the formula:

> V 了(Obj) 以後 再 V(Obj)
> *V le (Obj) yǐhòu zài V (Obj)*

我下了課以後再去工作
wǒ xià le kè yǐhòu zài qù gōngzuò

I go to work **after** class
[I come down complete class after next/again go to work]

再 *zài* [again] refers only to future, noncompleted activity. Where 就 *jiù* advances and 才 *cái* delays the undertaking of activity, 再 *zài* is neutral. Compare the following sentences:

他下了班以後就玩兒保齡球去
tā xià le bān yǐhòu jiù wár bǎolíng-qiú qù

he goes bowling **as soon as** he is off work

他下了班以後就玩兒保齡球去了
tā xià le bān yǐhòu jiù wár bǎolíng-qiú qù le

he **went** bowling **as soon as** he **was** off work

他下了班以後才去玩兒保齡球   he **doesn't** go bowling **until** he is off work
*tā xià le bān yǐhòu **cái** qù wár bǎolíng-qiú*

他下了班以後才去玩兒保齡球的   he **didn't** go bowling **until** he **was** off
*tā xià le bān yǐhòu **cái** qù wár bǎolíng-qiú*   work
de

and

他下了班以後再去玩兒保齡球！   he goes bowling **after** work!
*tā xià le bān yǐhòu **zài** qù wár bǎolíng-qiú!*

Sequence of future activity may also be expressed by the structure

> 先 VObj，以後 再 VObj
> *xiān V Obj, yǐhòu **zài** V Obj*
> first do this, afterwards then do that

先學漢語，以後再學日語   **first** study Chinese, **afterwards then**
*xiān xué Hànyǔ, **yǐhòu zài** xué Rìyǔ*   study Japanese

Compare this with the above structure:

學會了漢語以後再學日語   **after** having mastered Chinese, **then** study
*xué huì le Hànyǔ **yǐhòu zài** xué Rìyǔ*   Japanese

We saw 再 *zài* [again] in the salutations 再見 *zài jiàn* [again see] and 再會 *zài huì*
[again meet], both meaning *goodbye*. Another adverbial phrase 再三再四 *zài sān zài sì*
[again three again four] means *over and over again*.

我再三再四的說她也不明白   I said so over and over again but she still
*wǒ **zài sān zài sì** de shuō tā yě bù míngbái*   didn't catch on

A function of 再 *zài* [again] is in the ordering of "fresh supplies":

再來一壺茶   (please) bring **another** pot of tea
zài lái yì hú chá

再說一遍   (please) say it **again**
zài shuō yí biàn

再 *zài* [again] features in formulae for **future negative** intention:

> 不再 V 了 / 再也不 V 了
> *bú zài V le / zài yě bu V le*

我不再去了   I'll **not** go **again**
wǒ bú zài qù le

我再也不去了   I'll **never** go **again**
wǒ zài yě bú qù le

我再也不跟她說話了   I'll **never** speak to her **again**
wǒ zài yě bù gēn tā shuōhuà le

Exercises

A. Practice the structure *V le (Obj) yǐhòu zài V*:

a. 以後再談吧。   **Let's** discuss it later.
    Yǐhòu zài tán ba.

b. 車子修理好了以後再洗。   Have the car fixed then wash it.
    Chēzi xiūlí hǎo le yǐhòu zài xǐ.

c. 學會(了)漢語以後再學日語。   Study Japanese after mastering Chinese.
    Xué huì (le) Hànyú yǐhòu zài xué Rìyǔ.

d. 材料復印了以後再還給他。   Xerox the material and then give it back
    Cáiliào fùyìn le yǐhòu zài huán gěi tā.   to him.

e. 蒸好了米飯以後再炒菜。   After the rice is done, then stir-fry the
    Zhēng hǎo le mǐfàn yǐhòu zài chǎo cài.   vegetables.

f. 文章修改好了以後再出版。   Revise the article and then publish it.
    *Wénzhāng xiūgái hǎo le yǐhòu zài
    chūbǎn.*

g. 咱做完作業以後再去看電影吧。   Let's finish our homework and then go
   Zán zuò wán zuòyè yǐhòu zài qù kàn   to the movies.
   diànyǐng ba.

h. 給他打了電話以後再去看他。   Telephone him first and then go and see
   Gěi tā dǎ le diànhuà yǐhòu zài qù kàn tā. him.

i. 考完試以後再看。   We'll see after you've taken the exam.
   Kǎo wán shì yǐhòu zài kàn.

j. 發了工資以後再去買吧。   Let's buy it after we get paid.
   Fā le gōngzī yǐhòu zài qù mǎi ba.

B. Practice the structure *xiān V (Obj) yǐhòu zài V (Obj)*:

   a. 先畢業以後再到中國去。   Graduate first then go to China.
      Xiān bìyè yǐhòu zài dào Zhōngguó qù.

   b. 先打電話以後再去看他。   Telephone first and then go and see him.
      Xiān dǎ diànhuà yǐhòu zài qù kàn tā.

   c. 先做作業以後再去看電影。   Do your homework first and then go to
      Xiān zuò zuòyè yǐhòu zài qù kàn   the movies.
      diànyǐng.

   d. 先修理車子以後再去旅行。   First fix the car and then go traveling.
      Xiān xiūlǐ chēzi yǐhòu zài qù lǚxíng.

   e. 先工作以後再吃飯。   Work first eat later.
      Xiān gōngzuò yǐhòu zài chīfàn.

C. Practice the structure *zài V*:

   a. 再做一遍。   Do it again.
      Zài zuò yí biàn.

   b. 你再去看他。   Go and see him again.
      Nǐ zài qù kàn tā.

c.   改天再買吧。   Let's buy it another day.
     Gǎitiān zài mǎi ba.

d.   改天再談。   We'll talk about it another day.
     Gǎitiān zài tán.

e.   你再去看一次就明白了。   Go and read it again and you'll
     Nǐ zài qù kàn yí cì jiù míngbái le.   understand.

f.   你再吃一個。   Have another one.
     Nǐ zài chī yí gè.

g.   我爲什麼再借錢給你？   Why should I loan you any more
     Wǒ wèi shémme zài jiè qián géi nǐ?   money?

h.   你爲什麼再三再四的問我？   Why do you keep on asking me?
     *Nǐ wèi shémme zài sān zài sì de wèn
     wǒ?*

i.   他爲什麼再去看她？   Why is he going to see her again?
     Tā wèi shémme zài qù kàn tā?

j.   再來兩張紙。   Two more sheets of paper, please.
     Zài lái liǎng zhāng zhǐ.

D. Practice the structures *bú zài V (Obj) le, zài yě bu V (Obj) le:*

a.   我愛人再也不到法國去了。   My wife will never go to France again.
     Wǒ àirén zài yě bú dào Fǎguó qù le.

b.   他再也不拉琴了。   He'll never play the violin again.
     Tā zài yě bù lā qín le.

c.   她再也不抽煙了。   She'll never smoke again.
     Tā zài yě bù chōuyān le.

d.   他再也不想做警察了。   He'll never want to be a policeman
     Tā zài yě bù xiǎng zuò jǐngchá le.   again.

e.   校長再也不讓他上學了。
     Xiàozhǎng zài yě bú ràng tā shàng xué le.

The principal will never let him go to school again.

f.   我不再說了。
     Wǒ bú zài shuō le.

I won't mention it again.

g.   她不再買外國創造的車子了。
     Tā bú zài mǎi wàiguó chuāngzào de chēzi le.

She won't buy a foreign-made car again.

h.   我寫的文章我不再給你看了。
     Wó xiě de wénzhāng wǒ bú zài géi nǐ kàn le.

I won't let you see the essays I write again.

i.   我不再給他借錢了。
     Wǒ bú zài gěi tā jiè qián le.

I won't loan him any more money.

j.   我不再替她做作業了。
     Wǒ bú zài tì tā zuò zuòyè le.

I won't do her homework **for her** again.

E. Express in Chinese the following ideas:

a.   Ask to see the larger one again.

b.   Ask for another round of sodas.

c.   Complain that you'll never go to that restaurant again.

d.   Tell him to go straight to the **traffic lights** *(hónglǜ-dēng/jiāotōng zhǐhuī-dēng)* and then **turn** *(guǎi)* right.

e.   Say that the English put the milk in first and then pour the tea.

f.   Suggest that you dispose of business first and then go for lunch.

g.   Say you'll wait for her to join you and then go.

h.   Say you'll never **ask** *(xiàng...yào)* your dad for cash again.

i.   Say you'll never ask your manager for time off again.

j.   Say you'll never **take** *(péi* [accompany]) her dancing again.

Key to Exercises

E.

a. 那個比較大的再給我看一次。 *Nèi gè bǐjiào dà de zài géi wǒ kàn yí cì.*

b. 再來汽水。 *Zài lái qìshuǐ.*

c. 我再也不到那個飯店去吃飯了。 *Wǒ zài yě bú dào nèi gè fàndiàn qù chīfàn le.*

d. 一直走到紅綠燈再右拐。 *Yīzhí zǒu dào hónglǜ-dēng zài yòu guǎi.*

e. 英國人喝茶水，先加牛奶以後再倒茶水。 *Yīngguó-rén hē cháshuǐ, xiān jiā niúnǎi yǐhòu zài dào cháshuǐ.*

f. 咱坐完事以後再去吃午飯吧。 *Zán zuò wán shì yǐhòu zài qù chī wǔfàn ba.*

g. 等她來了以後再去。 *Děng tā lái le yǐhòu zài qù.*

h. 我再也不向我爸要錢了。 *Wǒ zài yě bú xiàng wǒ bà yào qián le.*

i. 我以後再也不向我的經理請假了。 *Wǒ yǐhòu zài yě bú xiàng wǒ de jīnglǐ qǐngjià le.*

j. 我不再陪她去跳舞了。 *Wǒ bú zài péi tā qù tiàowǔ le.*

Session 10

Character Roundup

才 *cái*	only then, "delayed action"	r. 64 扌 *shǒu* (hand)	一 寸 才
省 *shěng*	province, frugal, save, left over	r. 109 目 *mù* (eye)	少 (⺈ 小 少) 目 (⎸ ⥮ 月 月 目)
呢 *ne*	"continuative" particle	r. 30 口 *kǒu* (mouth)	口　尸 (⁊ ⁊ 尸) ヒ (㇄ ヒ)
剛 （刚） *gāng*	just now	r. 18 刂 *dāo* (knife)	岡 (⎸ 冂 冂 冃 岡 岡 岡 岡) 刂
付 *fù*	pay	r. 9 人 *rén* (man)	亻　寸 (一 寸 寸)
款 *kuǎn*	amount, sum	r. 76 欠 *qiàn* (owe, lack)	柰 (一 十 士 𡗗 圭 圭 圭 柰) 欠 (⺍ 勹 欠)
寄 *jì*	lodge, remit, send	r. 40 宀 (roof); phon. 奇 *qí*	宀 (⸀ ⸍ 宀) 大 (一 ナ 大) 可 (一 ㅜ 冂 ㅁ 可)
浪 *làng*	wave, waste	r. 85 氵 *shuǐ* (water)	氵　良 (⸃ ㇇ ㇆ 㠯 㠯 良)
玩 *wán*	amuse, play	r. 96 玉 *yù* (jade)	王　元 (ˉ 二 テ 元)

48

吧 *ba*	terminal particle (implied agreement)	r. 30 口 *kǒu* (mouth)	口	巴(フ コ 口 巴)
咱 *zá*	we	r. 30 口 *kǒu* (mouth)	口	自(′ ｒ 自 自 自)
壺 (壶) *hú*	pot, kettle	r. 33 士 *shì* (scholar, official)		士(一 十 士) 亞(′ ″ ″ ″ 冖 冖 冖 冖 亞)
茶 *chá*	tea	r. 140 艹 *cǎo* (grass)		艹(一 ナ ヰ 艹) 余(ノ 八 人 今 佘 余)
遍 *biàn*	time, turn	r. 162 辶 *zǒuzhī-páng* ("walking" radical); phon. 扁 *piān* (small)		扁(` ゙ ゙ ゙ 尸 尸 启 启 扁 扁) 辶
談 (谈) *tán*	chat, discuss	r. 149 言 *yán* (words, speech)		言(` ゙ ゙ ゙ 言 言 言) 火(′ ゙ ゙ 火) 火
改 *gǎi*	alter, change, improve	r. 66 攴 *pǔ* (strike)		己(フ コ 己) 攵(′ ゙ ケ 攵)
修 *xiū*	repair	r. 9 人 *rén* (man)	亻	｜ 攵 彡(′ ′ 彡)
拉 *lā*	pull	r. 64 扌 *shǒu* (hand)		扌(一 十 扌) 立(` ゙ ゙ ゙ 立)
琴 *qín*	stringed instrument	r. 96 玉 *yù* (jade)		王(一 二 千 王) 王 今(ノ 八 人 今)

Exercises

A. Transcribe the examples and exercises in Sessions 7 - 9 into Chinese characters.

B. Write a letter in Chinese to a friend telling how you bought a new car, but as soon as you had driven the thing out of the showroom, it went on the blink, and you had to drive it back in again to have it repaired. The repairs were not covered by the warranty 報銷 *bàoxiāo*.

Calligraphy exercises: practice the following radical and phonetic elements, and list characters featuring them learned previously.

Radicals:

mù	目	109 (eye)
qiàn	欠	76 (owe, lack)
	宀	40 (roof)
yù	玉	96 (jade)

Phonetics:

bā	巴	
qí	奇	
liáng	良	

Session 11

At the Hospital   qù kàn bìng

Work units and hotels in China all have their own clinics, called 門診所 *ménzhén-suǒ*. These are usually staffed by a qualified doctor (醫生 *yīshēng*), colloquially called 大夫 *dàifu*, and several nurses (護士 *hùshi*). A small pharmacy (藥房 *yàofáng*) is included on the premises. As the first line in health care, the 門診所 *ménzhén-suǒ* handles medical checkups (檢查身體 *jiǎnchá shēntǐ*), minor aches (頭疼 *tóuténg* [headache]; 肚子疼 *dùzi-téng* or 胃疼 *wèiténg* [stomachache]; 嗓子疼 *sǎngzi-téng* [sore throat]; 腰疼 *yāoténg* [backache]), ailments like catching cold (感冒 *gǎnmào* or 着風 *zhāofēng*), fevers (發燒 *fāshāo*), and common surgical procedures including abortions (流產 *liúchǎn*).

More serious conditions are referred to hospitals (醫院 *yīyuàn*), where specialized treatment is offered at various departments: internal medicine (內科 *nèikē*); surgery (外科 *wàikē*); women's department (婦女科 *fùnǚ-kē*); ear, nose, and throat (五官科 *wǔguǎn-kē*) (i.e., the "five apertures": mouth, throat, nose, eyes, and ears). X-rays are (X-光 *X-guāng*). Dentistry is 牙醫 *yáyī*, hence a dentist is 牙醫生 *yá-yīshēng*.

Apart from a small fee, medical expenses, including prescribed medicines, are covered by the state, and reimbursement (報銷 *bàoxiāo*) is made at the unit level on surrender of the various payment receipts.

A possible conversation between a 病人 *bìngrén* [patient] and a doctor might be

病人：	大夫，我感冒了，不停的咳嗽。	Doctor, I've caught cold, and can't stop coughing.
bìngrén:	*Dàifu, wó gǎnmào le, bù tíng de késòu.*	

| 醫生： | 阿。嗓子疼不疼？ | Mm. Do you have a sore throat? |
| yīshēng: | *E. Sǎngzi téng bù téng?* | |

| 病人： | 阿。疼的很。 | Yes, very sore. |
| | *E. Téng de hěn.* | |

| 醫生： | 好。我給你藥吃。吃飯以前，服一次，每天三次。 | I see. I'll prescribe some medicine for you. Take one dose before meals, three times a day. |
| | *Hǎo. Wó géi nǐ yào chī. Chī fàn yǐqián, fú yí cì, měi tiān sān cì.* | |

| 病人： | 明白，謝謝。 | I understand. Thank you. |
| | *Míngbái, xièxie.* | |

Exercises

Practice playing doctor and patient with classmates. Complain of various ailments, as listed above. The doctor may prescribe medicine, to be taken so many times a day, or refer the patient for x-rays and treatment.

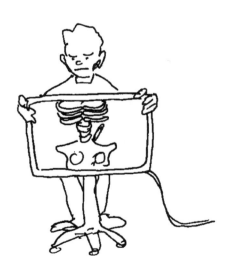

Session 12

Tone Practice: 2nd+1st

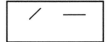

líhūn	*méiguī*	*zhúguāng*	*zhúgān*	*jiébīng*	*zhíbān*
zhíjiē	*kuíhuā*	*lángān*	*láosāo*	*Léigōng*	*kuángfēng*
líkāi	*liángxīn*	*liú xīn*	*Lúndūn*	*luóbō*	*máoyī*
miánhuā	*miányī*				

yě [also]: Topic/Obj yě...

Earlier we have observed structures incorporating 也 *yě* [also, too]:

你就是到中國去住，也不一定學會
漢語
nǐ jiùshì dào Zhōngguó qù zhù, yě bù yídìng xué huì Hànyǔ

even if you go and live in China, you **will not** necessarily master the Chinese language

我再也不喝啤酒了
wǒ zài yě bù hē píjiǔ le

I'**ll never** drink beer again!

Typically, 也 *yě* [also] occurs immediately after the Topic/Subj to which it refers and before the V/Pred:

我去，你也去
wǒ qù, nǐ yě qù

I'm going, you **too** are going

Since 也 *yě* [also] must occur *before* the V/Pred, Objects to be listed as *also* must therefore be brought up before the V/Pred as Topic/Obj. That is to say, a statement might read

她不喝酒，不抽煙
tā bù hē jiǔ, bù chōuyān

she does not drink alcohol and does not smoke

However, to say "neither alcohol nor cigarettes" or "both...and...," the objects *alcohol* and *smoke* must occur *before* the verbs that govern them:

她酒也不喝，煙也不抽

tā jiú yě bù hē, yān yě bù chōu

she **alcohol also** not drink, **smoke also** not draw

他犛牛肉也吃過，駱駝肉也吃過

tā máoniú-ròu yě chī guò, luòtuō-ròu yě chī guò

he has eaten yak meat as well as camel meat

Exercises

A. Practice the structures:

a. 她去，我也去。

Tā qù, wó yě qù.

She goes, I too go.

b. 你喜歡看，我也喜歡看。

Ní xǐhuān kàn, wó yé xǐhuān kàn.

You like to see it, I like to see it, too.

c. 他學漢語，你也學漢語。

Tā xué Hànyǔ, ní yě xué Hànyǔ.

He studies Chinese, you too study Chinese.

d. 你不吃飯，我也不吃飯。

Ní bù chīfàn, wó yě bù chīfàn.

(If) you don't eat, I won't eat either.

e. 她不抽煙，你也不抽煙。

Tā bù chōuyān, ní yě bù chōuyān.

She doesn't smoke and neither do you.

f. 她沒有買，我也沒有買。

Tā méiyóu mǎi, wó yě méiyóu mǎi.

She didn't buy it; nor did I.

g. 他書也不看，作業也不做。

Tā shū yě bú kàn, zuòyè yě bú zuò.

He neither reads nor does his homework.

h. 她牛奶也不喝，肉也不吃。

Tā niúnái yě bù hē, ròu yě bù chī.

She doesn't drink milk nor eats meat.

i. 中國我也没有去過，日本也没有   I have never been to China nor to Japan.
    去過。

    Zhōngguó wó yě méiyǒu qù guò, Rìbén
    yě méiyǒu qù guò.

j. 我的也不太快；你的也不太快。   Mine's not too fast and neither is yours.

    Wǒ de yě bú tài kuài; nǐ de yě bú tài
    kuài.

B. Express in Chinese the following ideas:

   a. Say that you have visited Tokyo so your younger brother also wants to go.

   b. Say that your friend isn't interested in seeing the movie so you don't want to go either.

   c. Say how you like neither English cuisine, nor Japanese food.

   d. Say that if the U.S. can sell **missiles** (*huǒjiàn* [fire arrow]) then so can China.

   e. Say that going by bus in China is a slow business, and that going by train isn't much faster.

   f. The (college) president said that the entire **curriculum** *(kèchéng)* ought to be revamped. The **provost** *(fù-xiàozhǎng)* was of the same mind.

   g. Explain that after his talk, you too wanted to go.

   h. Say that after the **stock exchange** *(gǔpiào-shìchǎng)* opened in Shanghai, the **peasants** *(xiǎo-nóngmín)* too were able to buy stock.

   i. Say that when you were in the services, you went on a helicopter as well as a **submarine** *(qiánshuǐ-tǐng)*.

   j. Say that no one told you, either.

Key to Exercises

B.

a.	我去過東京，所以我弟弟也想去。	*Wǒ qù guò Dōngjīng, suóyǐ wǒ dìdì yé xiǎng qù.*
b.	我朋友不想去看那部電影，所以我也不要去看。	*Wǒ péngyǒu bù xiǎng qù kàn nèi bù diànyǐng, suóyǐ wó yě bú yào qù kàn.*
c.	我英國飯也不喜歡吃，日本飯也不喜歡吃。	*Wǒ Yīngguó-fàn yě bù xǐhuān chī, Rìběn-fàn yě bù xǐhuān chī.*
d.	美國可以賣火箭，中國也可以賣。	*Měiguó kéyǐ mài huǒjiàn, Zhōngguó yě kéyǐ mài.*
e.	在中國坐公共汽車很慢；坐火車也不快。	*Zài Zhōngguó zuò gōnggòng-qìchē hěn màn; zuò huǒchē yě bú kuài.*
f.	校長說學校的課程應該全部都要修改了。副校長也是這麼說的。	*Xiàozhǎng shuō xuéxiào de kèchéng yīnggāi quánbù dōu yào xiūgǎi le. Fù-xiàozhǎng yě shì zhème shuō de.*
g.	他說完了以後，我也想去。	*Tā shuō wán le yǐhòu, wó yě xiǎng qù.*
h.	上海的股票市場開了以後，小農民也能夠買股票的。	*Shànghǎi de gǔpiào-shìchǎng kāi le yǐhòu, xiǎo-nóngmín yě nénggòu mái gǔpiào de.*
i.	我當兵的時候，直升飛機也坐過；潛水艇也坐過。	*Wǒ dāngbīng de shíhòu, zhíshēng-fēijī yě zuò guò; qiánshuí-tǐng yě zuò guò.*
j.	我也没有聽人說過。	*Wó yě méiyǒu tīng rén shuō guò.*

Session 13

Tone Practice: 2nd+2nd

mínquán	*mínguó*	*mínzú*	*míngbái*	*Míngcháo*	*míngnián*
míngcí	*míngmíng*	*máfán*	*móxíng*	*náotóu*	*náhuílái*
néngrén	*nírén*	*niánlíng*	*níngjié*	*nóngmín*	*nóngrén*
páihuái	*páilóu*				

dōu [all]

Like 也 *yě* [also] the particle 都 *dōu* [all] follows immediately after the Topic/Subj to which it refers and immediately before the V/Pred.

張三李四都去
Zhāng Sān Lǐ Sì dōu qù

Zhang San and Li Si are **both** going

我們都看過了
wǒmen dōu kàn guò le

we've **all** seen it

dōu bu

V predicates may be negated by 不 *bu* [not] and 沒有 *méiyǒu* [not exist] expressing the meaning *none* or *neither X nor Y* does/did the verb:

丁一，王二都不去
Dīng Yī, Wáng Èr dōu bú qù

neither Ding Yi **nor** Wang Er goes/is going

學生都沒有去
xuéshēng dōu méiyǒu qù

none of the students went

Like 也 *yě* [also], since 都 *dōu* [all] *precedes* the V/Pred, objects must be brought up to the Topic/Obj position to be listed as *all*. Note that the V predicate must be common to all the obj/topics listed:

漢語，法語，他都學   he studies **both** Chinese **and** French
Hànyǔ, Fáyǔ, tā dōu xué

熱狗，漢堡包，我愛人都不喜歡吃   my Missus doesn't like hotdogs or
règǒu, hànbǎobāo, wǒ àirén dōu bù xǐhuān   hamburgers
chī

Unlike 也 *yě* [also], 都 *dōu* [all] may itself be negated by the negatives 不 *bu* and 沒有 *méiyǒu* in the meaning *not all* the subject does the verb:

學生不都去   **not all** the students **go/are going**
xuéshēng bù dōu qù

學生沒有都去   **not all** the students **went**
xuéshēng méiyǒu dōu qù

i.e., some students, *but not all* of them, go/went.

Exercises

A. Practice the form *Subject dōu (bu/méiyǒu) V (Obj)*:

a. 十八歲以上的男人都需要登記參   all males eighteen and over must register
   軍。   for the draft.
   Shí-bā suì yǐshàng de nánrén dōu xūyào
   dēngjì cānjūn.

b. 中國人都喜歡吃瓜子。   All Chinese like eating watermelon
   Zhōngguó-rén dōu xǐhuān chī guāzi.   seeds.

c. 美國人一般的都會開車。   In general all Americans can drive.
   Měiguó-rén yìbān de dōu huì kāichē.

d. 我們都沒有去。   None of us went.
   Wǒmen dōu méiyǒu qù.

e. 回民，猶太人都不吃豬肉。

    Huímín, Yóutài-rén dōu bù chī zhūròu.

Muslims and Jewish people do not eat pork.

f. 瑞士，日本都不打仗。

    Ruìshì, Rìběn dōu bù dǎzhàng.

Neither Switzerland nor Japan goes to war.

g. 那些服務員都**偷懶**。

    *Nèi xie fúwù-yuán dōu **tōulǎn**.*

Those waiters over there are all **gold-bricking** (steal laziness).

h. 政治家一般的都不老實。

    Zhèngzhì-jiā yìbān de dōu bù lǎoshí.

Politicians in general are not honest.

i. 新車現在都太貴了。

    Xīn chē xiànzài dōu tài guì le.

New cars these days are all too expensive.

j. 我們吃了那個漢堡包以後都不舒服了。

    Wǒmen chī le nèi gè hànbǎobāo yǐhòu dōu bù shūfú le.

We all got sick after eating those hamburgers.

B. Practice the structure *Obj/topics (subj) dōu (bu/méiyǒu) V:*

a. 包子，餃子都頂好吃。

    Bāozi, jiǎozi dōu dǐng hǎochī.

Baozi and jiaozi steamed dumplings are both very tasty.

b. 狗肉，蛇肉她都嘗過。

    Gǒuròu, shéròu tā dōu cháng guò.

She's tried both the dog and the snake meat.

c. 英語，數學，密大的學生都需要學。

    Yīngyǔ, shùxué, Mìdà de xuéshēng dōu xūyào xué.

Students at the University of Michigan are required to take English and Math.

d. 直升飛機，潛水艇，我愛人都坐過。

    Zhíshēng-fēijī, qiánshuí-tǐng, wǒ àirén dōu zuò guò.

My missus has been on a helicopter and a submarine.

e. 新加坡，馬來西亞，緬甸，我們
都沒有去過。

*Xīnjiāpō, Máláixīyà, Miǎndiān, wǒmen
dōu méiyǒu qù guò.*

None of us has been to Singapore,
Malaysia, or Burma.

f. 社會學，教育學，我們科學學生
都不喜歡學。

*Shèhuì-xué, jiàoyù-xué, wǒmen kēxué
xuéshēng dōu bù xǐhuān xué.*

None of us science students likes taking
Social Science or Education.

g. 昨天，今天都沒有來信。

Zuótiān, jīntiān dōu méiyǒu lái xìn.

There was no mail yesterday or today.

h. 我星期一到星期五每天都要去工
作。

*Wǒ xīngqī-yī dào xīngqī-wǔ měi tiān
dōu yào qù gōngzuò.*

I work everyday from Monday through
Friday.

i. 我不是每天都要去工作。每個星
期三，星期四都不上班。

*Wǒ bú shì měi tiān dōu yào qù gōngzuò.
Měi gè xīngqī-sān, xīngqī-sì dōu bú
shàngbān.*

I don't work every day. I'm off every
Wednesday and Thursday.

j. 日語，法語，她都會說。

Rìyǔ, Fáyǔ, tā dōu huì shuō.

She can speak Japanese and French.

C. Practice the structure *bu/méiyǒu dōu V:*

a. 英國人不都喝茶。

Yīngguó-rén bù dōu hē chá.

Not all Englishmen drink tea.

b. 是不是中國人不都吃米飯？

*Shì bú shì Zhōngguó-rén bù dōu chī
mǐfàn?*

Is it true that not all Chinese eat rice?

c. 汽水都喝完了沒有？

Qìshuǐ dōu hē wán le méiyǒu?

Did you finish all the soda?

没都喝完。

Méi dōu hē wán.

Not all of it.

d. 學生沒都考及格了。

    Xuéshēng méi dōu kǎo jí gé le.

Not all the students passed the exam.

e. 你借給我的那些雜誌我還沒都看
完。

    Nǐ jiè géi wǒ de nèi xie zázhì wǒ hái méi dōu kàn wán.

I haven't finished reading all those magazines you loaned me yet.

f. 大學老師不一定都聰明。

    Dàxué lǎoshī bù yídìng dōu cōngmíng.

Not all college profs are necessarily intelligent.

g. 中國人不是都說普通話。

    Zhōngguó-rén bú shì dōu shuō pǔtōng-huà.

It's not the case that all Chinese speak Mandarin.

h. 十八歲以上的男人不都要參軍。

    Shí-bā suì yǐshàng de nánrén bù dōu yào cānjūn.

Not all males of eighteen and above need to serve in the military.

i. 蘇聯的火箭不都是核武器。

    Sūlián de huǒjiàn bù dōu shì hé-wǔqì.

Not all Soviet missiles are nuclear weapons.

j. 中國人不都會騎自行車。

    Zhōngguó-rén bù dōu huì qí zìxíng-chē.

Not all Chinese can ride a bicycle.

D. Express in Chinese the following ideas:

a. Explain that even if all your classmates go in a group, the chancellor is still **unlikely** *(bú huì)* to see them.

b. Explain that even if you read everything that's been written about China, you still won't know as much about the country as a **native-born** *(běndì de)* Chinese.

c. Western students don't compare with oriental students in math.

d. Tell your friends you've visited France, Germany, and England.

e. Say that you haven't read Marx or Engels, Lenin, or any of the Communist writers.

f.   Say that you don't have to take both German and French.

g.   Say that one of you will be enough; you don't both have to go.

h.   Say that you're not the one who ate all the **potato chips** *(tǔdòu-piàr)*.

i.   Say that you didn't get all the **questions** *(kǎotí)* **right** *(xiě duì)*.

j.   Say that the plane doesn't always get in on time.

Key to Exercises

D.

a.   你的同學們就是都一齊去，校長   *Nǐ de tóngxué-men jiùshì dōu yìqí qù,*
      也不會見他們。   *xiàozhǎng yě bú huì jiàn tāmen.*

b.   對於中國所有的書你就是都看   *Duìyú Zhōngguó suó yǒu de shū nǐ*
      完，也不像中國本地的人知道的   *jiùshì dōu kàn wán, yě bú xiàng*
      那麼多。   *Zhōngguó běndì de rén zhīdào de*
                                       nèmme duō.

c.   學數學，西方學生都比不上東方   *Xué shùxué, xīfāng xuéshēng dōu bǐ bú*
      學生。   *shàng dōngfāng xuéshēng.*

d.   法國，德國，英國，我都去過。   *Fǎguó, Déguó, Yīngguó, wǒ dōu qù guò.*

e.   馬克思，恩格斯，列寧，所有的   *Mǎkèsī, Ēngésī, Lièníng, suó yǒu de*
      共產黨的作品，我都沒有看過。   *Gòngchán-dǎng de zuòpǐn, wǒ dōu*
                                       méiyǒu kàn guò.

f.   德語和法語，不一定都要學。   *Déyǔ hé Fáyǔ, bù yídìng dōu yào xué.*

g.   一個人去過了；不要兩個人都去。 *Yí gè rén qù gòu le; bú yào liǎng gè rén*
                                       dōu qù.

h.   土豆片兒，不是我都吃光了。   *Tǔdòu-piàr, bú shì wǒ dōu chī guāng le.*

i.   考題，我沒都寫對。   *Kǎotí, wǒ méi dōu xiě duì.*

j.   飛機不是每次都來的准。   *Fēijī bú shì měi cì dōu lái de zhǔn.*

Session 14

Tone Practice: 2nd+3rd

yíchǎn	*yíchuǎn*	*yídiǎn*	*yínwěi*	*yínliǎng*	*yóujǐng*
yúluǎn	*yuánshǒu*	*yuánběn*	*yuánzǐ*	*yuányě*	*wánhǎo*
wéilǒng	*wéifǎ*	*wéirǎo*	*wénshǐ*	*ménkǒu*	*cúnkuǎn*
chúyǐ	*cháoshuǐ*				

yě dōu: interrogative noun yě/dōu (bu/méiyǒu) V

Used in conjunction, 也 *yě* [also] precedes 都 *dōu* [all]:

你們都去；我們也都去   you are **all** going; we **too** are **all** going
nǐmen dōu qù; wǒmen yě dōu qù

In certain structures, 也 *yě* [also] and 都 *dōu* [all] are interchangeable without change of meaning.

也 *yě* and 都 *dōu* are juxtaposed with interrogative nouns such as 誰 *shéi* [who?] 什麼 *shémme* [what?] 什麼時候 *shémme shíhòu* [when? what time?] 什麼地方 *shémme dìfāng* [where? what place?] 哪兒 *nǎr* [where?] to express **all-inclusion**:

> *interrogative pronoun* 也 / 都 *yě/dōu V Pred*

誰也/都去了   **everyone** went (who also go complete)
shéi yě/dōu qù le

他什麼地方都去過了   he's been **everywhere**
tā shémme dìfāng dōu qù guò le   [he what place all go pass complete]

你什麼時候來都可以   come **any time**
nǐ *shémme shíhòu lái dōu kéyǐ*

Placement of the negative particle 不 *bu* before the V/Pred produces **all-*exclusion***.

給她多少，也不夠   however much you give her, it will **never**
gěi tā *duōshǎo, yě bú gòu*   **be enough**

誰都不要去   **no one** wants to go
shéi dōu bú yào qù

最近哪兒也不安全   **nowhere's** safe these days
zuìjìn nár yě bù ānquán

Past tense negative is expressed by 没有 *méiyǒu* V.

誰也沒有做作業   **no one did** his homework
shéi yě méiyǒu zuò zuòyè

我什麼都沒買   I **didn't** buy **anything**
wǒ *shémme dōu méi mǎi*

DO NOT forget that SV are negated by 不 *bu* in any time frame:

什麼菜都不好吃   nothing **is/was** tasty
shémme cài dōu bù hǎochī

也 *yě* [also] may precede 不都 *bù dōu* [not all] as *not all X neither V*:

老師不都去；學生也不都去   **not all** the teachers are going; **neither are**
lǎoshī *bù dōu qù; xuéshēng yě bù dōu qù*   **all** the students going

没 / 沒有 *méi/méiyǒu* [not exist] replaces 不 *bu* [not] in past tense structures:

老師沒都去；學生也沒都去   **not all** the teachers **went; nor did** all the
lǎoshī *méi dōu qù; xuéshēng yě méi dōu*   students go
qù

The inclusion of the word 全 *quán* [complete, total]   reinforces the all-inclusiveness or all-exclusiveness of the statement. Compare:

老師都沒有去；學生也都沒有去

lǎoshī dōu méiyǒu qù; xuéshēng yě dōu méiyǒu qù

none of the teachers went; **neither did any** of the students

日本，泰國，緬甸，我都沒有去過

Rìbén, Tàiguó, Miǎndiān, wǒ dōu méiyǒu qù guò

I've never been to Japan, Thailand, or Burma

with the past tense partial exclusion:

老師沒有(全)都去；學生也沒有(全)都去

lǎoshī méiyǒu (quán) dōu qù; xuéshēng yě méiyǒu (quán) dōu qù

not all the teachers went; **neither did all** the students go

日本，泰國，緬甸，我沒有都去過

Rìbén, Tàiguó, Miǎndiān, wǒ méiyǒu dōu qù guò

I **haven't** been to **all three** countries (although I may have been to any one or two of them)

Exercises

A. Practice the following structures:

a. 誰都喜歡吃中國飯。

Shéi dōu xǐhuān chī Zhōngguó-fàn.

Everyone likes Chinese food.

b. 誰都高興。

Shéi dōu gāoxìng.

Everyone was very pleased.

c. 誰也想要去。

Shéi yé xiǎngyào qù.

Everyone wants to go.

d. 老師什麼都知道。

Lǎoshī shémme dōu zhīdào.

Teacher knows everything.

e. 她什麼菜都吃。

Tā shémme cài dōu chī.

She'll eat anything.

f.　我什麼地方都去過。　　　　　　　I've been everywhere.
　　Wǒ shémme dìfāng dōu qù guò.

g.　你們什麼時候都來玩兒吧。　　　　Come and visit me anytime.
　　Nǐmen shémme shíhòu dōu lái wár ba.

h.　他哪個漢字都會寫。　　　　　　　He can write any Chinese character.
　　Tā nǎ gè Hànzì dōu huì xiě.

i.　她哪國話都會說。　　　　　　　　When it comes to foreign languages, you
　　Tā nǎ guó huà dōu huì shuō.　　　name it and she can speak it.

j.　他哪種車都會修理。　　　　　　　He can fix any car you bring him.
　　Tā ná zhǒng chē dōu huì xiūlǐ.

B. Practice the structure:

a.　誰都不要看。　　　　　　　　　　No one wants to see it.
　　Shéi dōu bú yào kàn.

b.　誰也不能做。　　　　　　　　　　Nobody can do it.
　　Shéi yě bù néng zuò.

c.　誰也來不及。　　　　　　　　　　No one can make it in time.
　　Shéi yě lái bù jí.

d.　她哪兒也沒有去過。　　　　　　　She hasn't been anywhere.
　　Tā nár yě méiyǒu qù guò.

e.　那種奶酪哪兒也買不到。　　　　　You can't buy that sort of cheese
　　Nèi zhóng nǎilào nár yé mǎi bú dào.　anywhere.

f.　我的鑰匙哪兒都找不着。　　　　　I can't find my keys anywhere.
　　Wǒ de yàoshí nǎr dōu zhǎo bù zháo.

g.　什麼地方都太冷了。　　　　　　　Everywhere's too cold.
　　Shémme dìfāng dōu tài lěng le.

h. 什麼地方都太貴了。 Everywhere's too expensive.
   Shémme dìfāng dōu tài guì le.

i. 什麼時候都不行。 No time will be okay.
   Shémme shíhòu dōu bù xíng.

j. 我什麼時候也不去看她。 I'm not going to see her at any time.
   Wǒ shémme shíhòu yě bú qù kàn tā.

C. Express in Chinese the following ideas:

   a. Say you have no preferences among tea, coffee, whatever.

   b. Tell your friends they can phone you anytime.

   c. Say that anywhere warm will do for the winter vacation.

   d. Complain that no one turned up for the basketball game.

   e. Say that no one wants to take Russian any more.

   f. Say that his cooking was **ghastly** (colloq. *ěxīn*) and nobody wanted to eat anything.

   g. Say that whatever he's got to eat will be fine.

   h. Say that it makes no difference to you where she goes.

   i. Say that you're not bothered what she wears.

   j. **So long as** *(zhǐyào)* it's not too expensive, you can buy any present you like.

Key to Exercises

C.

   a. 茶水，咖啡，什麼都可以。 *Cháshuǐ, kāfēi, shémme dōu kéyǐ.*

   b. 你們什麼時候都可以給我打電話。 *Nǐmen shémme shíhòu dōu kéyǐ géi wǒ dǎ diànhuà.*

c. 比較暖和的地方都可以渡寒假。   *Bǐjiào nuǎnhé de dìfāng dōu kéyǐ dù hánjià.*

d. 那次籃球賽，誰都沒來看。   *Nèi cì lánqiú-sài, shéi dōu méi lái kàn.*

e. 誰都不想學蘇聯話了。   *Shéi dōu bù xiǎng xué Sūlián-huà le.*

f. 他做的飯那麼惡心，誰都不想吃。   *Tā zuò de fàn nèmme ěxīn,* **shéi dōu bù xiǎng chī.**

g. 給我吃什麼都可以。   *Géi wǒ chī shémme dōu kéyǐ.*

h. 你去哪兒都對我沒有關係。   *Nǐ qù nǎr dōu duì wǒ méiyǒu guānxi.*

i. 你穿什麼衣服，我都不管。   *Nǐ chuān shémme yīfú, wǒ dōu bù guǎn.*

j. 只要不太貴，買什麼禮物都可以。   *Zhǐyào bú tài guì, mǎi shémme lǐwù dōu kéyǐ.*

Review Session

A. Practice the structure *yī V jiù V:*

    a.   她接電話，一聽是廣告，就馬上放下電話。

        Tā jiē diànhuà, yī tīng shì guǎnggào, jiù mǎshàng fàngxià diànhuà.

The moment she realized it was an ad, she hung up.
[she connect telephone, one listen is advertisement, then immediately put down telephone]

    b.   有的在沙漠裏的植物，一澆水就開花。

        Yǒu de zài shāmò lǐ de zhíwù, yī jiāo shuǐ jiù kāi huā.

There are some desert plants that burst into flower the moment you water them.

    c.   她一說話我就知道是她。

        Tā yī shuōhuà wǒ jiù zhīdào shì tā.

I knew it was her the moment she spoke.

    d.   我們一握手就覺得很熟。

        Wǒmen yī wò shǒu jiù juédé hěn shóu.

We felt we knew each other the moment we shook hands.

    e.   合同一簽定立刻就有效。

        Hétóng yī qiānding lìkè jiù yǒuxiào.

The contract is effective **immediately** upon signing.

B. Practice the structure *V le (Obj) yǐhòu jiù V (le):*

    a.   他們簽了合同以後就喝了一杯酒慶祝。

        Tāmen qiān le hétóng yǐhòu jiù hē le yī bēi jiǔ qìngzhù.

They celebrated with a glass of wine after signing the contract.

b. 張三上台了以後就改變了對外政
策。

*Zhāng Sān shàngtái le yǐhòu jiù gǎibiàn
le duìwài zhèngcè.*

After Zhang San took office, he changed
the foreign policy.

c. 她結了婚以後她媽就放心她了。

*Tā jié le hūn yǐhòu tā mā jiù fàngxīn tā
le.*

Her mom was relieved about her after
she got married.

d. 他賣了房子以後就買了一輛房子
車。

*Tā mài le fángzi yǐhòu jiù mǎi le yí liàng
fángzi-chē.*

He sold his house and bought a camper.

e. 他在美國發了財以後就回中國去
了。

*Tā zài Měiguó fā le cái yǐhòu jiù huí
Zhōngguó qù le.*

He made his pile in the U.S. and then
went back to China.

C. Practice the structure *zài méiyǒu V (Obj) yǐqián jiù V (le):*

a. 我在沒有去中國以前就已經認識
她了。

*Wǒ zài méiyǒu qù Zhōngguó yǐqián jiù
yǐjīng rènshi tā le.*

I'd already met her before I went to
China.

b. 那兩個美國電影明星在沒有結婚
以前就住在一起已經三年了。

*Nèi liǎng gè Měiguó diànyǐng míngxīng
zài méiyǒu jiéhūn yǐqián jiù zhù zài yìqǐ
yǐjīng sān nián le.*

Those two American movie stars had
already been living together for three
years before they got married.

c. 最好你在沒有到中國以前就定好
旅館。

*Zuì hǎo nǐ zài méiyǒu dào Zhōngguó
yǐqián jiù dìng hǎo lǚguǎn.*

It would be best to fix your hotel before
you go to China.

d. 美國新法律規定醫生在看病人以前就每次都要先洗手。

Měiguó xīn fǎlǜ guīdìng yīshēng zài kàn bìngrén yǐqián jiù měi cì dōu yào xiān xí shǒu.

A new law in the U.S. rules that doctors must first wash their hands each time before seeing a patient.

e. 在開車以前就要先戴安全帶子。

Zài kāichē yǐqián jiù yào xiān dài ānquán dàizi.

You must first put on your safety belt before driving.

D. Practice the structure *jiùshì X yě bù/méiyǒu Y:*

a. 你就是大學畢業不一定能找到工作。

Nǐ jiùshì dàxué bìyè yě bù yídìng néng zhǎodào gōngzuò.

Even if you graduate from college you won't necessarily be able to find a job.

b. 就是會說漢語也不一定能聽懂廣東人說話。

Jiùshì huì shuō Hànyǔ yě bù yídìng néng tīngdǒng Guǎngdōng-rén shuōhuà.

Even if you can speak Mandarin, you won't necessarily understand Cantonese.

c. 就是你家再有錢我也不跟你結婚。

Jiùshì nǐ jiā zài yǒu-qián wó yě bù gēn nǐ jiéhūn.

Even if your family had money, I still wouldn't marry you.

d. 就是李四當總統，國家也没有希望發展。

Jiùshì Lǐ Sì dāng zóngtǒng, guójiā yě méiyǒu xīwàng fāzhǎn.

Even if Li Si were President, the country would still have no hope of developing.

e. 就是公飽做飯，我也不要吃。

Jiùshì Gōng Bǎo zuòfàn, wó yě bú yào chī.

Even if Gong Bao had cooked it, I wouldn't want to eat it.

E. Practice the structure *V le (Obj) yǐhòu cái V de/ne:*

    a.   我畢了業以後才找到好工作的。   I didn't find a good job until after I'd
         Wǒ bì le yè yǐhòu cái zhǎodào hǎo   graduated.
         gōngzuò de.

    b.   你考到了駕駛執照以後我才跟你   I won't go in a car with you until you get
         坐車呢。   a driver's license.
         Nǐ kǎodào le jiàshǐ-zhí zhào yǐhòu wǒ
         cái gēn nǐ zuò chē ne.

    c.   在中國開了飯票以後才吃飯。   (In restaurants) in China you pay before
         Zài Zhōngguó kāi le fànpiào yǐhòu cái   you eat.
         chīfàn.   [in China open complete food ticket
                after only then eat]

    d.   你吃了菠菜以後才可以吃甜食。   You can't have dessert until you've
         Nǐ chī le bōcài yǐhòu cái kéyǐ chī   eaten your spinach.
         tiánshí.

    e.   你練好了琴以後才可以出去玩兒   You can't go and play ball until you've
         球。   finished practicing the piano.
         Nǐ liàn hǎo le qín yǐhòu cái kéyǐ chūqù
         wár qiú.

F. Practice the structure *(V le) cái number:*

    a.   琴練了才十分鐘。   You've only been practicing the piano
         Qín liàn le cái shífēn zhōng.   for ten minutes.

    b.   房子收拾好才五分鐘，你就進來   I had the place clean only five minutes
         搗亂。   ago when in you came and made a mess.
         Fángzi shōushí hǎo cái wǔfēn zhōng, nǐ
         jiù jìn lái dǎoluàn.

    c.   這頂帽子才三塊錢。   I got this hat for only three dollars.
         Zhè dǐng màozi cái sān kuài qián.

    d.   她的帽子才像三塊錢的。   Her hat looks like three dollars tops.
         Tā de màozi cái xiàng sān kuài qián de.

e. 才五個人去聽她講演。
Cái wǔ gè rén qù tīng tā jiángyǎn.

Only five people showed up at her lecture.

G. Practice the structure *cái bu V (Obj) ne:*

a. 我才不戴帽子呢。
Wǒ cái bú dài màozi ne.

I'm not wearing a *hat*!

b. 她才不那麼聰明呢。
Tā cái bú nèmme cōngmíng ne.

She's not *that* smart!

c. 我才不給她寫信呢。
Wǒ cái bù gěi tā xiě xìn ne.

She won't get a letter out of *me*!

d. 我們才不吸毒呢。
Wǒmen cái bù xīdú ne.

You won't catch us doing drugs!

e. 我才不退學呢。
Wǒ cái bù tuīxué ne.

I'm no school dropout!

H. Practice the structure *V le (Obj) yǐhòu zài V:*

a. 我們看完了電影以後再去買菜。
Wǒmen kàn wán le diànyǐng yǐhòu zài qù mǎi cài.

We'll see the movie and do the shopping afterward.

b. 蒸好了米飯以後再炒菜。
Zhēng hǎo le mǐfàn yǐhòu zài chǎo cài.

Cook the food after the rice is done (steamed).

c. 等櫻桃熟了以後再去摘。
Děng yīngtáo shú le yǐhòu zài qù zhāi.

Wait for the cherries to ripen, then we'll go and pick them.

d. 她講演完了以後我們再走。
Tā jiángyǎn wán le yǐhòu wǒmen zài zǒu.

We'll go after she's finished her speech.

e. 刷好了牙以後再去看牙醫生。
Shuā hǎo le yá yǐhòu zài qù kàn yá-yīshēng.

When you've brushed your teeth, go to the dentist's.

I.   Express in Chinese the following ideas:

    a.   Explain that if you make a single mistake the whole thing's ruined.

    b.   Complain that your roommate always goes to bed without taking a shower.

    c.   Say that even when he's all dressed up he **still** *(hái shì)* **looks like** *(xiàng)* a **peasant** (colloq. *xiāngbā-lǎo*).

    d.   Explain that they'll wait until they **get U.S. citizenship** *(jiārù Měi[guó guó]jí)* before they go back to **visit relatives** *(tànqīn)* in China.

    e.   Explain that the rice isn't done yet; it's only been on a minute or two.

    f.   Leave a note saying that after you've picked up the mail you'll go to the bank.

    g.   Explain that even if there's nothing else to eat, you won't eat dog.

    h.   Explain that it was love at first sight (*zhōngqíng* [hit affection]).

    i.   Explain that they've only been married a week and they're already at each other's throats.

    j.   Say that you'll get on to it as soon as you're off the phone.

Key to Exercises

I.

    a.   一錯就全完了。   *Yí cuò jiù quán wán le.*

    b.   我的同學在沒有洗澡以前就去睡覺了。   *Wǒ de tóngxué zài méiyǒu xǐzǎo yǐqián jiù qù shuìjiào le.*

    c.   他就是穿漂亮的衣服也還是像鄉巴佬。   *Tā jiùshì chuān piàoliàng de yīfú yě hái shì xiàng xiāngbā-lǎo.*

    d.   他們說他們加入了美(國國)籍以後才回中國去探親。   *Tāmen shuō tāmen jiārù le Měi(guó guó)jí yǐhòu cái huí Zhōngguó qù tànqīn.*

e.   米飯還沒熟；蒸了才兩三分鐘。   *Mǐfàn hái méi shú; zhēng le cái liǎng-sānfēn zhōng.*

f.   拿了信件以後再到銀行去。   *Ná le xìnjiàn yǐhòu zài dào yínháng qù.*

g.   就是沒有什麼吃的我也不吃狗肉。   *Jiùshì méiyǒu shémme chī de wó yě bù chī gǒuròu.*

h.   一見鐘情。   *Yí jiàn zhōngqíng.*

i.   他們結婚了才一個星期，就已經   *Tāmen jiéhūn le cái yí gè xīngqī, jiù yǐjīng láo chǎojià le.*
      老吵架了。

j.   (那件事)我打完了電話以後就   *(Nèi jiàn shi) wó dǎ wán le diànhuà yǐhòu jiù bàn.*
      辦。

Session 15

Tone Practice: 2nd+4th

```
┌─────────────┐
│   ╱      ╲   │
└─────────────┘
```

niúdòu	*pángxiè*	*jiéshù*	*jímò*	*zhíjìng*	*láojià*
fúqì	*dúzòu*	*chéngdù*	*bú huì*	*mófàn*	*shídài*
xíngshì	*tíchàng*	*yáodòng*	*yíqiè*	*suíbiàn*	*tiánjìng*
liánrì	*hángyè*				

Expressing Potential: huì [likely, acquired potential]

1. 會 *huì* [meet, convene], as in 再會 *zài huì* [again meet, goodbye], and 國會 *guóhuì* [Parliament, Congress, State Council].

   a. likelihood (*external to personal opinion* 想 *xiǎng*):

   會下雨不會？
   huì xiàyǔ bú huì?

   do you think it will rain?
   [**likely** to rain, **not likely**?]

   你說吧！我不會笑你的
   nǐ shuō ba! wǒ bú huì xiào nǐ de

   speak up! I won't (**not likely to**) laugh at you

   b. acquired, learned ability:

   他們會不會說英語？阿，會（說）
   tāmen huì bú huì shuō Yīngyǔ? è, huì (shuō)

   can they speak English? yes, they can

   他不會用筷子
   tā bú huì yòng kuàizi

   he **can't** use chopsticks

Exercises

A. Practice the structure:

a.   會不會遲到 ？   Will we be late?
     Huì bú huì chídào?

b.   會不會來晚 ？   Will we be late?
     Huì bú huì láiwǎn?

c.   會不會下雪 ？   Do you think we'll have snow?
     Huì bú huì xiàxuě?

d.   會不會感冒 ？   Will I catch cold?
     Huì bú huì gǎnmào?

e.   她會來不會 ？   Do you think she'll come?
     Tā huì lái bú huì?

f.   會不會下雨 ？   Do you think it'll rain?
     Huì bú huì xiàyǔ?

g.   他會不會告訴她 ？   Is he likely to tell her?
     Tā huì bú huì gàosù tā?

h.   你會到中國去不會 ？   Do you think you'll go to China?
     Nǐ huì dào Zhōngguó qù bú huì?

i.   他們會不會參加我們的會議 ？   do you think they'll attend our meeting?
     *Tāmen huì bú huì cānjiā wǒmen de
     huìyì?*

j.   天氣會不會變 ？   Do you think the weather will change?
     Tiānqì huì bú huì biàn?

B. Practice the following structure:

a.   他會不會寫漢字 ？   Can he write Chinese characters?
     Tā huì bú huì xiě Hànzì?

b. 你會不會做法國菜？   Can you cook French cuisine?
   Nǐ huì bú huì zuò Fǎguó-cài?

c. 他們會不會用毛筆？   Can they use a Chinese brush pen?
   Tāmen huì bú huì yòng máobǐ?

d. 你會不會開飛機？   Can you fly a plane?
   Nǐ huì bú huì kāi fēijī?

e. 他們會不會看中文書？   Can they read books in Chinese?
   Tāmen huì bú huì kàn Zhōngwén shū?

f. 你會不會打高爾夫球？   Can you play golf?
   Nǐ huì bú huì dǎ gāoěrfū-qiú?

g. 她會不會游泳？   Can she swim?
   Tā huì bú huì yóuyǒng?

h. 你會不會查中文字典？   Can you look things up in a Chinese
   Nǐ huì bú huì chá Zhōngwén zìdiǎn?   dictionary?

i. 她會說日語不會？   Does she know how to speak Japanese?
   Tā huì shuō Rìyǔ bú huì?

j. 東方人會不會用刀叉吃飯？   Do orientals know how to use a knife
   Dōngfāng-rén huì bú huì yòng dāo-chā   and fork?
   chīfàn?

C. Express in Chinese the following ideas:

   a. Ask whether the home team will win.

   b. Ask whether she can **play the piano** *(tán gāngqín)*.

   c. Ask whether he can ride a **motorbike** *(mótuó-chē)*.

   d. Ask whether the prof knows anything about computers.

   e. Ask whether the game's likely to be rained out tomorrow.

   f. Ask whether he's likely to be up before seven tomorrow.

g. Ask whether we're likely to hear from her.

h. Ask whether he could drive righthand steering when he was in Japan.

i. Ask whether she'll help you read a Japanese newspaper.

j. Ask whether it's likely there'll be **another outbreak of war** *(hái yǒu zhànzhēng)* in the **Middle East** *(zhōngdōng)*.

Key to Exercises

C.

a. 我們隊會不會贏？   *Wǒmen duì huì bú huì yíng?*

b. 她會不會彈鋼琴？   *Tā huì bú huì tán gāngqín?*

c. 他會騎摩托車不會？   *Tā huì qí mótuó-chē bú huì?*

d. 老師會不會用電腦？   *Lǎoshī huì bú huì yòng diànnǎo?*

e. 明天開運動會的時候會不會下雨？   *Míngtiān kāi yùndòng-huì de shíhòu huì bú huì xiàyǔ?*

f. 他明天會不會七點鐘以前起床？   *Tā míngtiān huì bú huì qīdiǎn zhōng yǐqián qǐchuáng?*

g. 她會不會寫信/打電話？   *Tā huì bú huì xiěxìn/dǎ diànhuà?*

h. 他在日本的時候會不會開方向盤兒在右邊的小汽車？   *Tā zài Rìběn de shíhòu huì bú huì kāi fāngxiàng-pár zài yòubiān de xiǎo-qìchē?*

i. 她會不會幫助我看日文報紙？   *Tā huì bú huì bāngzhù wǒ kàn Rìwén bàozhǐ?*

j. 中東會不會還有戰爭？   *Zhōngdōng huì bú huì hái yǒu zhànzhēng?*

Session 16

Tone Practice: 3rd+1st

jǐnzhāng	*gǔchuī*	*gǎitiān*	*fǎngzhī*	*duǒkāi*	*qǐchū*
shǐzhōng	*sǔnshī*	*tǒngyī*	*nǎojīn*	*lǐbiān*	*zhǐhuī*
Mǎnzhōu	*mǎchē*	*kǔgōng*	*zhǔzhāng*	*jiěshuō*	*jiǎndāo*
jiǎndān	*zhǎnkāi*				

Potential, Continued. néng [inherent potential], kěnéng, nénggòu

2. 能 *néng;* 能 夠 *nénggòu* [able], 可 能 *kěnéng* [possibility]   all indicate *inherent, innate potential.*

明天有事，不能去
*míngtiān yǒu shì, **bù néng** qù*

I'm busy tomorrow; I **can't** go

她沒有錢，不能夠買那麼貴的車子
*tā méiyǒu-qián, **bù nénggòu** mǎi nèmme guì de chēzi*

she hasn't the money and **can't possibly** buy such an expensive car

我這枝筆壞了，不能用
*wǒ zhè zhī bǐ huài le, **bù néng** yòng*

this pen of mine's broken; it's use**less**

在一個小時的時間看完那麼厚的書是不可能的
*zài yí gè xiǎoshí de shíjiān kàn wán nèmme hòu de shū shì **bù kěnéng** de*

it's **impossible** to read such a thick book in an hour
[in one hour's time read finish that sort thick's book true **not possible** thing]

漢語字典，那個書舖子可能有，也
可能沒有

*Hànyǔ zìdiǎn, nèi gè shū-pùzi **kĕnéng** yǒu,
yé kĕnéng méiyǒu*

that bookstore may have Chinese
dictionaries, or maybe not

During the Second Semester, we observed 能 *néng* in combination with SV and the particle
就 *jiù* producing the intention of **as SV as possible**.

能早就早

néng zǎo jiù zǎo

ASAP

能用少一點兒，就用少一點兒

néng yòng shǎo yìdiǎr, jiù yòng shǎo yìdiǎr

use as little as you can
[able use few a little bit, then use few a
little bit]

能 *néng* or 能夠 *nénggòu* similarly combines in a structure with an interrogative and 就 *jiù*
to create the idea of **as X as possible**.

你能夠吃多少，就吃多少

*nǐ **nénggòu** chī **duōshǎo**, jiù chī **duōshǎo***

eat as much as you can
[you able eat how much, then eat how
much]

我們能夠學到哪一課就學到哪一課

*wǒmen **nénggòu** xué dào **nǎ yí kè** jiù xué
dào **nǎ yí kè***

we'll get as far in the textbook as we can
[we able study to which lesson, then study
to which lesson]

and a variant structure

你什麼時候能夠去就去

*nǐ **shémme shíhòu** nénggòu qù jiù qù*

go whenever you can
[you what time able go, then go]

Exercises

A. Practice the structure *(topic) néng bù néng V:*

    a.   能不能去？

         Néng bù néng qù?

Can you go?

    b.   (這枝筆)能不能用？

         (Zhè zhī bǐ) néng bù néng yòng?

Is (this pen) usable?

c.　（這個菜）能不能吃？

　　(Zhè gè cài) néng bù néng chī?

Can you eat (this food)?
Is (this food) edible?

d.　能不能做？

　　Néng bù néng zuò?

Can you do it?

e.　能不能來？

　　Néng bù néng lái?

Can you come?

B.　Practice the structure　*(topic) kěnéng X yé kěnéng Y:*

a.　可能去，也可能不去。

　　kěnéng qù, yé kěnéng bù qù.

perhaps can go, perhaps can't

b.　（漢語我）可能學，也可能不學。

　　(Hànyú wó) kěnéng xué, yé kěnéng bù xué.

Perhaps (I) can study (Chinese) or perhaps not.

c.　（海鮮我）可能吃，也可能不吃。

　　(Háixiān wó) kěnéng chī, yé kěnéng bù chī.

Perhaps (I) can eat (seafood) or perhaps not.

d.　（他們）可能來了也可能沒來。

　　(Tāmen) kěnéng lái le yé kěnéng méi lái.

Perhaps they did come, yet again perhaps they didn't.

e.　（那本小說我）可能要看完也可能不要看完。

　　(Nèi bén xiǎoshuō wó) kěnéng yào kàn wán yé kěnéng bú yào kàn wán.

Perhaps (I) will want to finish reading (that novel) or maybe I won't want to.

C.　Practice the structure　*néng SV/V jiù SV/V:*

a.　能打就打。

　　Néng dǎ jiù dǎ.

If you can phone then do so.

b.　能熱就熱。

　　Néng rè jiù rè.

As hot as possible.

c. 能快就快。   As fast as possible.
    Néng kuài jiù kuài.

d. 能慢就慢。   As slow as possible.
    Néng màn jiù màn.

e. 能吃就好。   If you can eat it then that's fine.
    Néng chī jiù hǎo.

D. Practice the structure *nénggòu V interrogative, jiù V interrogative:*

a. 能夠開到哪兒就開到哪兒。   Drive wherever/as far as you can.
    Nénggòu kāi dào nǎr jiù kāi dào nǎr.

b. 能夠說什麼就說什麼。   Say whatever you can.
    *Nénggòu shuō shémme jiù shuō
    shémme.*

c. 能夠拿多少就拿多少。   Take as much as you can.
    Nénggòu ná duōshǎo jiù ná duōshǎo.

d. 能夠給誰就給誰。   Give it to whomever you can.
    Nénggòu gěi shéi jiù gěi shéi.

e. 能夠用什麼漢字就用什麼漢字。   Use whatever Chinese characters you
    *Nénggòu yòng shémme Hànzì jiù yòng   can.
    shémme Hànzì.*

E. Practice the structure *shémme shíhòu nénggòu V jiù (shémme shíhòu) V:*

a. 什麼時候能夠做就(什麼時候)做。   Do it whenever you can.
    *Shémme shíhòu nénggòu zuò jiù
    (shémme shíhòu) zuò.*

b. 什麼時候能夠吃就(什麼時候)吃。   Eat it whenever you can.
    *Shémme shíhòu nénggòu chī jiù
    (shémme shíhòu) chī.*

c. 什麼時候能夠來就(什麼時候)來。   Come whenever you can.
    *Shémme shíhòu nénggòu lái jiù
    (shémme shíhòu) lái.*

d. （那些錢你）什麼時候能夠還（給
　　我）就（什麼時候）還（給我）。

*(Nèi xie qián nǐ) shémme shíhòu
nénggòu huán (géi wǒ) jiù (shémme
shíhòu) huán (géi wǒ).*

Pay me back whenever you are able.

e. （推薦信你）什麼時候能夠寫就
　　（什麼時候）寫。

*(Tuījiàn-xìn nǐ) shémme shíhòu nénggòu
xiě jiù (shémme shíhòu) xiě.*

Write (the letter of recommendation)
whenever you can.

F. Express in Chinese the following ideas:

a. Tell the prof it's not possible to finish so much homework within a day or two.

b. Explain it's impossible to learn a foreign language without a **tape recorder** *(lùyīn-jī)*.

c. Tell your friend you might possibly go, and on the other hand, you might not.

d. Say you'll buy as much as you can with the cash available.

e. Say you'll see as many places as you can while you're in China.

f. Say you'll stay *(dāi)* as long as you can.

g. Say you'll get around to it as soon as you've got time.

h. Say you'll learn as many Chinese characters as you can during the summer vacation.

i. Say you'll take as many **credits** *(xuéfēn)* as you can next semester.

j. Say they may have seen the movie or perhaps they didn't.

Key to Exercises

F.

a. 那麼多作業在一兩天不能夠做完。　　*Nèmme duō zuòyè zài yì-liǎng tiān bù
nénggòu zuò wán.*

b. 没有錄音機不能夠學外語。   *Méiyǒu lùyīn-jī bù nénggòu xué wàiyǔ.*

c. 我可能去也可能不去。   *Wǒ kěnéng qù yé kěnéng bú qù.*

d. 這些錢能夠買多少就買多少。   *Zhè xie qián nénggòu mǎi duōshǎo jiù mǎi duōshǎo.*

e. 我在中國的時候能夠看什麼地方   *Wǒ zài Zhōngguó de shíhòu nénggòu*
    就去看(什麼地方)。   *kàn shémme dìfāng jiù qù kàn (shémme dìfāng).*

f. 我能待多少時間就待多少時間。   *Wǒ néng dāi duōshǎo shíjiān jiù dāi duōshǎo shíjiān.*

g. 我什麼時候能夠做就什麼時候做。   *Wǒ shémme shíhòu nénggòu zuò jiù shémme shíhòu zuò.*

h. 暑假的時候能夠學多少漢字就學   *Shǔjià de shíhòu nénggòu xué duōshǎo*
    多少。   *Hànzì jiù xué duōshǎo.*

i. 下個學期我能夠學多少學分就學   *Xià gè xuéqī wǒ nénggòu xué duōshǎo*
    多少學分。   *xuéfēn jiù xué duōshǎo xuéfēn.*

j. 那部電影他們可能看過了也可能   *Nèi bù diànyǐng tāmen kěnéng kàn guò*
    没有看過。   *le yé kěnéng méiyǒu kàn guò.*

Session 17

Tone Practice: 3rd+2nd

fǎngfú	*mǎnmén*	*nǎnián*	*xiǎodé*	*xiǎoshí*	*shěnchá*
yǐwéi	*yǐlái*	*zǒuláng*	*zǔchéng*	*xǐtóu*	*Shěnyáng*
wǎnglái	*wěiyuán*	*wǔtái*	*jiǎnzhí*	*jiǎohuá*	*zhěngqí*
kǒuqín	*bǔyá*				

Potential, Continued. kě, kéyǐ [permissible potential]

3. 可 *kě,* 可以 *kéyǐ* [permissible, may, can] implies *permission:*

十八歲以下的孩子不可以看
shí-bā suì yǐxià de háizi bù kéyǐ kàn

children under 18 not admitted
[18 age there-under's children **not permitted** see]

a. 可以 *kéyǐ* is used when the verb is active, i.e., when the Topic/Subj governs the V/Obj predicate or, more simply, when the subject does the verb to the object:

你可以吃這塊糖果/這塊糖果你可以吃
nǐ kéyǐ chī zhè kuài tángguǒ/zhè kuài tángguǒ nǐ kéyǐ chī

you **may** eat this piece of candy

你可以玩兒到晚上十一點鐘
nǐ kéyǐ wár dào wǎnshàng shí-yīdiǎn zhōng

you **can** stay out till eleven
[you **permitted** play to evening eleven o'clock]

b. 可 *kě* renders the Topic/Subj *verb-able*, i.e., the verbal predicate becomes a SV predicate. No object, of course, may be included.

這部電影太可笑了
zhè bù diànyǐng tài kěxiào le

this film is just too ridiculous
[this film too **able**-laugh complete]

This form, however, is rather limited and should be noted as observed:

可愛 *kěài*	adorable, cute
可口 *kékǒu*	palatable, as in *kékǒu-kělè* [palatable, delightful], i.e., Coca Cola
可憐 *kělián*	pitiable.

Also, remember that 可 *kě* serves colloquially as an intensifier before SV, like 很 *hěn*, 挺 *tǐng*, 非常 *fēicháng*, and other expressions

可美 *ké měi*	very pretty
可貴 *ké guì*	very expensive

As *permission*, 可 *kě* [may, can] may be combined with other similar vocabulary, e.g., 許 *xǔ* [permission] as 許可 *xúkě* [permission] 許可證 *xúkě-zhèng* [permit].

The negative 不可以 *bù kéyǐ* [may not] is otherwise expressed as 不許 *bù xǔ* [may not], and 不允許 *bù yúnxǔ* [not permissible].

Public signs of prohibition usually express the classical Chinese negative 禁止 *jìnzhǐ* [Prohibited] or 請勿 *qǐng wù* [Please Do Not]:

禁止抽煙 *jìnzhǐ chōuyān*	No Smoking
請勿吸煙 *qǐng wù xīyān*	Please Do Not Smoke
禁止停車 *jìnzhǐ tíng chē*	No Parking
禁止通行 *jìnzhǐ tōngxíng*	No Entry
請勿吐痰 *qǐng wù tù tán*	Please Do Not Spit

Exercises

A. Practice the structure *ké(yǐ) bù kéyǐ V:*

a.	可(以)不可以去？ *Ké(yǐ) bù kéyǐ qù?*	Is it okay to go?
b.	可(以)不可以看？ *Ké(yǐ) bù kéyǐ kàn?*	May I watch? May I see it?
c.	可(以)不可以吃？ *Ké(yǐ) bù kéyǐ chī?*	May I eat it?
d.	可(以)不可以拿走？ *Ké(yǐ) bù kéyǐ ná zǒu?*	May I take it away?
e.	可(以)不可以告訴她？ *Ké(yǐ) bù kéyǐ gàosù tā?*	Is it all right to tell her?

B. Practice the structures *kéyǐ V yě kéyǐ bu V* and *V bu V dōu kéyǐ:*

a.	可以去，也可以不去。 *Kéyǐ qù, yě kéyǐ bú qù.*	It's okay if you go, and okay if you don't.
	去不去都可以。 *Qù bú qù dōu kéyǐ.*	It's okay whether you go or don't go.
b.	可以做，也可以不做。 *Kéyǐ zuò, yě kéyǐ bú zuò.*	It's okay if you do it, and okay if you don't.
	做不做都可以。 *Zuò bú zuò dōu kéyǐ.*	It's okay whether you do it or not.
c.	可以吃，也可以不吃。 *Kéyǐ chī, yě kéyǐ bù chī.*	It's okay whether you eat it or not.
	吃不吃都可以。 *Chī bù chī dōu kéyǐ.*	

d.　可以要也可以不要。　　　　　　　Take it or leave it.
　　Kéyǐ yào yě kéyǐ bú yào.

　　要不要都可以。
　　Yào bú yào dōu kéyǐ.

e.　可以給我打也可以不給我打。　　　Call me as you wish.
　　Kéyǐ géi wó dǎ yě kéyǐ bù géi wó dǎ.

　　給我打(電話)不打都可以。
　　Géi wó dǎ (diànhuà) bù dǎ dōu kéyǐ.

C. Express in Chinese the following ideas:

a.　Explain that talking during the movie is not allowed.

b.　Explain that students may not consult dictionaries during exams.

c.　Explain the meaning of the 55 or 65 on **highway signs** *(gāosù-gōnglù, dàmǎ-lù páizi)*.
　　[high speed public road's signs **written** *(xiězhe)* 55 or *(huòzhě)* 65's meaning then is each hour drive car not allow **exceed** *(chāoguò)* 55 miles road or 65 miles road]

d.　Tell your friend to get rid of his cigarette.

e.　Say that it will be okay for her to take the day off next Wednesday.

f.　Complain that your parents/spouse are always saying you must not do this and you can't do that.

g.　Explain that you're not allowed always to be out enjoying yourself.

h.　Explain that you can't come out until you've done your homework.

i.　Explain that in the U.S. all American citizens over the age of eighteen can vote.

j.　Explain that in the U.S. you have to be sixteen or older before you can get a driver's license.

Key to Exercises

C.

a. 看電影的時候不許／不可以說話。   *Kàn diànyǐng de shíhòu bù xǔ/bù kéyǐ shuōhuà.*

b. 考試的時候不許／不可以查字典。   *Kǎoshì de shíhòu bù xǔ/bù kéyǐ chá zìdiǎn.*

c. 高速公路的牌子寫着五十五，或者六十五的意思就是每小時開車不許超過五十五里路或者六十五里路。   *Gāosù-gōnglù de páizi xiězhe wǔ-shí-wǔ, huòzhě liù-shí-wǔ de yìsi jiù shì méi xiǎoshí kāichē bù xǔ chāo guò wǔ-shí-wú lǐ lù huòzhě liù-shí-wú lǐ lù.*

d. 不許抽煙。   *Bù xǔ chōuyān.*

e. 你可以下個星期三休息一天。   *Nǐ kéyǐ xià gè xīngqī-sān xiūxí yì tiān.*

f. 我父母老說我不可以做這個不許做那個。   *Wǒ fùmú lǎo shuō wǒ bù kéyǐ zuò zhè gè bù xǔ zuò nà gè.*

g. 我不可以老出去玩兒。   *Wǒ bù kéyǐ lǎo chūqù wár.*

h. 作業做好了以後才可以出去玩兒。   *Zuòyè zuò hǎo le yǐhòu cái kéyǐ chūqù wár.*

i. 在美國，十八歲以上的美國人都可以投票。   *Zài Měiguó, shí-bā suì yǐshàng de Měiguó-rén dōu kéyǐ tóupiào.*

j. 在美國，十六歲以上的人才可以考駕駛執照。   *Zài Měiguó, shí-liù suì yǐshàng de rén cái kéyǐ kǎo jiàshǐ-zhí zhào.*

Session 18

Character Roundup

啤 *pí*	transliteration syllable	r. 30 口 *kǒu* (mouth)	口	卑 (ʻ 亻白白白由由鱼卑)
李 *lǐ*	plum, surname	r. 75 木 *mù* (wood, tree)		木 (一十才木) 子 (ㄱ了子)
速 *sù*	speed	r. 162 辶 *zǒuzhī-páng* ("walking" radical)		束 (一ｒ ㄇ 百 申 束 束) 辶
牌 *pái*	signboard, trademark	r. 91 片 *piān* (strip, slice)		片 (丿ｒ ｒ 片 片) 卑
狗 *gǒu*	dog	r. 94 犭 犬 *quǎn* (dog)		犭 (丿ｒ 犭) 句 (丿勹句句)
愛 (爱) *ài*	love, begrudge	r. 61 心 *xīn* (heart)		爫 (ʻ 丶 爫 爫 爫 爫) 心 (丶 心 心 心) 夂 (丿ｒ 夂)
雨 *yǔ*	rain	r. 173		一 ｒ 冂 ㄇ 雨 雨 雨 雨
笑 *xiào*	laugh	r. 118 竹 *zhú* (bamboo)		竹 (丿ｒ ｒ 片 竹 竹) 夭 (一 二 千 夭)
筷 *kuài*	chopsticks	r. 118 竹 *zhú* (bamboo); phon. 快 *kuài*	竹	忄 (丶 丨 忄) 夬 (ㄱ 그 尹 夬)

筆 (笔) bǐ	pen	r. 118 竹 *zhú* (bamboo)	⺮ 聿 (ㄱ ㄱ ㅋ ㅋ ㅋ 聿)
錄 (录) lù	record	r. 167 金 *jīn* (metal);	金 (ノ 入 ㅅ 乇 牟 牟 余 金) 彔 (ノ ㄅ ㅋ ㅋ 刍 身 身 彔)
音 yīn	sound, voice	r. 180	` ㅗ ㅗ 立 产 音 音 音
孩 hái	child	r. 39 子 *zǐ* (son)	子 (ㄱ 了 子) 亥 (丶 ㅗ ㅗ 歹 亥 亥)
糖 táng	sugar	r. 119 米 *mǐ* (rice)	米 (丶 丷 ㅛ 半 米) 唐 (丶 ㅗ 广 户 庐 庐 庐 唐 唐)
果 guǒ	fruit	r. 75 木 *mù* (wood, tree)	丨 冂 曰 曰 旦 甲 果 果
憐 (怜) lián	compassion, pity	r. 61 忄 心 *xīn* (heart)	忄	米	夕	牛 (一 ㄷ ㄷ 牛)
允 yǔn	permission, grant, allow	r. 10 兒	ㄥ ㄥ ㄅ 允
查 chá	seek out, search into	r. 75 木 *mù* (wood, tree)	木 (一 十 才 木) 日 (丨 冂 月 日) 一

Exercises

Transcribe in Chinese characters the examples and exercises in Sessions 12 - 17.

Write a letter in Chinese characters to a friend explaining that if possible, most of your classmates studying Chinese want to go to China for their Junior Year. That will **put them back** (耽 誤 *dānwù*) a year for graduation, but will much improve their ability to speak and understand the language.

Calligraphy exercises: practice the following radical and phonetic elements and list characters featuring them learned previously.

Radicals:

quǎn	犭	犬	dog (94)
xīn	忄	心	heart (61)
yǔ	雨		rain (173)
jīn	金		metal (167)
yīn	音		sound (180)
mǐ	米		rice (119)

Phonetics:

táng	唐

Session 19

Tone Practice: 3rd+3rd

kéyǐ	*yúnxǔ*	*túchǎn*	*zhánlǎn*	*qípǎo*	*déngděng*
biáoyǎn	*Béidǒu*	*dárǎo*	*dáosǎo*	*zhídǎo*	*zhíyǒu*
páomǎ	*yímiǎn*	*yíndǎo*	*yéxǔ*	*yúshuǐ*	*zuóshǒu*

Potential, Continued. Resultative Verbs

4. Resultative Verbs RV

    a. In direct juxtaposition, many verb combinations imply *activity-result:*

學會	*xuéhuì*	learn-able		找着	*zhǎozháo*	seek-find
聽見	*tīngjiàn*	listen-perceive		看見	*kànjiàn*	look-perceive
聽懂	*tīngdǒng*	listen-understand		看懂	*kàndǒng*	look-understand

漢語，日語，他都已經**學會**了
Hànyǔ, Rìyǔ, tā dōu yǐjīng xuéhuì le

he's already **mastered** both Chinese and Japanese

我的車鑰匙，找了半天才找到的
wǒ de chē yàoshí, zhǎo le bàntiān cái zhǎodào de

I spent hours looking for my keys before I **found** them

94

b. The insertion of 得 **dé** [get, achieve] between the two verbs expresses ability to achieve the result (with some difficulty):

這些中國小說我都看得懂

zhè xie Zhōngguó xiǎoshuō wǒ dōu kàn dé dǒng

I **understand** all these Chinese novels [these several Chinese novels I all **read get understand**]

Note that modern colloquial Chinese permits, even favors 能 **néng V/RV,** e.g., 能看懂 **néng kàndǒng** [able read-understand] over V 得 **de RV,** e.g., 看得懂 **kàn dé dǒng** [read get understand].

c. The insertion of the negative particle 不 **bu** between V and RV expresses *inability* to achieve the result:

他說廣東話。 我一句話都聽不懂

tā shuō Guǎngdōng-huà. wǒ yí jù huà dōu tīng bù dǒng

he speaks Cantonese. I **don't understand** a word

七點半，我來不及

qīdiǎn-bàn, wǒ lái bù jí

I **can't make it** by 7:30

我買不起那麼貴的車子

wó mǎi bù qǐ nèmme guì de chēzi

I **can't afford** a car that expensive [I **buy-not-rise** that sort expensive's car]

這碗意大利麵條，我再想吃也吃不了了

zhè wǎn Yìdàlì miàntiáo, wǒ zài xiǎng chī yě chī bù liǎo le

even if I wanted to, I couldn't finish all this spaghetti [this bowl Italy noodles, I again think eat also eat not complete]

Note the structure featuring 再 **zài** [again] and 也 **yě** [also] in this last example:

> 再想 V 也 V 不 RV 了
>
> *zài xiǎng V yě V bu RV le*
>
> even if Topic/Subj wanted to V, that V could not get complete

我再想跑也跑不動了

wǒ zài xiáng pǎo yé pǎo bú dòng le

even if I wanted to, I couldn't run another step [I **again** think run **also** run not move complete]

d. The disjunctive question form is thus

> V 得 RV，V 不 RV
> *V de RV, V bu RV*

這麼大的一堆冰淇淋，你吃得了，
吃不了？
*zhème dà de yí duì bīngqílín, nǐ chī dé
liǎo, chī bù liǎo?*

can you **finish** such a great heap of ice
cream?

Exercises

A. Practice the structure *V de RV, V bu RV:*

a. 來得及，來不及？
    Lái dé jí, lái bù jí?

Can/can't get there on time?

b. 買得到，買不到？
    Mǎi dé dào, mǎi bú dào?

Can/can't find any to buy?

c. 找得着，找不着。
    Zhǎo dé zháo, zhǎo bù zháo?

Can/can't find (it)?

d. 看得見，看不見？
    Kàn dé jiàn, kàn bú jiàn?

Can/can't see (it)?

e. 開得動，開不動？
    Kāi dé dòng, kāi bú dòng?

Can/can't start (the car)?

f. 想得到，想不到？
    Xiǎng dé dào, xiǎng bú dào?

Can/can't think of it?

B. Express the following ideas in Chinese:

a. Tell your friend you can't make it by ten.

b.   Ask your friend, sitting behind a pillar in the stands, whether he can see the action or not.

c.   Explain that the Prof mumbles too much and that you can't understand anything he says.

d.   Say that your friend is driving too fast and that you can't watch the scenery.

e.   Say that her letter's illegible and that you can't make out a single word.

f.   Say that you were looking for your purse for ages and that you've only just found it.

g.   Ask if she found her engagement ring.

h.   Ask if he can finish off the beer.

i.   Suggest they'll never unload the stuff at those prices.

j.   Say that you can't get all your things into your suitcase (*zhuāng bú xià*).

Key to Exercises

B.

a.   我十點來不及。   *Wǒ shídiǎn lái bù jí.*

b.   看得見，看不見？   *Kàn dé jiàn, kàn bú jiàn?*

c.   老師說得太不清楚；他說得我都   *Lǎoshī shuō dé tài bù qīngchǔ; tā shuō
     聽不懂。   de wǒ dōu tīng bù dǒng.*

d.   你開得太快了；風景我都看不見。   *Nǐ kāi de tài kuài le; fēngjǐng wǒ dōu
                                         kàn bú jiàn.*

e.   她的信寫得太不清楚；我一個字   *Tā de xìn xiě de tài bù qīngchǔ; wǒ yí
     都看不出來是什麼字。   gè zì dōu kàn bù chūlái shì shémme zì.*

f.   我的皮包找了半天剛才找到的。   *Wǒ de píbāo zhǎo le bàntiān gāngcái
                                         zhǎodào de.*

g.   你的訂婚戒指找到了沒有？   *Nǐ de dìnghūn jièzhǐ zhǎodào le
                                         méiyǒu?*

h.   這些啤酒你喝得完喝不完？   *Zhè xie píjiú nǐ hē dé wán hē bù wán?*

i.   那麼貴的價格；那個東西肯定賣   *Nèmme guì de jiàgé; nèi gè dōngxi*
     不出去。   *kěndìng mài bù chūqù.*

j.   (我的)箱子裝不下我那麼多的東   *(Wǒ de) xiāngzi zhuāng bú xià wǒ*
     西。   *nèmme duō de dōngxi.*

Session 20

Tone Practice: 3rd+4th

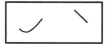

fǔbài	*gǔdài*	*gǔfèn*	*mǐmiàn*	*kěkào*	*liǎnmiàn*
hǎochù	*dǎogào*	*tǒngjì*	*cǐwài*	*tǐmiàn*	*suǒshàng*
kǔlì	*nǔlì*	*jiěfàng*	*chǎonào*	*chǔxù*	*bǐjì*
ruǎnruò	*shǔjià*				

Obligation, Must, Need

The words expressing potential, 能 *néng* [able], 可 *kě* [permission, can], and 得 *dé* [get, achieve], feature in structures that express **IMPERATIVE**, the idea of the *need, necessity,* or *obligation:*

不能不 V

bù néng bu V

not possible not to V

不可不 V

bù kě bu V

not permissible not to V

不得不 V

bù dé bu V

not get not to V

---

i.e., a double negative implying that the verb MUST be performed:

我不能不去   I **must/have to** go

wǒ bù néng bú qù

我不可不買禮物給她
*wǒ **bù kě bù** mái lǐwù gěi tā*

I simply **must (not** permissible **not)** buy her a present

我不得不吃飯
*wǒ **bù dé bù** chī fàn*

I have to have something to eat

As an imperative, 得 *dé* [obtain] is pronounced *děi* [must]:

我得去打電話
*wó **děi** qù dǎ diànhuà*

I **have to** go and make a telephone call

Another format is

非 V 不可／不行
fēi V bù kě/bù xíng
not V not permissible

我非到幼兒園去接我孩子們不可
*wǒ **fēi** dào yòuér-yuàn qù jiē wǒ háizi-men **bù kě***

I **have to** go to the kindergarten to pick the kids up

她今天晚上非做作業不行
*tā jīntiān wǎnshàng **fēi** zuò zuòyè **bù xíng***

she **must** do her homework this evening

A common contraction is

非得（要）V
fēiděi (yào) V
really must V

你非得要給我去補鞋
*nǐ **fēiděi yào** géi wǒ qù bǔ xié*

you really must get my shoes repaired for me

Requirement is expressed by 需要 *xūyào V* [required to, must, need to]:

你需要申請護照，入境證
*nǐ **xūyào** shēnqǐng hùzhào, rùjìng-zhèng*

you **need to** apply for a passport and an entry visa

The auxiliary verb 要 *yào* [want, want to] is employed as much for indication of future intention as for actual need or obligation:

我明天(要)去/我(要)明天去   I'm going tomorrow
wǒ míngtiān (yào) qù/wǒ (yào) míngtiān qù

The softer imperative *ought, should,* is rendered by (應)該 *(yīng)gāi:*

應該六點走   we **ought to** leave by six
yīnggāi liùdián zǒu

Exercises

A. Practice the structures *bù néng bu V;* and *bù kě bu:*

    a. 不能不學   must study
        bù néng bù xué

    b. 不能不寫信   must write letters
        bù néng bù xiě xìn

    c. 不能不買車子   must buy a car
        bù néng bù mǎi chēzi

    d. 不能不告訴她   must tell her
        bù néng bú gàosù tā

    e. 不能不去理髮   must go and get a haircut
        bù néng bú qù lǐfà

    f. 不可不做   must do it
        bù kě bú zuò

    g. 不可不做作業   must do one's homework
        bù kě bú zuò zuòyè

    h. 不可不工作   must work
        bù kě bù gōngzuò

i.   不可不老實   must be honest
     bù kě bù lǎoshí

j.   不可不去買菜   must go and get something for dinner
     bù kě bú qù mǎi cài

B. Practice the structure *fēi V bù kě; fēi V bù xíng*:

a.   非工作不可   must work
     fēi gōngzuò bù kě

b.   非賺錢不可   must earn money
     fēi zhuàn qián bù kě

c.   非學漢語不可   must learn Chinese
     fēi xué Hànyǔ bù kě

d.   非看那部電影不行   must see that movie
     fēi kàn nèi bù diànyǐng bù xíng

e.   非吃一次中國飯不行   must try Chinese food once
     fēi chī yí cì Zhōngguó-fàn bù xíng

f.   非學會滑冰不行   must learn ice-skating
     fēi xuéhuì huábīng bù xíng

C. Practice the structures *fēiděi yào V;* and *xūyào V:*

a.   非得要工作   must work
     fēiděi yào gōngzuò

b.   非得吃藥   must take some medicine
     fēiděi chī yào

c.   非得要學開車   must learn to drive
     fēiděi yào xué kāichē

d.   需要穿工作服   must wear work-uniform
     xūyào chuān gōngzuò-fú

e. 需要考數學   must take the math exam
   xūyào kǎo shùxué

f. 需要交學費   must pay tuition
   xūyào jiāo xuéfèi

D. Express in Chinese the following ideas:

   a. Explain that you have to pick up some rice for dinner.

   b. Explain that all university students are required to take classes in English composition.

   c. Say that you must get a haircut before Saturday's party.

   d. Say that you have to be home by ten.

   e. Say that you really need to be able to speak Chinese in China.

   f. Say that she'd better put some oil in the car within the next few days.

   g. Say that all students of foreign languages should spend at least one year in that country.

   h. Explain that there must be a minimum of fifteen people before they can qualify as a tourist group.

   i. In China you must first wash fruit before you eat it.

   j. Explain that you have to **rewind** *(dǎo huíqù)* the video before you return it.

Key to Exercises

D.

   a. 我得去買大米。   *Wó děi qù mǎi dàmǐ.*

   b. 大學學生都需要學英文寫作。   *Dàxué xuéshēng dōu xūyào xué Yīngwén xiězuò.*

   c. 星期六的會以前我非得要理髮。   *Xīngqī-liù de huì yǐqián wǒ fēiděi yào lǐfà.*

d. 我十點以前需要回家去。 *Wǒ shídián yǐqián xūyào huíjiā qù.*

e. 在中國不能不說漢語。 *Zài Zhōngguó bù néng bù shuō Hànyǔ.*

f. 在幾天以內非得要加機油。 *Zài jǐ tiān yǐnèi fēiděi yào jiā jīyóu.*

g. 學外語的學生都應該至少一年住 *Xué wàiyǔ de xuéshēng dōu yīnggāi*
在那個國家。 *zhìshǎo yì nián zhù zài nèi gè guójiā.*

h. 非得有十五個人以上才算旅行團。 *Fēidéi yǒu shí-wǔ gè rén yǐshàng cái*
suàn lǚxíng-tuán.

i. 在中國水果非得要先洗一洗以後 *Zài Zhōngguó shuíguǒ fēiděi yào xiān xǐ*
才能吃。 *yì xí yǐhòu cái néng chī.*

j. 錄像帶不得不先倒回去才能還。 *Lùxiàng-dài bù dé bù xiān dǎo huíqù cái*
néng huán.

Session 21

Tone Practice: 4th+1st

mìfēng	mìshū	bàntiān	chùshēng	kuòzhāng	kuàngshān
hànjiān	huàjiā	huàyī	jiàoshī	mùshī	zhìjīn
lìnxī	lùjūn	shìfēi	càidān	yèbān	fùkē
dòngshēn	bùdīng				

bǎ [take]: bǎ Obj V

Long, complex sentences are uncomfortable in spoken Chinese and it is usual to break lengthy statements into more manageable sections. One way is to bring complex, modified object units up to the beginning of the sentence as a Topic/Obj:

你早上給我買的那份報紙 我已經看完了

ní zǎoshàng géi wó mǎi de nèi fèn bàozhǐ wó yǐjīng kàn wán le

I've already read **the newspaper you bought for me this morning**

Another common pattern is the creation of a quasi-predicate by bringing the complex object unit up in front of the verb and introducing it with the verb-particle 把 *bǎ* [take hold of]:

> *Topic/Subj* 把 *bǎ Obj V*

那些學生把他們昨天晚上做好的作業已經交給老師了

*nèi xie xuéshēng **bǎ tāmen zuótiān wǎnshàng zuò hǎo de zuòyè** yǐjīng jiāo géi lǎoshī le*

those students have already given their Prof **the homework they did last night** [those students **taking they yesterday evening do finish homework** already hand over give teacher complete]

As the following example illustrates, this structure is very often used when a **complex modified object unit** occurs with an *indirect object* and a complex verb unit:

把那本在書櫃子上邊的字典 給我搆下來 *bǎ nèi běn zài shūguìzi shàngbiān de zìdiǎn géi wǒ gòu xià lái*	please reach down **that dictionary on the top shelf** *for me* [**take that on bookshelf top's dictionary** *give me* reach down come]

Exercises

A. Practice the structure *bǎ Obj V:*

a. 把書放在桌子上。
Bǎ shū fàng zài zhuōzi shàng.

Put the book on the table.

b. 把鑰匙交給我。
Bǎ yàoshí jiāo géi wǒ.

Hand me the keys.

c. 把剩菜倒進垃圾筒裏去。
Bǎ shèngcài dǎojìn lājī-tóng lǐ qù.

Throw the leftovers in the garbage pail.

d. 把她寫的信給我念一下。
Bǎ tā xiě de xìn géi wǒ niàn yí xià.

Please read over to me that letter she wrote.

e. 把我做的作業替我交給老師。
Bá wǒ zuò de zuòyè tì wǒ jiāo géi lǎoshī.

Give the homework I did to the prof **for me**.

f. 把我已經看完的那本書代我還給圖書館。
Bá wó yǐjīng kàn wán de nèi běn shū dài wǒ huán gěi túshū-guǎn.

Take the books I've already read back to the library for me.

g. 請把這個瓶子給我放回架子上去。
Qíng bǎ zhè gè píngzi géi wǒ fàng huí jiàzi shàng qù.

Please put this jar back on the shelf for me.

h. 請把我小女兒替我送到學校去。
Qíng bá wó xiáo-nǚér tì wǒ sòng dào xuéxiào qù.

Please take my little daughter to school for me.

i. 他要我把他新買的名牌車下個星
    期三給他開到洛杉磯去。

    *Tā yào wó bǎ tā xīn mǎi de míngpái-chē
    xià gè xīngqí-sān gěi tā kāi dào
    Luòshānjī qù.*

He's asked me to drive his new Cadillac
to Los Angeles for him next Wednesday.

j. 請把這些關于州長明天來講話的
    海報發給學生。

    *Qíng bǎ zhè xie **guānyú** zhōuzhǎng
    míngtiān lái jiǎnghuà de hǎibào fā gěi
    xuéshēng.*

Please distribute these flyers **about** the
state governor coming to talk tomorrow
among the students.

B. Express in Chinese the following ideas:

a. Explain that you can't find a buyer for the car you bought in 1977.

b. Ask him to bring the mail over to you.

c. Suggest **moving** *(nuó)* the **picture** *(huà)* a little more to the right.

d. Suggest putting (*guà* [hang]) the photos of her graduation **ceremony** *(diánlǐ-shì)* up
    on the **wall** *(qiáng)*.
    [take you at graduate ceremony time took's photographs hang on wall top, good?]

e. Ask him to **cut out** *(jiǎn xià lái)* for you all the **newspaper articles** *(bàozhǐ shàng
    kāndèng de bàodào)* about China's economy.

f. Ask her to get the prescription filled for you.
    [please you **according to** *(ànzhe)* this **prescription** *(chùfāng, yàofāng)* to pharmacy
    go take **medicine** *(yào)* for me get *(qǔ)* return come.] (Note that *chù* in *chùfāng*
    [prescription] is pronounced in the 4th tone, although dictionaries give 3rd tone.)

g. Ask if he can let you have back the fifty dollars he borrowed from you last year.

h. Ask him to **darn** *(bǔ)* your **socks** *(wàzi)* for you.

i. Tell the kid to eat up all his **vegetables** *(sùcài)*.

j. Tell the kid he can go out to play after he's done his homework.

Key to Exercises

B.

a. 我把我一九七七年買得舊車賣不
出去。

Wó bá wǒ yī-jiǔ-qī-qīnián mǎi de jiù chē mài bù chūqù.

b. 把信件拿過來給我看。

Bǎ xìnjiàn ná guò lái géi wǒ kàn.

c. 把畫往右邊挪一點兒，好不好？

Bǎ huà wàng yòubiān nuó yìdiǎr, hǎo bù hǎo?

d. 把你在畢業典禮時照的相片掛在
墙上，好嗎？

Bá nǐ zài bìyè diánlǐ-shí zhào de xiàngpiàn guà zài qiáng shàng, hǎo ma?

e. 把報紙上刊登的關于中國經濟的
報道都給我剪下來。

Bǎ bàozhǐ shàng kāndèng de guānyú Zhōngguó jīngjì de bàodào dōu géi wó jiǎn xià lái.

f. 請你按着這個處方到藥房去把藥
替我取回來。

Qíng nǐ ànzhe zhè gè chùfāng dào yàofáng qù bǎ yào tì wǒ qǔ huílái.

g. 你能不能把去年我借給你的那個
五十塊錢還給我？

Nǐ néng bù néng bǎ qùnián wǒ jiè géi nǐ de nèi gè wǔ-shí kuài qián huán géi wǒ?

h. 請把這些襪子給我補一補。

Qíng bǎ zhè xie wàzi géi wó bǔ yì bǔ.

i. 你把素菜都給吃完吧。

Nǐ bǎ sùcài dōu gěi chī wán ba.

j. 你把作業做完了以後才可以出去
玩兒。

Nǐ bǎ zuòyè zuò wán le yǐhòu cái kéyǐ chūqù wár.

Session 22

Character Roundup

廣 (广) *guǎng*	broad, Canton	r. 53 广 *ān* (temple)	广 (丶亠广) 黄 (一艹艹芝 芝芦莆苗黄黄)
句 *jù*	sentence	r. 30 口 *kǒu* (mouth)	丿勹勺句句
麵 *miàn*	flour, noodles	r. 199 麥 *mài* (wheat)	麥 (一十十朿朿朿朿朿朿麥麥) 面 (一丆丆丙而而面面)
條 (条) *tiáo*	strip, class. of strip-like objects	r. 75 木 *mù* (wood, tree)	亻 丨 夂 朩
跑 *pǎo*	run	r. 157 足 *zú* (foot)	足 (丨口口甲甲足) 包 (丿勹勺包)
報 (报) *bào*	report, announce	r. 32 土 *tǔ* (earth)	幸 (一十土土去击幸幸) 艮 (丨卩阝艮)
紙 *zhǐ*	paper	r. 120 糸 *sī* (silk)	糸 (纟纟纟纟纟糸) 氏 (丿丆丘氏)
櫃 (柜) *guì*	cupboard, shop-counter	r. 75 木 *mù* (wood, tree)	木 匱 (一匚匚匚匞匞匮 匮匮匱匱匱匱)

搆 gòu	reach for	r. 64 扌 *shǒu* (hand)	扌	冓 (⼀⼆卄𦬇𦬞卄卄莆莆冓 冓)
放 fàng	set down, place, release	r. 66 攴 *pǔ* (strike)		方 (ˋ⼀⼂方) 攵 (ˊ⼂⼓攵)
鑰 (钥) yào	key	r. 167 金 *jīn* (metal)	金	龠 (ˊ⼈⼈⼈⼈⼈⼈⼈ 合合合合合合龠龠龠龠)
匙 shí	key, spoon	r. 21 匕 *bǐ* (ladle)		⼀⼝⼞⼞⽇旦早早昰是 是 匙
垃 lā	rubbish	r. 32 土 *tǔ* (earth)		土 (⼀⼗土) 立 (ˋ⼂⼂⼆立)
圾 jī	rubbish	r. 32 土 *tǔ* (earth)	土	及 (⼃⼃及)
筒 tǒng	barrel, vat, tub	r. 118 竹 *zhú* (bamboo)		竹 (ˊ⼂⼂⼅⼅竹) 同 (⼁⼌⼌同同同)

Exercises

A. Transcribe as far as possible into Chinese characters the examples and exercises in sessions 19 - 21.

B. Write a letter in Chinese talking about your life at college.

Calligraphy exercises: practice the following radical elements.

ān	广	temple (53)
zú	足	foot (157)
sī	糸	silk (120)
mài	麥	wheat (199)

Session 23

Tone Practice: 4th+2nd

kùnnán	kòuchú	bàngqiú	qìmén	shùlín	xiànqián
yòunián	xiàngqí	pànjué	huànqián	zhìliáo	zhàntái
Hàncháo	jiècí	mòyú	yùfáng	nòngqián	gònghé
zhuàngnián	fùchóu				

hái SV; hái yào SV

The particle 還 *hái* as a full verb meaning *return* is pronounced *huán:*

我把這些錢還給你   I **return** this cash to you
wó bǎ zhè xie qián huán géi nǐ

Pronounced *hái* the word is commonly equated with the English *still*, *continuing*. Such a rendering, however convenient, is too narrow an application, and only occasionally or coincidentally fits the Chinese implicaton. It is probably better to retain the verbal significance of the word and think of it as meaning *movement*, particularly *bias towards*. Thus the structure:

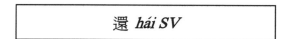

does NOT mean "still SV" at all, but *rather SV*, or *on the SV side:*

天氣還好   the weather's **quite** nice/**on the** good **side**
tiānqì hái hǎo

那個皮包還貴   that briefcase is **a bit** pricey/**on the**
nèi gè píbāo hái guì   expensive **side**

112

她的漢語**還**不錯
tā de Hànyǔ hái bú cuò

her Chinese is**n't half**-bad/**on the** not bad **side**

Note: if *still* is the intention, then the particle 仍 *réng* [as before] is appropriate:

天氣仍好
tiānqì réng hǎo

the weather is/was holding/**still** good

Note, too, that phrases like 還好 *hái hǎo* or 還可以 *hái kéyǐ* indicate somewhat faint praise, "so so," "okay," and if used, say, to remark on the special dinner your wife cooked, you'll likely be wearing dessert rather than eating it.

nándào...hái huì...ma?

The structure

> 還會 V 嗎？
>
> *hái huì V ma?*

tend to the possibility is used rhetorically to indicate *unlikelihood*. It is sometimes prefaced with the phrase 難道 *nándào* [hard to say]:

你說吧。我**還會**笑你嗎？
nǐ shuō ba. wǒ hái huì xiào nǐ ma?

speak up. do you think I might laugh at you?
[you speak. I **tend towards** likely laugh at you?]

難道撒哈拉沙漠**還會**下雨嗎？
nándào Sāhālā-shāmò hái huì xià xuě ma?

about as likely as snow falling in the Sahara!
[hard to say Sahara desert tend to likely fall snow?]

The same sense of *bias towards* occurs in structures expressing the comparative *even more so* in the same way we observed previously the particle 更 *gèng* before the SV:

> A SV, B 還要 SV
>
> *A SV, B hái yào SV*

這種電腦貴，那種**還要**貴
zhè zhǒng diànnǎo guì, nèi zhǒng hái yào guì

this brand of computer is expensive, that brand's **even more** so

Exercises

A. Practice the structure *hái SV:*

    a.   還貴   rather expensive
        hái guì

    b.   還熱   on the hot side
        hái rè

    c.   還便宜   cheapish
        hái piányì

    d.   昨天天氣還冷。   The weather yesterday was rather chilly.
        Zuótiān tiānqì hái lěng.

    e.   她的數學還可以。   She's not bad at math.
        Tā de shùxué hái kéyǐ.

B. Practice the structure *hái bu SV:*

    a.   還不貴   not so expensive
        hái bú guì

    b.   還不熱   not all that hot
        hái bú rè

    c.   還不便宜   I wouldn't say cheap
        hái bù piányì

    d.   代數還不難學。   Algebra's not all that hard to learn.
        Dàishù hái bù nánxué.

    e.   西安冬天還不冷。   It's not all that cold in Xi'an during the
        Xī'ān dōngtiān hái bù lěng.   winter.

C. Practice the structure *hái yào SV:*

    a.   還要貴   even more expensive
        hái yào guì

b.   還要熱   even hotter
     hái yào rè

c.   還要便宜   even cheaper
     hái yào piányì

d.   漢語還要難學。   Chinese is even harder to learn.
     Hànyǔ hái yào nánxué.

e.   烏魯木齊還要遠。   Urumchi is even farther.
     Wūlǔmùqí hái yào yuǎn.

D. Practice the structure *hái huì (bu) V ma:*

a.   我還會去嗎?   Do you even suppose I'm likely to go?
     Wǒ hái huì qù ma?

b.   我還會不去嗎?   Do you even think I'm not going?
     Wǒ hái huì bú qù ma?

c.   她還會說嗎?   Do you even think she's likely to tell
     Tā hái huì shuō ma?   all?

d.   她還會不說嗎?   Is it even likely she'll keep her mouth
     Tā hái huì bù shuō ma?   shut?

e.   他們還會幹嗎?   Do you even suppose they'll do it?
     Tāmen hái huì gàn ma?

f.   他們還會不幹嗎?   Is it even likely they'll not do it?
     Tāmen hái huì bú gàn ma?

g.   難道她還會考及格嗎?   Is it even likely she'll pass?
     Nándào tā hái huì kǎo jígé ma?

h.   難道她還會考不及格嗎?   Do you even suppose she'll fail?
     Nándào tā hái huì kǎo bù jígé ma?

i.   難道她還會來得及嗎?   Is it even likely she'll make it on time?
     Nándào tā hái huì lái dé jí ma?

j. 難道她還會來不及嗎？

    Nándào tā hái huì lái bù jí ma?

    Do you even think she'll not make it on time?

E. Express in Chinese the following ideas:

a. Explain that since the weather continued cold during your vacation, you couldn't go out much.

b. Mention that the hotel was rather expensive.

c. Say that the restaurant bill was even steeper.

d. Say that you are not likely to be through your degree within a couple of years.

e. Tell your Chinese friend to practice his English freely and that no one will laugh at his efforts.

f. Say that if you put the milk in the refrigerator it's less likely to go bad.

g. Ask that if they study hard, is it likely they'll fail?

h. Ask that if you had left earlier, would you have been late?

i. Say that yesterday was cold; today is colder; and that tomorrow will be even colder.

j. Ask that if she had been brought up properly (*jiājiào* [family education]), would she now be such a brat?

Key to Exercises

E.

a. 我度假的時候天氣仍冷，我不能出去玩兒。

    Wǒ dù jià de shíhòu tiānqì réng lěng, wǒ bù néng chūqù wár.

b. 旅館還貴。

    Lǚguǎn hái guì.

c. 飯店還要貴。

    Fàndiàn hái yào guì.

d. 我在兩年的時間以內還不能畢業。

    Wǒ zài liǎng nián de shíjiān yǐnèi hái bù néng bìyè.

e. 你隨便說英語吧；我們還會笑你嗎！

Nǐ suíbiàn shuō Yīngyǔ ba; wǒmen hái huì xiào nǐ ma!

f. 把牛奶放在冰箱裏，還不會壞。

Bǎ niúnǎi fàng zài bīngxiāng lǐ, hái bú huì huài.

g. 努力學習，還會考不及格嗎？

Nǔlì xuéxí, hái huì kǎo bù jígé ma?

h. 早一點兒出去，還會遲到嗎？

Zǎo yìdiǎr chūqù, hái huì chídào ma?

i. 昨天冷；今天還要冷；明天更冷。

Zuótiān lěng; jīntiān hái yào lěng; míngtiān gèng lěng.

j. 她家教好，難道她現在還會那麼壞嗎？

Tā jiājiào hǎo, nándào tā xiànzài hái huì nèmme huài ma?

Session 24

Tone Practice: 4th+3rd

kuàibǎn	*kuàitǐng*	*zhèngtǐ*	*dùkǒu*	*duòjiǎo*	*bìděi*
jìmǔ	*màoxiǎn*	*dìbǎn*	*dàodǐ*	*jìnkǒu*	*Mèngzǐ*
rìguǐ	*ruòdiǎn*	*tiàozǎo*	*yàngběn*	*jiàoběn*	*yuèbǐng*
shìfǒu	*pòchǎn*				

háishì X SV; háishì X cái SV

還 *hái* as *bias towards* is demonstrated in the structure where 還 *hái* combines with 是 *shì* [true to say]:

還是這個好	this one's better
háishì zhè gè hǎo	[**bias towards being true** this one is good]
還是不買這個好	better not buy this one
háishì bù mǎi zhè gè hǎo	[**bias towards being true** not buy this one is good]

The "spotlighting" effect of 是 *shì* upon the element that immediately follows it is also apparent:

還是你開車方便	it'll be more convenient if *you* drive
háishì nǐ kāichē fāngbiàn	[bias towards **being true you** open vehicle is convenient]

Compare this with the use of 才 *cái* [only then]:

還是你開車才安全 (呢)	it won**'t** be safe **unless** *you* drive
háishì nǐ kāichē cái ānquán (ne)	[bias towards you open vehicle **only then** is safe]

A disjunctive question form is created by placing 還是 *háishì* before the various alternatives. The first 還是 *háishì* is usually shortened to 是 *shì*:

（還）是你去好，還是我去好？   is it better if you go or if I go?

(hái)shì nǐ qù hǎo, háishì wǒ qù hǎo?

The structure *it doesn't matter whether X or Y* is rendered by

---

不管 Subj（還）是 X 還是 Y 都 Z

bùguǎn Subj (hái)shì X háishì Y dōu Z

not matter Subj tend to X tend to Y, both/all Z

（你）不管（還）是到中國去，還是到   it doesn't matter whether you go to China
台灣去，都說標準漢語   or to Taiwan, they all speak standard
                                              Chinese there
(nǐ) bùguǎn (hái)shì dào Zhōngguó qù,
háishì dào Táiwān qù, dōu shuō biāozhǔn
Hànyǔ

Exercises

A. Practice the structure *(hái)shì X háishì Y*:

   a. （還）是這個好，還是那個好？   Is this better, or is that?

       (Hái)shì zhè gè hǎo, háishì nèi gè hǎo?

   b. （還）是這本貴，還是那本貴？   Is this book more expensive, or is that?

       (Hái)shì zhè běn guì, háishì nèi běn guì?

   c. （還）是我們的漂亮，還是他們的   Is our one the prettier, or is theirs?
       漂亮？

       (Hái)shì wǒmen de piàoliàng, háishì
       tāmen de piàoliàng?

   d. 我（還）是去（好），還是不去好？   Is it better that I go, or not?

       Wǒ (hái)shì qù (hǎo), háishì bú qù hǎo?

   e. 你還是吃藥，還是不吃藥好？   Is it better that you take some medicine,
       Nǐ háishì chīyào, háishì bù chīyào hǎo?   or not?

f. （還）是她去，還是你去方便？

(Hái)shì tā qù, háishì nǐ qù fāngbiàn?

Is it more convenient for you to go, or she?

g. 漢語是她說的流利，還是你說的流利？

Hànyǔ shì tā shuō de liúlì, háishì nǐ shuō de liúlì?

Is she more fluent in Chinese, or are you?

h. （還）是買好看的好，還是買結實的好？

(Hái)shì mái hǎokàn de hǎo, háishì mǎi jiēshí de hǎo?

Should we go for the attractive one, or one that lasts longer?

i. 我們（還）是今天晚上去看電影好，還是明天去好？

Wǒmen (hái)shì jīntiān wǎnshàng qù kàn diànyíng hǎo, háishì míngtiān qù hǎo?

Shall we go to the movies tonight, or would tomorrow be better?

j. （還）是我到你那兒去方便，還是你來我這兒方便？

(Hái)shì wǒ dào nǐ nèr qù fāngbiàn, háishì nǐ lái wǒ zhèr fāngbiàn?

Would it be easier for me to go over to your place, or for you to come here?

B. Practice the structures *háishì X cái Y; bùguǎn (hái)shì X háishì Y dōu Z:*

a. 還是努力學習功課才能找到好的工作。

Háishì nǔlì xuéxí gōngkè cái néng zhǎo dào hǎo de gōngzuò.

You won't find a good job unless you study hard.

b. 還是早一點兒出去才來得及。

Háishì zǎo yìdiǎr chūqù cái lái de jí.

We'd better leave a bit early, otherwise we'll be late.

c. 還是跟高幹領導人**搞關**係，計劃才能成功。

*Háishì gēn gāogàn língdǎo-rén **gǎo guānxi**, jìhuà cái néng chénggōng.*

Your project won't be successful unless you **establish relations** with the high officials and leadership.

d. 還是走後門兒辦事才能夠達到目
    的。

    *Háishì zǒu hòumér bàn shì cái nénggòu
    dádào mùdì.*

If you don't go through unofficial
channels (back door), you'll never get
what you want.
[tend to walk back door do business only
then possible arrive at objectives]

e. 還是**使勁**打電話才能找到他。

    *Háishì shǐjìn dǎ diànhuà cái néng
    zhǎodào tā.*

If you don't **keep on** calling, you'll
never get an interview.

f. 不管你(還)是今年畢業，還是明
    年畢業，都找不着工作。

    *Bùguán nǐ (hái)shì jīnnián bìyè, háishì
    míngnián bìyè, dōu zhǎo bù zháo
    gōngzuò.*

It makes no difference whether you
graduate this year or next, you won't be
able to find a job.

g. 你不管是看電影以前做作業，還
    是看完電影以後 做作業，**早晚**都
    要做。

    *Nǐ bùguǎn shì kàn diànyíng yǐqián zuò
    zuòyè, háishì kàn wán diànyíng yǐhòu
    zuò zuòyè, **záowǎn** dōu yào zuò.*

It doesn't matter whether you do your
homework before or after the movies,
sooner or later you've got to do it.

h. 你不管是告訴我，還是不告訴
    我，我早晚都會知道。

    *Nǐ bùguǎn shì gàosù wǒ, háishì bú gàosù
    wǒ, wǒ záowǎn dōu huì zhīdào.*

I don't care whether you tell me or not,
I'll find out sooner or later.

i. 你不管是學漢語，還是學日語都
    有用。

    *Nǐ bùguǎn shì xué Hànyǔ, háishì xué
    Rìyǔ dōu yǒuyòng.*

Studying Chinese or Japanese, they're
both useful.

j. 不管你(還)是今天來，還是明天
    來，我都不在家。

    *Bùguán nǐ (hái)shì jīntiān lái, háishì
    míngtiān lái, wǒ dōu bú zài jiā.*

It doesn't matter whether you come
today or tomorrow, I won't be in.

C. Express in Chinese the following ideas:

    a.   Explain that it'd be better if you didn't go to the movies this evening.

    b.   Explain that it's cheaper to go to Hawaii for a vacation in the summertime.

    c.   Ask whether it's cheaper to go to Hawaii or Florida for a vacation.

    d.   Explain that you won't succeed at your studies unless you work hard.

    e.   Explain that in the U.S., Chinese departments are only interested in how many Chinese characters you know.
[**as a rule** *(zhàolì)* examine American college Chinese department, tend to many learn Chinese characters only then good]

    f.   Explain that it doesn't matter whether a student with no job applies for a credit card himself, or whether he relies on his dad to get one, banks won't give him one.
[not have job's student no matter true self apply for credit card, tend to rely on father's **position** *(shìlì)* want, banks all not give]

    g.   Explain that in writing an essay, it doesn't matter whether you're using a computer or a pencil, you still have to **think** *(dòng nǎozi xiǎng* [move brain think]).

    h.   Explain that whether you use a Minolta or a **Canon** *(Jiānéng)*, if the **lighting**'s *(guāngxiàn)* inadequate the **pictures** *(xiàngpiàn)* won't come out.

    i.   Explain that whether you go by plane or **sled** *(xuěqiāo)*, you still get **travel sick** *(tóuyūn* [head dizzy]).

    j.   Say that it doesn't matter whether it's breakfast, lunch, or dinner, he has to have beer with his meals.

Key to Exercises

C.

    a.   還是不要今天晚上去看電影好。   *Háishì bú yào jīntiān wǎnshàng qù kàn diànyíng hǎo.*

    b.   要去夏威夷渡假，還是夏天比較便宜。   *Yào qù Hāwāyí dù jià, háishì xiàtiān bǐjiào piányì.*

c. 你說，是去夏威夷度假便宜，還
    是去佛羅里達便宜？

    *Nǐ shuō, shì qù Hāwāyí dù jià piányì,
    háishì qù Fúluólǐdà piányì?*

d. 還是努力學習功課才能成功。

    *Háishì nǔlì xuéxí gōngkè cái néng
    chénggōng.*

e. 照例考美國大學漢語系，還是多
    學漢字才好。

    *Zhàolì káo Měiguó dàxué Hànyǔ-xì,
    háishì duō xué Hànzì cái hǎo.*

f. 沒有工作的學生不管是自己申請
    信用卡片，還是倚靠父親的勢力
    要，銀行都不給。

    *Méiyǒu gōngzuò de xuéshēng bùguǎn
    shì zìjǐ shēnqǐng xìnyòng kǎpiàn, háishì
    yǐkào fùqīn de shìlì yào, yínháng dōu bù
    gěi.*

g. 寫文章，不管是用電腦寫，還是
    用鉛筆寫，都要動腦子想。

    *Xiě wénzhāng, bùguǎn shì yòng diànnǎo
    xiě, háishì yòng qiānbǐ xiě, dōu yào
    dòng nǎozi xiǎng.*

h. 要是光線不夠的話，不管是用
    Minolta牌照相機照，還是用加能
    牌照，相片都照不出來。

    *Yàoshì guāngxiàn bú gòu de huà,
    bùguǎn shì yòng Minolta-pái zhàoxiàng-
    jī zhào, háishì yòng Jiānéng-pái zhào,
    xiàngpiàn dōu zhào bù chūlái.*

i. 我不管是坐飛機，還是坐雪橇，
    都要頭暈。

    *Wǒ bùguǎn shì zuò fēijī, háishì zuò
    xuěqiāo, dōu yào tóuyūn.*

j. 他不管是吃早飯，吃午飯，還是
    吃晚飯，他都非得要喝啤酒。

    *Tā bùguǎn shì chī zǎofàn, chī wǔfàn,
    háishì chī wǎnfàn, tā dōu fēiděi yào hē
    píjiǔ.*

Session 25

Tone Practice: 4th+4th

dànyào   jìhào   zhùhè   niàobù   cùjìn   wùhuì

jièxiàn   hòubèi   guàidào   yùnyòng   guàniàn   shànggào

tuìhuà   suànmìng   pànzuì   lìngwài   kòushàng   hòumiàn

fùlì   dònghè

hái as "still": hái juédé; hái yǒu/zài lái/yǒu

還 *hái* in the meaning "still" occurs in statements like:

她吃了好多意大利麵條還覺得肚子
有點兒餓

*tā chī le hǎo duō Yìdàlì miàntiáo **hái juédé**
dùzi yóu diǎr è*

although she had eaten a whole heap of
spaghetti, she **still** felt a bit peckish
[she eat complete good lot Italy noodles
bias towards feel stomach exist little-bit
hungry]

"Still" as in 還有 **hái yǒu** [still have, bias towards existence, i.e., the *continued existence* of an
entity], compares with 再 **zài** [again], for a second time, which brings on *fresh supplies:*

再來杯啤酒

zài lái bēi píjiǔ

how about **another** round?
[**again** come glasses beer]

不要。我這裏還有

*bú yào. wǒ zhè lǐ **hái yǒu***

no thanks. I've **still got** some here

Similarly,

別着急，還有十分鐘

*bié zháojí, **hái yǒu** shífēn zhōng*

don't worry, we've **still got** ten minutes

124

Note that where 再 *zài* is used in a statement, 還 *hái* is used in the corresponding *question about future activity:*

> 我今天買了三本書了；明天**再**
> 買三本
>
> *wǒ jīntiān mǎi le sān běn shū le;*
> *míngtiān **zài** mǎi sān běn*

today I bought three books so far; I'll buy **another** three tomorrow

> 你今天買了三本書；明天**還要**
> 買嗎？
>
> *nǐ jīntiān mǎi le sān běn shū; míngtiān*
> ***hái** yào mǎi ma?*

you bought three books today; are you buying **more** tomorrow?

> 你今天買了三本書；明天**還不**
> 買嗎？
>
> *nǐ jīntiān mǎi le sān běn shū; míngtiān*
> ***hái bù mǎi** ma?*

you bought three books today; **aren't you buying any more** tomorrow?

These latter examples with 還 *hái* reveal concern for the *continuation of the activity,* "still buying," rather than for "fresh supplies."

In the sense of *continuing activity*, 還 *hái* serves in the meaning *also:*

> 她買了幾個茶碗，**還**買了一個花瓶
> *tā mǎi le jǐ gè cháwǎn, **hái** mǎi le yí gè*
> *huāpíng*

she bought several teacups **and also** bought a flower vase

Compare the structures

> 她**還**買了一個花瓶
> *tā **hái** mǎi le yí gè huāpíng*

she bought a flower vase, **too**

> 她**也**買了一個花瓶
> *tā **yé** mǎi le yí gè huāpíng*

she **too** bought a flower vase

> 她**又**買了一個花瓶
> *tā **yòu** mǎi le yí gè huāpíng*

she bought **yet another** flower vase

> 她**還要**買一個花瓶
> *tā **hái** yào mǎi yí gè huāpíng*

she **still** has to buy a flower vase

她想**再**買一個花瓶
*tā xiǎng **zài** mǎi yí gè huāpíng*

she's thinking of buying **another** flower vase

買花瓶，先多看一看，以後**再**買
*mǎi huāpíng, xiān duō kàn yí kàn, yǐhòu **zài** mǎi*

we'll look around first before we buy the flower vase

Note that in completed situations, where 還 *hái* and 再 *zài* are not appropriate, the proper adverb is 又 *yòu* [again, also]:

她昨天買了三本書；今天**又**買了三本
*tā zuótiān mǎi le sān běn shū; jīntiān **yòu** mǎi le sān běn*

she bought three books yesterday; today she bought **another** three

他上午打了好幾次的電話；下午**又**打了好幾次
tā shàngwǔ dǎ le háo jǐ cì de diànhuà; xiàwǔ yòu dǎ le háo jǐ cì

he was on the telephone all morning, and was at it again all afternoon

Exercises

A. Practice the structure *hái V:*

a. 還有三課沒有學
   hái yǒu sān kè méiyǒu xué

   still have three lessons we haven't studied

b. 還有一半兒沒吃
   hái yǒu yí bàr méi chī

   still have half you haven't eaten

c. 還有幾頁沒有看
   hái yóu jǐ yè méiyǒu kàn

   still have several pages I haven't read

d. 晚上還要吃飯嗎？
   Wǎnshàng hái yào chīfàn ma?

   Do you still want to eat this evening?

e. 下午還要出去嗎？
   Xiàwǔ hái yào chūqù ma?

   Do you still want to go out this afternoon?

f. 晚上還要去看電影嗎？

　　Wǎnshàng hái yào qù kàn diànyǐng ma?

Do you still want to go to the movies this evening?

g. 還有作業沒做嗎？

　　Hái yǒu zuòyè méi zuò ma?

Do you still have homework you haven't done?

h. 還要打電話嗎？

　　Hái yào dǎ diànhuà ma?

Do you still want to use the phone?

i. 還想到中國去嗎？

　　Hái xiǎng dào Zhōngguó qù ma?

Are you still thinking of going to China?

j. 還想給民族黨的候選人投票嗎？

　　Hái xiáng gěi Mínzhú-dǎng de hòuxuǎn-rén tóupiào ma?

Are you still thinking of voting for the Democratic candidate?

B. Practice the structures *zài V;* and *yòu V le:*

a. （等到）明天再去看。

　　(Děngdào) míngtiān zài qù kàn.

(Leave it till) tomorrow to go to see it.

b. （等到）晚上再做作業。

　　(Děngdào) wǎnshàng zài zuò zuòyè.

(Leave it till) this evening to do my homework.

c. （等到）下個星期再去買。

　　(Děngdào) xià gè xīngqī zài qù mǎi.

(Leave it till) next week to go and buy it.

d. （等到）明年再畢業。

　　(Děngdào) míngnián zài bìyè.

(Wait until) next year to graduate.

e. 吃了午飯以後再說。

　　Chī le wǔfàn yǐhòu zài shuō.

Talk about it after lunch.

f. 他昨天又來找她了。

　　Tā zuótiān yòu lái zhǎo tā le.

He came *again* yesterday looking for her.

g. 她今天早上又學了幾個小時了。

　　Tā jīntiān zǎoshàng yòu xué le jǐ gè xiǎoshí le.

She studied yet *another* several hours early this morning.

h. 我昨天晚上打牌又輸了。

      Wǒ zuótiān wǎnshàng dǎ pái yòu shū le.

I lost *again* at cards last night.

i. 今天早上又找不找我的鑰匙了。

      Jīntiān zǎoshàng yòu zhǎo bù zháo wǒ de yàoshí le.

I couldn't find my keys *again* this morning.

j. 老師回答了他的問題以後他又問問題了。

      Lǎoshī huídá le tā de wèntí yǐhòu tā yòu wèn wèntí le.

The prof had just finished answering his questions when he asked another bunch of questions.

C. Express in Chinese the following ideas:

a. Explain that you still have two years to go before you graduate.

b. Explain that although you've already been to China, you'd still like to go again.

c. Explain that although your mother-in-law left your house only a few days ago, she was back again today.
[my mother-in-law *(yuèmǔ)* only then from our family return go not have several days, today again come complete]

d. Say that you've enough on your plate for another half-hour's steady eating.
[this several food still enough I eat half-an-hour]

e. Say that he hasn't called you yet today, so he'll probably not call tomorrow, either.

f. Say that you've already seen **Niagara Falls** *(Níyájiālā Pùbù)* a dozen times before and ask if she still wants to go again.

g. Say that you've miles to go before you sleep.

h. Ask if she still needs your dictionary.

i. Ask the prof if it's okay if you hand in your homework after you've revised it a bit.

j. Explain that you ought to rest awhile after eating before **rushing off** *(jízhe)* to work.

Key to Exercises

C.

a. 我畢業還有兩年／我還有兩年才畢
業。

Wǒ bìyè hái yóu liǎng nián/wǒ hái yóu liǎng nián cái bìyè.

b. 我已經去過中國一次了，不過，
我想再去。

Wó yǐjīng qù guò Zhōngguó yí cì le, bú guò, wó xiǎng zài qù.

c. 我岳母才從我們家回去沒有幾
天；今天又來了。

Wǒ yuèmǔ cái cóng wǒmen jiā huí qù méiyóu jǐ tiān; jīntiān yòu lái le.

d. 這些菜還夠我吃半個小時。

Zhè xie cài hái gòu wǒ chī bàn gè xiǎoshí.

e. 她今天還沒給我打電話；可能明
天還不打。

Tā jīntiān hái méi géi wó dǎ diànhuà; kěnéng míngtiān hái bù dǎ.

f. 尼亞加拉瀑布，我已經看過好幾
次了；你還要去看嗎？

Níyájiālā Pùbù, wó yǐjīng kàn guò háo jǐ cì le; nǐ hái yào qù kàn ma?

g. 我還要走好幾里路才能睡覺。

Wǒ hái yào zǒu háo jǐ lǐ lù cái néng shuìjiào.

h. 我的字典，你還要嗎？

Wǒ de zìdiǎn, nǐ hái yào ma?

i. 老師，作業修改了以後再交給
你，好嗎？

Lǎoshī, zuòyè xiūgǎi le yǐhòu zài jiāo géi nǐ, hǎo ma?

j. 吃了飯以後應該休息一會；不要
急着去上班。

Chī le fàn yǐhòu yīnggāi xiūxí yìhuǐ; bú yào jízhe qù shàngbān.

Session 26

Tone Practice: 1st+1st

┌─────────┐
│ ‾   ‾ │
└─────────┘

zījīn	*Ōuzhōu*	*Jiāngxī*	*dānyī*	*guāngyīn*	*fēngshēng*
shāowēi	*piānxīn*	*kāi dēng*	*chūzū*	*biānzhī*	*zhuāngshī*
bānjiā	*ānzhuāng*	*āngzāng*	*zhōukān*	*tōutīng*	*tiānkōng*
tānxīn	*shuōshū*				

hái zài V ne; zhèng zài V ne; ne as continuation

In terms of *continuing activity*, the particle 還 *hái* juxtaposed before the verb-particle 在 *zài* [exist] and combined with the terminal particle 呢 ***ne*** corresponds with the English *still verbing*:

┌──┐
│   Topic/Subj 還在 V 呢   │
│   *Topic/Subj hái zài V ne*   │
└──┘

她還在睡覺呢 *tā hái zài shuìjiào ne*	she's **still** sleeping [she **bias towards exist** sleep **continue**]

Note that the terminal particle 呢 ***ne***, for all purposes the opposite of 了 *le* [complete] implies the idea of *noncompletion*, or the continuation of the activity or train of thought.

我去。你呢？ *wǒ qù. nǐ ne?*	I'm going. **What about** you?
這種字典過時了。那種呢？ *zhè zhǒng zìdiǎn guòshí le. Nèi zhǒng ne?*	this dictionary's out of date. **What about** that one?

This implication is reinforced by the inclusion of 在 *zài* [exist, i.e., *just in the process of*]. Other appropriate particles may be substituted for 還 *hái*:

她正在洗澡呢
tā zhèng zài xízǎo ne

she's **just** taking a bath
[she **just in the process of** bathe **continue**]

where the particle 正 *zhèng* [exact], just compares with 還 *hái*, here in the meaning "still."

Where the concern with "still" refers to longer-term activity, the 呢 *ne* tends not to appear.

你現在還學漢語嗎？
nǐ xiànzài hái xué Hànyǔ ma?

are you **still** studying Chinese now?

Don't forget the formula *zài V de shíhòu* [while activity is taking place]:

我在講課的時候別打我的岔
wǒ zài jiǎngkè de shíhòu bié dá wǒ de chà

don't interrupt me **while** I'm lecturing
[I **exist** announce lesson's **time** don't strike my interrupt]

The addition of 還 *hái* or 正 *zhèng* before 在 *zài* adds the meanings "still" and "just in the process of"

正／還在講課的時候
zhèng/hái zài jiǎngkè de shíhòu

while **just/still** in the process of speaking

Exercises

A. Practice the structure *hái zài V ne:*

   a. 還在說話呢   still talking
       hái zài shuōhuà ne

   b. 還在吃飯呢   still eating
       hái zài chīfàn ne

   c. 還在寫信呢   still writing letters
       hái zài xiě xìn ne

   d. 還在洗澡呢   still in the shower
       hái zài xízǎo ne

   e. 還在北京工作（呢）   still working in Beijing
       hái zài Běijīng gōngzuò (ne)

f.   還在打電話呢   still on the phone
     hái zài dǎ diànhuà ne

g.   還在睡覺呢   still asleep
     hái zài shuìjiào ne

h.   還在做作業呢   still doing homework
     hái zài zuò zuòyè ne

i.   還在考慮呢   still thinking about it
     hái zài kǎolǜ ne

j.   還在開會呢   still in a meeting
     hái zài kāihuì ne

B. Practice the structure *zhèng zài V ne:*

a.   正在打電話呢   just (in the process of) making a phone
     zhèng zài dǎ diànhuà ne   call

b.   正在教書呢   teaching class just at the moment
     zhèng zài jiāoshū ne

c.   正在做飯呢   getting dinner right now
     zhèng zài zuò fàn ne

d.   我正在洗澡呢。   Just caught me in the shower.
     Wǒ zhèng zài xízǎo ne.

e.   正在吃午飯呢   at lunch just at the moment
     zhèng zài chī wǔfàn ne

C. Express in Chinese the following ideas:

a.   Explain that the Prof can't **come to the phone** *(tīng diànhuà)* at the moment
     because he's in class teaching.

b.   Explain that you're still trying to get your homework done.

c.   Tell your roommate that you don't want to talk while you're reading.

d.   Say that you're just in the middle of fixing your bike; your hands are dirty and you can't bring the mail in.

e.   Tell the caller that they're still at the movies and won't be home till about ten-thirty.

f.   Say that he's still riveted to the TV and even if you yell at him, he won't move.

g.   Say it's still raining so you can't go out.

h.   Say you're still waiting for her to show up.

i.   Say that the phone always rings just when you're in the shower.

j.   Say that they're still tidying up their room, and when they've done that, they still have to eat dinner.

Key to Exercises

C.

a.   老師正在教書，不能來聽電話。   *Lǎoshī zhèng zài jiāo shū, bù néng lái tīng diànhuà.*

b.   我還在做作業呢。   *Wǒ hái zài zuò zuòyè ne.*

c.   我在看書的時候不要說話。   *Wǒ zài kànshū de shíhòu bú yào shuōhuà.*

d.   我正在修車呢；我手都髒了，不能把信件拿進來。   *Wǒ zhèng zài xiū chē ne; wó shóu dōu zāng le, bù néng bǎ xìnjiàn ná jìn lái.*

e.   他們還在看電影，十點半左右才回家來。   *Tāmen hái zài kàn diànyǐng, shídiǎn-bàn zuǒyòu cái huí jiā lái.*

f.   他還坐在那兒在看電視呢；叫他來，他也不動。   *Tā hái zuò zài nàr zài kàn diànshì ne; jiào tā lái, tā yě bú dòng.*

g.   還在下雨呢，不能出去。   *Hái zài xiàyǔ ne, bù néng chūqù.*

h.   我還在等她來呢。   *Wǒ hái zài děng tā lái ne.*

i. 每次我正在洗澡的時候，電話鈴　　*Měi cì wǒ zhèng zài xǐzǎo de shíhòu,*
一定要響。　　　　　　　　　　*diànhuà-líng yídìng yào xiǎng.*

j. 他們還在收拾他們的房子；收拾　　*Tāmen hái zài shōushí tāmen de fángzi;*
好了以後 還要吃晚飯。　　　　　*shōushí hǎo le yǐhòu hái yào chī wǎnfàn.*

Session 27

Tone Practice: 1st+2nd

kēxué	fāmíng	zhīchí	hūrán	gū'ér	zhuāngyuán
diāohuá	yūhuí	yōuchóu	xiāodú	cāiduó	kōngxí
wēnhé	wōpéng	cuōtuó	tōngdá	sāijiá	kāi mén
jīngyíng	fēngsú				

hái méiyǒu V ne

Negative "still", i.e., "still haven't" "haven't yet" is expressed by the structure

還没有 V 呢
hái méiyǒu V ne

那本書我還没有看呢
nèi běn shū wǒ hái méiyǒu kàn ne

I have**n't** read that book **yet**
[that book I **still not exist** read **continue**]

那本書我還没有看完呢
nèi běn shū wǒ hái méiyǒu kàn wán ne

I **still haven't finished** that book yet

Compare this with the significance of other *méiyǒu* [nonexistence] structures

那本書我没有看
nèi běn shū wǒ méiyǒu kàn

I **haven't** read that book

那本書我没有看過
nèi běn shū wǒ méiyǒu kàn guò

I **have never** read that book

那本書我没有看完
nèi běn shū wǒ méiyǒu kàn wán

I **didn't finish** reading that book

135

Exercises

A. Practice the structure *hái méiyǒu V ne:*

    a.   還沒有去呢   hasn't gone yet
          hái méiyǒu qù ne

    b.   還沒做呢   haven't done it yet
          hái méi zuò ne

    c.   還沒有吃呢   haven't eaten yet
          hái méiyǒu chī ne

    d.   還沒寫呢   haven't written it yet
          hái méi xiě ne

    e.   還沒有來呢   not here yet
          hái méiyǒu lái ne

    f.   還沒打呢   hasn't phoned yet
          hái méi dǎ ne

    g.   還沒好呢   not ready yet
          hái méi hǎo ne

    h.   我借給他的錢他還沒有還（呢）。   He hasn't given me back my money yet.
          Wǒ jiè gěi tā de qián tā hái méiyǒu huán
          (ne).

    i.   那部電影我們還沒看（呢）。   We haven't seen that movie yet.
          Nèi bù diànyǐng wǒmen hái méi kàn
          (ne).

    j.   我借來的那本書我還沒看完   I haven't finished that book I borrowed.
          （呢）。
          Wǒ jiè lái de nèi běn shū wǒ hái méi kàn
          wán (ne).

B. Express in Chinese the following ideas:

    a.   Explain that you still haven't finished your homework yet.

b. Explain that you haven't eaten lunch yet, and that as soon as you have, you'll do the job for her.

c. Explain that you are not through second year Chinese yet.

d. Tell a Chinese friend that you've not visited China yet.

e. Explain that you haven't bought next semester's textbooks yet.

f. Say that you haven't been told when her wedding will be.

g. Say you don't know yet when you'll graduate.

h. Say it's a month already and his check's still not here.

i. Say she's been on the phone for hours and there's no sign yet of her ringing off.

j. Say they've been learning Chinese for years but they've hardly learned anything (*duōshǎo huà* [many-few words]).

Key to Exercises

B.

a. 我的作業還沒有做完。   *Wǒ de zuòyè hái méiyǒu zuò wán.*

b. 我還沒有吃午飯；吃完了以後就 給她做。   *Wǒ hái méiyǒu chī wǔfàn; chī wán le yǐhòu jiù gěi tā zuò.*

c. 二年級的漢語我們還沒有學完。   *Èr-niánjí de Hànyǔ wǒmen hái méiyǒu xué wán.*

d. 我還沒有去過中國。   *Wǒ hái méiyǒu qù guò Zhōngguó.*

e. 下個學期的課本我還沒買呢。   *Xià ge xuéqī de kèběn wǒ hái méi mǎi ne.*

f. 她什麼時候結婚，還沒有告訴我 們。   *Tā shémme shíhòu jiéhūn, hái méiyǒu gàosù wǒmen.*

g. 我什麼時候畢業，我還不知道 呢。   *Wǒ shémme shíhòu bìyè, wǒ hái bù zhīdào ne.*

h. 已經過了一個月，他的支票還沒   *Yǐjīng guò le yí gè yuè, tā de zhīpiào hái*
    來呢。   *méi lái ne.*

i. 她已經打了半天的電話了；還不   *Tā yǐjīng dǎ le bàntiān de diànhuà le;*
    知道她什麼時候才打完。   *hái bù zhīdào tā shémme shíhòu cái dǎ*
                                     wán.

j. 他們學漢語已經(學了)幾年了，   *Tāmen xué Hànyǔ yǐjīng (xué le) jǐ nián*
    不過還沒有學會多少話。   *le, bú guò hái méiyǒu xué huì duōshǎo*
                                     huà.

Session 28

Tone Practice: **1st+3rd**

yōngjǐ	*jīnshǔ*	*shuāidǎ*	*sāshǒu*	*jīběn*	*fēngmǎn*
xīshǎo	*xīyǒu*	*pāishǒu*	*tiāojiǎn*	*sīxiǎng*	*mōsuǒ*
cāzǎo	*zōngzhǐ*	*suōxiǎo*	*tiānbǔ*	*kōngshǒu*	*zhuānyǒu*
chuāngkǒu	*gūmǔ*				

Concomitant Activity

We saw above how 還 *hái,* 還要 *hái yào* expressed clause conjunction "and," "also":

她買了一頂新帽子**還**買了一雙皮鞋
tā mǎi le yí dǐng xīn màozi hái mǎi le yì shuāng píxié

she bought a new hat **and also** a pair of leather boots

他看完了電影以後回家**還要**看電視
tā kàn wán le diànyíng yǐhòu huí jiā hái yào kàn diànshì

having been to the movies he goes home **and** then **also** watches TV

With similar significance, 還 *hái,* 還要 *hái yào* occurs in structures expressing concomitant activity:

1. *chú le X yǐwài, hái yào Y* [apart from activity X, also activity Y]:

他吃飯的時候，除了喝酒以外，還要抽煙
tā chīfàn de shíhòu, chú le hē jiǔ yǐwài, hái yào chōuyān

while he's eating, **apart from** drinking wine he **also** smokes
[he eat food's time, except drink wine outside, still want draw smoke]

2. *búdàn X, érqiě hái yào Y* [**not only activity X, but also still want activity Y**]:

他吃飯的時候，不但喝酒，而且還
要抽煙

*tā chīfàn de shíhòu, búdàn hē jiǔ, érqiě hái
yào chōuyān*

while he's eating, **not only** does he drink
wine, but he **also** smokes
[he eat food's time, not only drink wine,
also still want draw smoke]

3. *yímiàn X yímiàn Y; yìbiān X yìbiān Y* [**activity X while (at the same time) activity Y**]:

A simpler way of expressing concomitant activity is the structure:

> 一面 X 一面 Y
>
> *yímiàn X yímiàn Y*
> on one face X, on one face Y

一面 *yímiàn* may be substituted with 一邊 *yìbiān* [on one side]:

他一面吃飯一面抽煙
tā yímiàn chīfàn yímiàn chōuyān

he eats and smokes (**at the same time**)
[he **one face** eat food, **one face** draw
smoke]

她一邊做作業一邊看電視
tā yìbiān zuò zuòyè yìbiān kàn diànshì

she watches TV while doing her
homework

Exercises

A. Practice the form *chú le X yǐwài, hái yào Y:*

a. 除了你以外還要誰去？
    Chú le nǐ yǐwài hái yào shéi qù?

    Apart from you, who else is going?

b. 除了我們班以外還要哪個班學日
    語？
    *Chú le wǒmen bān yǐwài hái yào nǎ gè
    bān xué Rìyǔ?*

    Apart from our class, which other
    classes are learning Japanese?

c. 除了做飯以外我還要洗衣服。
    Chú le zuòfàn yǐwài wǒ hái yào xǐ yīfú.

    Apart from the cooking, I also have to
    do the laundry.

d. 每天除了做作業以外，我還要洗
車子。

*Měi tiān chú le zuò zuòyè yǐwài, wǒ hái
yào xǐ chēzi.*

Apart from doing my homework, I also
have to wash the car every day.

e. 除了上課以外，我還要去上班。

*Chú le shàngkè yǐwài, wǒ hái yào qù
shàngbān.*

Apart from going to school, I also have
to go to work.

B. Practice the structure *búdàn X érqiě hái yào Y:*

a. 她不但會寫漢字，而且還(要)會
寫阿拉伯字。

*Tā búdàn huì xiě Hànzì, érqiě hái (yào)
huì xiě Ālābō-zì.*

Not only can she write Chinese
characters, but she can also write Arabic.

b. 我的兒子不但會開賽車，而且還
(要)會開飛機。

*Wǒ de érzi búdàn huì kāi sàichē, érqiě
hái (yào) huì kāi fēijī.*

Not only does my son race cars but he
also pilots a plane.

c. 我不但想到中國去而且還要到日
本，東南亞洲去觀光。

*Wǒ búdàn xiǎng dào Zhōngguó qù érqiě
hái yào dào Rìběn, Dōngnán-Yàzhōu qù
guānguāng.*

Not only would I like to go to China, but
I'd also like to see Japan and Southeast
Asia.

d. 他雖然說自己是回民，不過他不
但吃豬肉而且還要喝酒。

*Tā suīrán shuō zìjǐ shì Huímín, bú guò tā
búdàn chī zhūròu érqiě hái yào hē jiǔ.*

Although he says he's a Muslim, not
only does he eat pork but he also drinks
alcohol.

e. 買名牌車的問題是價格不但太貴
了，而且用汽油很多。

*Mǎi míngpái-chē de wèntí shì jiàgé
búdàn tài guì le, érqiě yòng qìyóu hěn
duō.*

The trouble with buying a Cadillac is
that it costs too much and is too heavy
on gas.

C. Practice the structure *yímiàn X yímiàn Y; yìbiān X yìbiān Y:*

  a. 她一面讀書一面看電視。
      Tā yímiàn dú shū yímiàn kàn diànshì.

      She studies on the one hand and on the other watches TV.

  b. 她一面吃冰淇淋，一面抽煙。
      Tā yímiàn chī bīngqílín, yímiàn chōuyān.

      She's eating ice cream and smoking at the same time.

  c. 我們老師講課的時候，一邊嚼口香糖，一邊抽煙。
      Wǒmen lǎoshī jiǎngkè de shíhòu, yìbiān jiáo kǒuxiāng-táng, yìbiān chōuyān.

      Our prof chews gum and smokes while he's teaching.

  d. 我爸吃晚飯的時候一邊看電視一邊看報。
      Wǒ bà chī wǎnfàn de shíhòu yìbiān kàn diànshì yìbiān kàn bào.

      My dad watches TV and reads the newspaper at dinner.

  e. 坐小汽車去旅行很舒服：一面能夠看風景，一面聽錄音機。
      Zuò xiǎo-qìchē qù lǚxíng hěn shūfú: yímiàn nénggòu kàn fēngjǐng, yímiàn tīng lùyīn-jī.

      Going on a car trip is very comfortable: on the one hand you can watch the scenery and on the other listen to your tapes.

D. Express in Chinese the following ideas:

  a. Describe how you saw the man driving along drinking coffee.

  b. Describe how your roommate **snacks** *(chī diǎnxīn)* and watches TV while doing his/her homework.

  c. Ask who is invited to the wedding apart from her.

  d. Ask if there's any mail other than **bills** *(zhàngdān)*.

  e. Ask if she reads anything other than women's magazines.

  f. Ask if he reads anything other than the **funnies** *(mànhuà)*.

  g. Ask if there's anything to eat in the fridge other than **junkfood** *(língshí)*.

h. Explain that apart from a few parking tickets and one speeding citation, you don't really have any traffic violations.
[except complete several stop vehicle fine notes *(tíngchē fákuǎn-dān)*, one exceed speed *(chāosù)* fine note outside, I really *(qíshí)* not have offend *(fàn)* pass what driver *(jiàshǐ)* mistake *(cuòwù)*]

i. Say that apart from getting some cash from the bank, you don't have anything particular to do this afternoon.

j. Explain that you're busy this afternoon: you have to go to the bank, get a haircut, **whatever** *(shémme de)*.

Key to Exercises

D.

a. 我看見一個人一邊開車一邊喝咖啡。

Wǒ kànjiàn yí gè rén yìbiān kāichē yìbiān hē kāfēi.

b. 我的同學做作業的時候不但看電視而且還要吃點心。

Wǒ de tóngxué zuò zuòyè de shíhòu búdàn kàn diànshì érqiě hái yào chī diǎnxīn.

c. 除了她以外，還要請誰參加她的婚禮？

Chú le tā yǐwài, hái yào qǐng shéi cānjiā tā de hūnlǐ?

d. 除了賬單以外，還有信件沒有？

Chú le zhàngdān yǐwài, hái yǒu xìnjiàn méiyǒu?

e. 除了婦女雜誌以外她還要看什麼書？

Chú le fùnǚ-zázhì yǐwài tā hái yào kàn shémme shū?

f. 除了漫畫以外他還要看什麼書？

Chú le mànhuà yǐwài tā hái yào kàn shémme shū?

g. 除了零食以外，冰箱裏面還有什麼東西吃？

Chú le língshí yǐwài, bīngxiāng lǐmiàn hái yǒu shémme dōngxī chī?

h. 除了幾個停車罰款單，一個超速罰款單以外，我其實沒有犯過什麼駕駛錯誤。

Chú le jǐ gè tíngchē fákuǎn-dān, yí gè chāosù fákuǎn-dān yǐwài, wǒ qíshí méiyǒu fàn guò shémme jiàshǐ-cuòwù.

i. 除了到銀行去取錢以外，我今天
下午其實沒有事做。

*Chú le dào yínháng qù qǔ qián yǐwài,
wǒ jīntiān xiàwǔ qíshí méiyǒu shì zuò.*

j. 我今天下午很忙；不但要到銀行
去辦事，而且還要去理髮，什麼
的。

*Wǒ jīntiān xiàwú hěn máng; búdàn yào
dào yínháng qù bàn shì, érqiě hái yào qù
lǐfà, shémme de.*

Session 29

Character Roundup

皮 *pí*	skin, leather	r. 107	ノ厂广皮皮
包 *bāo*	package, wrap	r. 20 勹 *bāo* (wrap)	ノ勹勺勺包
错 (错) *cuò*	wrong, error	r. 167 金 *jīn* (metal)	金(ノ人ヒ午年年金金) 昔(一十廿廿芹芊昔昔)
仍 *réng*	as before	r. 9 人 *rén* (man)	亻(ノ亻) 乃(ノ乃)
道 *dào*	road, say	r. 162 辶 *zǒuzhī-páng* ("walking" radical)	首(丷丷兯兯首首首首) 辶
沙 *shā*	sand	r. 85 氵 *shuǐ* (water)	氵(丶氵氵) 少(丨小小少)
漠 *mò*	desert	r. 85 氵 *shuǐ* (water); phon. 莫 *mò*	氵	艹	日	大
雪 *xuě*	snow	r. 173 雨 *yǔ* (rain)	雨(一丆両帀雨雨雨雨) 彐(一彐彐)
腦 (脑) *nǎo*	brain	r. 130 月 肉 *ròu* (meat, flesh)	月(ノ刀月月) 㐫(丶丷丷灬灬㐫㐫㐫)

肚 *dù*	stomach	r. 130 月 肉 *ròu* (meat, flesh)	月 | 土
餓 (饿) *è*	hungry	r. 184 食 *shí* (eat, food)	飠(ノ 𠆢 𠆢 今 今 今 飠 飠) 我(ノ 二 千 手 找 我 我)
講 (讲) *jiǎng*	expound, say	r. 149 言 *yán* (words, speech)	言 (丶 亠 亠 亠 言 言 言) 冓(一 二 丰 井 井 井 冓 冓 冓 冓)
差 *chà*	error, interval, mistake	r. 48 工 *gōng* (work)	丶 丷 䒑 兰 羊 羊 差 差 差 差
除 *chú*	remove, except	r. 170 阜 阝 *fù* (mound)	阝(⻖ 阝) 余(ノ 人 亼 亼 今 余 余)
但 *dàn*	but	r. 9 人 *rén* (man)	亻 | 日 | 一
而 *ér*	but, however, conjunction	r. 126	一 丆 丆 丙 而 而
且 *qiě*	yet, conjunction	r. 1 一 *yī* (one)	丨 冂 月 月 且
面 *miàn*	face	r. 176	一 丆 丆 丙 而 而 而 面 面

Exercises

A. Transcribe into Chinese characters the examples in Sessions 23 - 28.

B. Write a letter in Chinese explaining how you'd like to go touring in China, where you can both see the country and learn the language. Say that it would be better for you to live in the North because Mandarin is more commonly spoken there. Comment, however, that the weather's rather cold and **dust**y (灰塵 *huīchén*) there, and hot in the summertime.

Calligraphy exercises. Practice the following radical elements and list characters featuring them learned previously.

pí	皮	skin (107)
yǔ	雨	rain (173)
ròu	月　肉	flesh (130)
shí	食	eat (184)
gōng	工	work (48)

Session 30

Tone Practice: 1st+4th

zhīfù	jīnròu	guānhuà	dānwèi	Jǐngbào	zhuīshàng
chēpiào	chāopiào	qīpiàn	qiānwàn	fēngjiàn	shēnshì
shēngzì	tōngbào	xiāncài	tuōbìng	tuōgù	xiāngpiàn
shūtào	shuāilào				

Descriptive Aspect/Active/Passive: V zhe (ne)

As we know, English verbs feature the *active voice* where the *subject* does the *verb* to the *object* (e.g., Tom kicked the ball); and the *passive voice* where the *verb* is done to the *subject* (e.g., the ball was kicked).

Chinese also expresses these two voices. However, Chinese has another voice that does not appear in English, what we might call the *descriptive voice*, where the subject is *in a state of being* in relation to some context. This voice is constructed by placing the particle 着 *zhe* [attach] immediately after the verb to which it refers. The terminal particle 呢 *ne* may be added to stress the currency of the status:

active voice:

他開門   he **opens** the door

*tā **kāi** mén*

descriptive voice:

門開着呢   the door **is open**

*mén **kāi**zhe ne*

For want of a better definition of the function of 着 *zhe*, many textbooks suggest the idea of "progressive" or "continuous" action. The problem is that *no action takes place*. Rather, the **Vzhe (ne)** combination indicates that action *did* take place and that *a current, static status has*

148

resulted from that activity. Therefore, the assigned meaning of "verb-**ing**" in continuous or durative present tense is extremely misleading. An example of the error occurs in a translation of a sentence in one of Ba Jin's stories, where a girl is described as "walking down the lane **braiding** her hair into two queues." Quite apart from the cultural impossibility of a Chinese woman of that time performing so intimate a personal function in public, 頭髮扎着兩個辮子 *tóufǎ zházhe liǎng gè biànzi* means that her hair **was braided** into two queues. I.e., the girl was *not performing* an active voice verb to an object in the continuous present, "verb-**ing**," but her hair was in a *current static status* resulting from the girl's prior activity, "**in braids.**"

In English, the descriptive voice, or aspect, of a verb is often better rendered by a change of vocabulary.

Active

他拿起書來/他把書拿起來
tā ná qǐ shū lái/tā bǎ shū ná qǐ lái

he **picks up**, **is picking up** a book

Descriptive

他手裏拿着書...
tā shóu lǐ názhe shū...

holding a book (in his hand), he...

i.e., *holding* a book is the *descriptive result*, or *static status* of the activity *pick up*, or continuous present *picking up*.

Narrative sequence

他戴上帽子出去了。
tā dài shàng màozi chūqù le.

Putting on his hat he went out.
He **put on** his hat and went out.

Adverbial description

他頭上戴着帽子出去了
tā tóu shàng dàizhe màozi chūqù le

wearing a hat (on his head) he went out

As a rule of thumb, *Vzhe* may be substituted by 有 *yǒu* [exist]

我把書放在桌子上
wó bǎ shū fàng zài zhuōzi shàng

I **put** the books on the table

桌子上放着書(呢)。
zhuōzi shàng fàngzhe shū (ne).

There are some books (**placed**) on the table.

桌子上有書。

*zhuōzi shàng **yǒu** shū.*

i.e., the verb 放 *fàng* [place, put down] is merely more specific than 有 *yǒu* as to the origin of the current status.

那個凳子坐着四個人；現在有四個 人在那兒坐着呢 *nèi gè dèngzi **zuòzhe** sì gè rén; xiànzài **yǒu** sì gè rén zài nèr **zuòzhe** ne*	that bench **is seat**ed with four people; there are four people **seated** there now

Warning: like English, Chinese overwhelmingly prefers the active voice, narrative sequence subject-verb-object structure over the passive or descriptive voices. Use 着 *zhe* only as observed or instructed:

現在給你一盒，省着你多對我要 *xiànzài géi nǐ yì hé, **shěngzhe** nǐ duō duì wǒ yào*	here, take this boxful so you won't keep asking me for more [now give you one box, saving you more face me want]

With the above warning in mind, notice that 着 *zhe* may even attach to SV in certain contexts. Again, use this form **ONLY** as observed:

大夫不給你打電話就說你好着呢 *dàifu bù géi nǐ dǎ diànhuà jiù shuō nǐ **hǎozhe** ne*	if the doctor doesn't call you, that means you're okay [doctor not give you phone, then (that) says you good]
他没有改變出發日期，就證明天晴 着呢 *tā méiyóu gǎibiàn chūfā rìqī, jiù zhèngmíng tiān **qíngzhe** ne*	that he hasn't changed the date of departure shows that the weather is clear
人家現在不願意出去買東西，就說 明價格都貴着呢 *rénjiā xiànzài bú yuànyì chūqù mǎi dōngxī, jiù shuōmíng jiàgé dōu **guìzhe** ne*	that people are not going out shopping these days shows that prices are high

Exercises

A. Practice the active and descriptive structures *bǎ Obj V;* and *Vzhe (ne):*

   a.   把書放在桌子上。   Put the books on the table.
         Bǎ shū fàng zài zhuōzi shàng.

         書已經在桌子上放着呢。   The books are already on the table.
         Shū yǐjīng zài zhuōzi shàng fàngzhe ne.

   b.   把畫掛在墙上。   Hang the pictures on the wall.
         Bǎ huà guà zài qiáng shàng.

         墙上掛着畫。   Pictures are hanging on the wall.
         Qiáng shàng guàzhe huà.

   c.   開門。   Open the door.
         Kāi mén.

         門開着呢。   The door *is* open.
         Mén kāizhe ne.

   d.   把電腦開開吧。   Switch on the computer, will you?
         Bǎ diànnǎo kāikāi ba.

         電腦正在開着呢。   It's already on.
         Diànnǎo zhèng zài kāizhe ne.

   e.   她把好多書拿起來了。   She picked up a lot of books.
         Tā bá hǎo duō shū ná qǐ lái le.

         她手裏拿着好多書。   She was holding a lot of books.
         Tā shóu lǐ názhe hǎo duō shū.

   f.   他寫錯了好多字。   He spelled a lot of words incorrectly.
         Tā xiě cuò le hǎo duō zì.

         信上寫着好多錯字。   The letter contained a lot of wrong words.
         Xìn shàng xiězhe hǎo duō cuòzì.

g. 她很生氣的把飯碗扔在地上。

    Tā hěn shēngqì de bǎ fànwǎn rēng zài dì shàng.

    She angrily threw her dinner plate (ricebowl) to the ground.

    飯碗在地上扔着。

    Fànwǎn zài dì shàng rēngzhe.

    On the ground there was a plate (thrown there).

h. 把門都鎖好吧。

    Bǎ mén dōu suó hǎo ba.

    Lock the doors.

    門都鎖着呢。

    Mén dōu suózhe ne.

    The doors *are* locked.

i. 把燈關上吧。

    Bǎ dēng guān shàng ba.

    Switch off the lights.

    燈都關着呢。

    Dēng dōu guānzhe ne.

    The lights *are* off.

j. 她把一件紅色的衣服**穿**上出去了。

    *Tā bǎ yí jiàn hóngsè de yīfú **chuān shàng** chūqù le.*

    She **put on** a red dress and went out.

    她身上**穿着**紅色的衣服出去了。

    *Tā shēn shàng **chuānzhe** hóngsè de yīfú chūqù le.*

    She went out **wearing** a red dress.

B. Express the following ideas in Chinese:

a. Describe how your roommate always talks or eats with a cigarette **dangling** *(diāo)* out of his/her mouth.

b. Describe how your roommate is forever chewing gum.

c. Say how the classroom was full of cigarette smoke.
    [classroom by *(bèi)* smoke **covered** *(lǒngzhào)*]

d. Describe how there was a **portrait** *(huàxiàng)* of the president hanging on the wall.

e. Say that you've only three dollars on you.

f. Explain that you bought two copies to save your friend the bother of going out to buy one himself.

g. Explain that the small numbers of American students in college Engineering departments lately shows that there's something wrong with American education.

h. Tell them not to **take any notice** *(lǐ)* of her; she's **got something on her mind** *(xīnfán)*.

i. Describe how you saw rows of **ancient** *(gǔ)* tomes on *(pái* [arrange]*)* the prof's bookshelf.

j. Say how Miss Goody Two-shoes always wipes the blackboard so that Teach doesn't have to dirty his hands.
[give teacher old **pat horse bottom**'s *(pāi mǎ pì)* that girl student each time all **wipe blackboard** *(cā hēibǎn)* save teacher self take hands **make dirty** *(nèng zāng)*]

Key to Exercises

B.

a. 我的同學說話和吃飯的時候嘴上老叼着煙卷兒。

Wǒ de tóngxué shuōhuà hé chīfàn de shíhòu zuǐ shàng lǎo diāozhe yānjuǎr.

b. 我的同學口裏老嚼着口香糖。

Wǒ de tóngxué kóu lí lǎo jiáozhe kǒuxiāng-táng.

c. 教室被煙籠罩着。

Jiàoshì bèi yān lǒng-zhàozhe.

d. 墙上掛着總統的畫像。

Qiáng shàng guàzhe zóngtǒng de huàxiàng.

e. 我身上就帶着三塊錢。

Wǒ shēn shàng jiù dàizhe sān kuài qián.

f. 我買了兩份兒省着你自己去買。

Wó mǎi le liǎng fèr shěngzhe nǐ zìjǐ qù mǎi.

g. 最近在美國大學理工科的美(國國)籍學生那麼少就證明美國教育有着問題。

Zuìjìn zài Měiguó dàxué lǐgōng-kè de Měi(guó guó)jì xuéshēng nèmme shǎo jiù zhèngmíng Měiguó jiàoyù yǒuzhe wèntí.

h. 你們別理她；她現在正心煩着 呢。

Nǐmen bié lǐ tā; tā xiànzài zhèng xīn-fánzhe ne.

i. 老師的書架子上排着好多古書。

Lǎoshī de shū-jiàzi shàng páizhe hǎo duō gǔ shū.

j. 給老師老拍馬屁的那個女生每次 都擦黑板省着老師自己把手弄 髒。

Géi lǎoshī lǎo pāi mǎ pì de nèi gè nǚshēng měi cì dōu cā hēibǎn shěngzhe lǎoshī zìjǐ bǎ shǒu nèng zāng.

Session 31

Tone Practice: 2nd+1st

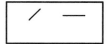

lúnbān	*xuéshuō*	*pángtīng*	*pángguān*	*zhúgān*	*chuánshuō*
jiépāi	*zhíbān*	*juéxīn*	*péngsuān*	*túzhāng*	*róngguāng*
tiánguā	*tíbāo*	*wéijī*	*wéiyī*	*wénzhāng*	*wúxū*
yuányīn	*liánzhōu*				

méi V zhe; bu/bié V zhe

The negative structure for the V 着 *Vzhe* unit is 没 V 着 *méi Vzhe*

> 他没帶着文件就走了
> *tā **méi dàizhe** wénjiàn jiù zǒu le*

he went off **without** his documents

> 那所房子裡好幾年没住着人
> *nèi suǒ fángzi lǐ háo jǐ nián **méi zhùzhe** rén*

no one's **liv**ed in that house for years

As we noted in the positive aspect of *Vzhe* structures, the *méi Vzhe* unit may be replaced by 没(有) *méi(yǒu)* [nonexistence]:

> 他没有文件就走了
> *tā **méiyǒu** wénjiàn jiù zǒu le*

he went off **without** any documents

> 那所房子理好幾年没有人(住)
> *nèi suǒ fángzi lǐ háo jǐ nián **méiyǒu** rén (zhù)*

there's (been) no one (living) in that house for years

The negative particle 不 *bu* may be used to negate V 着 *Vzhe* statements; however, the usage seems to be more confined to negative exhortation:

她不**跟着**別人學抽煙   she **doesn't** learn smoking **from** others
*tā **bù gēnzhe** bié rén xué chōuyān*   [she not follow attach other people learn
                                                draw smoke]

你**別跟着**那些壞人去玩兒   **don't** go off fooling around **with** those
*nǐ **bié gēnzhe** nèi xie huài rén qù wár*   louts

你把門**開着**，別關   **leave** the door **open, don't** close it
*ní bǎ mén **kāizhe,** **bié** guān*

Exercises

A. Practice the structure *méi Vzhe:*

    a.   凳子没坐着人。   There's no one sitting on the bench.
        Dèngzi méi zuòzhe rén.

        誰都不坐那個凳子。   No one sits on that bench.
        Shéi dōu bú zuò nèi gè dèngzi.

    b.   她把墙上的畫都給拿下來了。   She took all the pictures down off the
        Tā bǎ qiáng shàng de huà dōu gěi ná xià   wall.
        lái le.

        現在墙上没掛着畫。   Now there are no pictures hanging on
        Xiànzài qiáng shàng méi guàzhe huà.   the wall.

    c.   他把桌子上的書都拿走了。   He took away all the books on the desk.
        Tā bǎ zhuōzi shàng de shū dōu ná zǒu
        le.

        現在桌子上没放着書。   Now there are no books on the desk.
        Xiànzài zhuōzi shàng méi fàngzhe shū.

    d.   我把錢都花光了。   I've spent all my cash.
        Wó bǎ qián dōu huā guāng le.

        我身上没帶着錢。   I don't have any money on me.
        Wǒ shēn shàng méi dàizhe qián.

e. 我進來的時候摘了帽子了。　　　　　I took my hat off when I came in.

　　Wǒ jìn lái de shíhòu zhāi le màozi le.

　　我頭上没帶着帽子。　　　　　　　I'm not wearing a hat.

　　Wǒ tóu shàng méi dàizhe màozi.

f. 我出去的時候没有鎖門兒。　　　　I didn't lock the door when I left.

　　Wǒ chūqù de shíhòu méiyóu suǒ mér.

　　門没鎖着／門還開着呢。　　　　　The doors are unlocked/the doors are **still** open.

　　Mén méi suǒzhe/mén hái kāizhe ne.

g. 我走的時候忘記把煤氣關上。　　　I forgot to turn off the gas when I left.

　　Wó zǒu de shíhòu wàngjì bǎ méiqì guān shàng.

　　煤氣没關着／煤氣還開着呢。　　　The gas is not turned off/the gas is **still** on.

　　Méiqì méi guānzhe/méiqì hái kāizhe ne.

h. 他把手槍扔在地上了。　　　　　　He threw the gun to the ground.

　　Tā bá shóuqiāng rēng zài dì shàng le.

　　他手裏没有拿着槍。　　　　　　　He is not/was not holding a gun.

　　Tā shóu lǐ méiyóu názhe qiāng.

i. 我没有把鑰匙留在桌子上。　　　　I didn't leave the keys on the table.

　　Wǒ méiyóu bǎ yàoshí liú zài zhuōzi shàng.

　　桌子上没留着鑰匙。　　　　　　　There aren't any keys left on the table.

　　Zhuōzi shàng méi liúzhe yàoshí.

j. 我寫的那封信上没有寫錯字。　　　I didn't write any wrong words in that letter.

　　Wó xiě de nèi fēng xìn shàng méiyóu xiě cuòzì.

　　信上没有寫着錯字。　　　　　　　The letter doesn't contain any wrong words.

　　Xìn shàng méiyóu xiězhe cuòzì.

B. Practice the structure *bǎ Obj Vzhe, bié V:*

    a.   你把鑰匙留在家裏；別帶走。   Leave the keys at home；don't take
        Ní bǎ yàoshí liú zài jiā lǐ; bié dài zǒu. them with you.

        把鑰匙留着；別帶走。   Leave the keys；don't take them with
        Bǎ yàoshí liúzhe; bié dài zǒu.   you.

    b.   你把電腦關上；別開。   Turn the computer off；don't turn it on.
        Ní bǎ diànnǎo guān shàng; bié kāi.

        把電腦關着；別開。   Leave the computer off；don't turn it on.
        Bǎ diànnǎo guānzhe; bié kāi.

    c.   你把窗戶打開；別關上。   Open the window；don't close it.
        Ní bǎ chuānghù dǎkāi; bié guān shàng.

        你把窗戶開着，別關。   Leave the window open；don't close it.
        Ní bǎ chuānghù kāizhe, bié guān.

    d.   你走的時候不要把燈關上。   When you leave, don't turn the lights
        Ní zǒu de shíhòu bú yào bǎ dēng guān off.
        shàng.

        你走的時候把燈開着；別關。   When you leave, leave the lights on；
        Ní zǒu de shíhòu bǎ dēng kāizhe; bié don't turn them off.
        guān.

    e.   把電視關上；別看。   Turn the TV off；don't watch.
        Bǎ diànshì guān shàng; bié kàn.

        把電視關着；別看。   Leave the TV off；don't watch.
        Bǎ diànshì guānzhe; bié kàn.

    f.   把帽子戴上；不要摘。   Put your hat on；don't take it off.
        Bǎ màozi dài shàng; bú yào zhāi.

        把帽子戴着；別摘。   Keep your hat on；don't take it off.
        Bǎ màozi dàizhe; bié zhāi.

g. 把車子啟動；我們快要走了。

Bǎ chēzi qǐdòng; wǒmen kuài yào zǒu le.

Start the car; we're leaving right away.

把車子開着；我們快要走了。

Bǎ chēzi kāizhe; wǒmen kuài yào zǒu le.

Leave the car running; we're leaving right away.

h. 你把這些錢好好兒的放在兜兒裏；別丟了。

Ní bǎ zhèxie qián hǎohār de fàng zài dōur lǐ; bié dīou le.

Put this cash safely in your pocket; don't lose it.

把錢好好兒的在兜兒裏放着；別丟了。

Bǎ qián hǎohār de zài dōur lǐ fàngzhe; bié dīou le.

Keep this cash safely in your pocket; don't lose it.

i. 把這些糖不要吃光；留一些給她吃。

Bǎ zhè xie táng bú yào chī guāng; liú yì xie gěi tā chī.

Don't eat all the candy; leave some for her.

別吃光這些糖；把一些留着給她吃。

Bié chī guāng zhè xie táng; bǎ yì xie liúzhe gěi tā chī.

Don't eat all the candy; leave some for her.

j. 把鞋帶先解開再穿鞋。

Bǎ xiédài xiān jiěkāi zài chuān xié.

Undo your shoelaces before putting on your shoes.

不要系着鞋帶穿鞋。

Bú yào jìzhe xiédài chuān xié.

Don't put your shoes on **with the laces tied**.

C. Express in Chinese the following ideas:

a. Say there's a **fly** *(cāngyíng)* on the rice and tell them not to eat it.

b. Explain that you forgot to lock the door; the door's still unlocked.

c. Tell your colleague that the computer wasn't on.

d. Say that the **safe** *(báoxiăn-guì)* door wasn't open.

e. Say that when you came down this morning, you **found** *(fāxiàn)* that the TV had been on all night.

f. Tell your kids not to be like the others **making trouble** *(dăoluàn)* in class.

g. Explain that you can't go in unless you are wearing a hat.

h. Explain the supermarket sign "No **Bare Feet**" *(chì jiăo)*.

i. Explain that **ties** *(lĭngdài)* are obligatory.

j. Explain that the plane was practically empty.

Key to Exercises

C.

a. 米飯上沾着一個蒼蠅；別吃了。   *Mǐfàn shàng zhànzhe yí gè cāngyīng; bié chī le.*

b. 我忘記把門鎖上；門没關着。   *Wǒ wàngjì bǎ mén suǒ shàng; mén méi guānzhe.*

c. 電腦没開着。   *Diànnǎo méi kāizhe.*

d. 保險櫃的門兒没開着。   *Báoxiǎn-guì de mér méi kāizhe.*

e. 我早上下來發現電視一夜都開着。   *Wó zǎoshàng xià lái fāxiàn diànshì yí yè dōu kāizhe.*

f. 別跟着那些學生在課堂上搗亂。   *Bié gēnzhe nèi xie xuéshēng zài kètáng shàng dǎoluàn.*

g. 頭上没戴着帽子不可以進。   *Tóu shàng méi dàizhe màozi bù kéyǐ jìn.*

h. 赤着腳不許進。   *Chìzhe jiǎo bù xǔ jìn.*

i. 没戴着領帶不許進。   *Méi dàizhe lǐngdài bù xǔ jìn.*

j. 飛機上没坐着幾個人。   *Fēijī shàng méi zuòzhe jǐ gè rén.*

Session 32

Tone Practice: 2nd+2nd

fúcóng	*fúqiáo*	*hóngtáng*	*chíyán*	*quánguó*	*níngjié*
xúnhuán	*xuétú*	*yíliú*	*wénmíng*	*xiánqián*	*pútáo*
míngjié	*lánqiú*	*Huáng Hé*	*fáqián*	*niánlíng*	*háoyóu*
dúshé	*tíqín*				

Passive:

While, as in English, the active *subject-verb-object* voice is preferred in Chinese, passive voice structures, where the verb affects the subject, do exist.

The most commonly used structures involve the particles 被 *bèi* [cover], 給 *gěi* [give], and 把 *bǎ* [take hold of].

bèi agent V; bèi agent gěi V

The simplest pattern places the particle 被 *bèi* [cover] before the *agent* of the activity

> *Topic/Subj* 被 *bèi agent V*

我的舅舅被警察抓住了   my uncle **was arrested** by the police
wǒ de jiùjiu bèi jǐngchá zhuāzhù le

In this context, 被 *bèi* [cover] may be replaced by 給 *gěi* [give]

我舅舅給警察抓住了   my uncle was arrested by the police
wǒ jiùjiu gěi jǐngchá zhuāzhù le

It is possible, and perhaps more explicit, to include both 被 *bèi* [cover] and 給 *gěi* [give], as in the following formula:

水壺被小女兒給燒烜了   the kettle **was** burned dry **by** my little
shuǐhú bèi xiáo-nǚér gěi shāohú le   daughter
                                          [kettle **cover** little daughter **give** burn-dry
                                          complete]

bǎ Obj gěi V le

This sentence may also be stated, preferably, in the active voice, using the pattern we saw previously involving the particle 把 *bǎ* [take hold of]:

> *Topic/Subj* 把 *bǎ Obj V*

小女兒把水壺燒烜了   my little daughter burned the kettle dry
xiáo-nǚér bá shuǐhú shāohú le   [my little daughter **taking** the kettle burn-
                                          dry complete]

or

> *Topic/Subj* 把 *bǎ Obj* 給 *gěi V*

小女兒把水壺給燒烜了   my little daughter burned the kettle dry
xiáo-nǚér bá shuǐhú gěi shāohú le

i.e., the topic/subject takes the object and gives it a verbing. Similarly

把門給關上！   shut the door, will you
bǎ mén gěi guān shàng!   [**take** door **give** shut]

From common usage, the rule emerges:

1. with **animate** topics, the passive particle precedes only the agent, i.e., *animate topic by agent is verbed*:

老師被學生批評了一頓   the teacher was roundly criticized by the
lǎoshī bèi xuéshēng pīpíng le yí dùn   students

2. with **inanimate** topics, the passive particle 被 *bèi* precedes the agent, and 給 *gěi* precedes the verb, i.e., *inanimate topic by agent is given a verbing:*

我的字典被人給偷走了   someone stole my dictionary
wǒ de zìdiǎn bèi rén gěi tōu zǒu le   [my dictionary **cover** person **give** steal go complete]

Other particles indicating passive voice structures are also possible, and their usage depends upon personal speech habit and local preferences, e.g., 叫 *jiào* [cause], 讓 *ràng* [yield]

窗戶叫風給吹開了   the window was blown open **by** the wind
chuānghù jiào fēng gěi chuī kāi le

As in English, the agent of the activity is often omitted:

> *Topic* 被 *bèi* V

我的車子給偷走了   my car was stolen
wǒ de chēzi gěi tōu zǒu le

她被打了   she was struck
tā bèi dǎ le

Watch out for passive forms in English that are not represented by a passive structure in Chinese:

賈寶玉和薛寶釵結了婚了   Jia Baoyu *was married to* Xue Baochai
Jiǎ Bǎoyù hé Xuě Bǎochāi jié le hūn le   [Jia Baoyu and Xue Baochai married]

Again as in English, the passive voice tends to reflect adversity. Words that are not intrinsically pejorative may in the passive become adverse:

他們看見他   they saw him
tāmen kànjiàn tā

特務被人看見了   the spy's cover was blown
tèwù bèi rén kànjiàn le   [spy by people see complete]

水門事件被記者給發現了   the Watergate affair was exposed by reporters
Shuǐmén-shìjiàn bèi jìzhě gěi fāxiàn le   [Watergate incident by reporters give discover complete]

Exercises

A. Practice the structure *animate topic bèi agent V:*

> a.   他的舅舅被拖拉機撞死了。
>
>   *Tā de jiùjiu bèi tuōlā-jī zhuàngsǐ le.*

His uncle was run over and killed by a tractor.

> b.   他的手給熱水燙傷了。
>
>   *Tā de shóu gěi rè shuǐ tàng shāng le.*

His hand was scalded by hot water.

> c.   他的腳給公共汽車壓傷了。
>
>   *Tā de jiáo gěi gōnggòng-qìchē yā shāng le.*

A bus ran over his foot.
[his foot by public bus squash injure complete]

> d.   犯罪分子被公安局抓住了。
>
>   *Fànzuì-fènzi bèi gōngān-jú zhuāzhù le.*

Criminal elements were arrested by Public Security.

> e.   投機倒把分子被公安局槍斃了。
>
>   *Tōujī-dàoba-fènzi bèi gōngān-jú qiāngbì le.*

Economic speculators were executed by Public Security.

B. Practice the structure *inanimate topic bèi agent gěi V:*

> a.   我的新帽子被雨水給弄濕了。
>
>   *Wǒ de xīn màozi bèi yúshuǐ gěi nèng shī le.*

My new hat got soaked in the rain.

> b.   他的新買的車子被人給搶走了。
>
>   *Tā de xīn mǎi de chēzi bèi rén gěi qiáng zǒu le.*

He had his new car stolen/someone stole his new car.

> c.   我昨天晚上做的作業被閃電給燒掉了。
>
>   *Wǒ zuótiān wǎnshàng zuò de zuòyè bèi shǎndiàn gěi shāo diào le.*

The homework I did last night was struck by lightning.

> d.   公寓被龍卷風給吹倒了。
>
>   *Gōngyù bèi lóngjuǎn-fēng gěi chuī dǎo le.*

The apartment complex was blown down by a tornado.

e. 村子全部被洪水給淹沒了。

    Cūnzi quánbù bèi hóngshuǐ gěi yānmò le.

The entire village was flooded out.

C. Practice the structure *Topic bèi V:*

a. 他的叔叔在打仗的時候給死了。

    Tā de shūshu zài dǎzhàng de shíhòu géi sǐ le.

His uncle was killed in the war.

b. 她頭被踢了一腳。

    Tā tóu bèi tī le yì jiǎo.

She got kicked in the head.

c. 她被批評了。

    Tā bèi pīpíng le.

She was criticized.

d. 北大的學生被抓住了。

    Běidà de xuéshēng bèi zhuāzhù le.

Beijing University students were arrested.

e. 我的糖都給吃光了。

    Wǒ de táng dōu gěi chī guāng le.

All my candy's been eaten.

D. Practice the structure *bǎ Object gěi V:*

a. 她把錢都給花光了。

    Tā bǎ qián dōu gěi huā guāng le.

She spent all the money.

b. 她把糖都給吃光了。

    Tā bǎ táng dōu gěi chī guāng le.

She ate all the candy.

c. 他們把短袖襯衣都賣光了。

    Tāmen bǎ duǎnxiù-chényī dōu mài guāng le.

They've sold out of T-shirts.

d. 你把我的刮臉刀都給用光了。

    Nǐ bǎ wǒ de guāliǎn-dāo dōu gěi yòng guāng le.

You've used up all my razor blades.

e. 有人把我車上的輪蓋子都給偷走   Someone's stolen all my hubcaps.
    了。

    Yǒu rén bá wǒ chē shàng de lún-gàizi
    dōu gěi tōu zǒu le.

E. Express in Chinese the following ideas:

a. Explain that your passport must have been stolen.

b. Tell your Chinese friends that a lot of people in the U.S. are killed in traffic
    accidents.

c. Describe how your friend got his face all **sunburned** *(shài hóng)*.

d. Explain that everything's been marked down.

e. Explain that during the **riot** *(hùnluàn)*, a lot of businesses were **burned out**
    (shāohuǐ).

f. Tell your roommate to change the **lightbulb** *(diàndēng-pào)*.

g. Say how you got picked up for speeding.

h. Explain how **drug dealers** *(mài xīdú)* in China are shot.

i. Explain how you got into trouble *(mà* [scold]) with your mom/spouse for burning
    the **potatoes** *(tǔdòu)*.

j. Say how all over *(suóyǒu de* [whatever there be]) the Soviet Union **statues**
    (sùxiàng) of **Lenin** *(Lièníng)* were **pulled down** *(tuī dǎo)* by the workers *(qúnzhòng*
    [the masses]).

Key to Exercises

E.

a. 我的護照可能給偷走了。   *Wǒ de hùzhào kěnéng gěi tōu zǒu le.*

b. 在美國有好多人被車撞死了。   *Zài Měiguó yóu hǎo duō rén bèi chē*
                                   zhuàngsǐ le.

c. 我朋友的臉都給曬紅了。   *Wǒ péngyǒu de liǎn dōu gěi shài hóng*
                                   le.

d. 東西都減價。

Dōngxī dōu jiǎnjià.

e. 混亂的時候，有好多公司都給燒
毀了。

*Hùnluàn de shíhòu, yóu hǎo duō gōngsī
dōu gěi shāohuǐ le.*

f. 把電燈泡給換一下。

Bǎ diàndēng-pào gěi huàn yí xià.

g. 我開車超速的時候被警察罰款
了。

*Wǒ kāichē chāosù de shíhòu bèi jǐngchá
fákuǎn le.*

h. 在中國賣吸毒的要被公安局槍
斃。

*Zài Zhōngguó mài xīdú de yào bèi
gōngān-jú qiāngbì.*

i. 我因爲把土豆都給燒煳了，所以
被我媽罵了一陣。

*Wǒ yīnwèi bǎ tǔdòu dōu gěi shāohú le,
suóyǐ bèi wǒ mā mà le yí zhèn.*

j. 在蘇聯列寧所有的塑像都被群衆
給推倒了。

*Zài Sūlián Lièníng suóyǒu de sùxiàng
dōu bèi qúnzhòng gěi tuī dǎo le.*

Session 33

Character Roundup

戴 *dài*	wear on the head	r. 62 戈 *gē* (spear)	一十十十十吉吉吉吉吉 吉吉吉戝戴戴
帽 *mào*	hat	r. 50 巾 *jīn* (napkin, cloth); phon. 冒 *mào*	巾(丨冂巾) ⫶ 曰 ⫶ 目
桌 *zhuō*	table, desk	r. 75 木 *mù* (wood, tree)	丨卜卜占占卓卓卓桌
盒 *hé*	box	r. 108 皿 *mǐn* (vessel, dish)	ノ人人今合合合含 盒盒盒
香 *xiāng*	perfume, fragrance	r. 186	一二千禾禾禾香香香
蒸 *zhēng*	steam	r. 140 ⺿ *cǎo* (grass)	⺿ ⫶ 烝(丁了了丞丞丞 丞丞丞)
掛 (挂) *guà*	suspend, hang	r. 64 扌 *shǒu* (hand)	扌 ⫶ 土 ⫶ 土 ⫶ 卜(丨卜)
墙 (墻) *qiáng*	wall	r. 32 土 *tǔ* (earth)	土 ⫶ 啬(一十丰井井本啬) 回(丨冂冂冋冋回)
文 *wén*	pattern, literature	r. 67	丶一ナ文

件 *jiàn*	item	r. 9 人 *rén* (man)	亻	牛 (ノ ㇏ 二 牛)	
關 (关) *guān*	close	r. 169 門 *mén* (gate)	門 (ィ ㇇ ㇉ 門 門 門 門 門) 鈴 (ㄥ ㄥ ㄠ ㄠ 絲 絲 絲 鈴 鈴 鈴 鈴)		
被 *bèi*	cover, passive	r. 145 衤 衣 *yī* (clothing, garment)	衤 (㇀ ㇇ ネ ネ ネ)	皮 (ノ 厂 广 皮 皮)	
舅 *jiù*	uncle (father's older brother)	r. 134 臼 *jiù* (mortar)	臼 (ノ イ 𦥑 臼 臼 臼 臼) 男 (㇉ 冂 冂 田 田 男 男)		
抓 *zhuā*	arrest, seize	r. 64 扌 *shǒu* (hand)	扌 (一 十 扌)	爪 (㇀ 厂 爪 爪)	
燒 (烧) *shāo*	burn	r. 86 火 *huǒ* (fire)	火 (丶 丷 火 火) 堯 (一 十 土 土 圭 圭 圭 堯 堯 堯 堯 堯)		
煳 *hú*	burn by cooking	r. 86 火 *huǒ* (fire)	火	古	月
叫 *jiào*	call, summon; cause	r. 30 口 *kǒu* (mouth)	口	丩 (㇄ 丩)	
吹 *chuī*	blow	r. 30 口 *kǒu* (mouth)	口	欠 (ノ ㇀ ㇇ 欠)	
撞 *chuàng*	strike, collide	r. 64 扌 *shǒu* (hand)	扌	立	里 (㇉ 冂 冂 曰 旦 甲 里)
死 *sǐ*	die	r. 78 歹 *dae* (bad)	一 厂 歹 歹 死 死		

Exercises

Transcribe into Chinese characters the Chinese examples in Sessions 30 - 32.

Calligraphy exercises: practice the following radical and phonetic elements and list characters featuring them learned previously.

Radicals:

gē	戈	spear (62)
jīn	巾	cloth (50)
mǐn	皿	dish (108)
mén	門	gate (169)

Phonetics:

mào	冒	
deng	登	
hu	胡	

Session 34

Structure Review

1. 一看書就睡覺
   yī kànshū jiù shuìjiào

   as soon as (I) start reading (I) fall asleep

2. 看了書以後就走
   kàn le shū yǐhòu jiù zǒu

   (I'll) go after reading

3. 看了書以後就走了
   kàn le shū yǐhòu jiù zǒu le

   (I) went after reading

4. （在）（沒[有]）看書以前就走
   (zài) (méi[yǒu]) kànshū yǐqián jiù zǒu

   (I) go before reading

5. （在）（沒[有]）看書以前就走了
   (zài) (méi[yǒu]) kànshū yǐqián jiù zǒu le

   (I) went before reading

6. 要不是看書就沒有知識
   yào bú shì kànshū jiù méiyǒu zhīshì

   if it weren't for reading one wouldn't know anything

7. 你就是看書也沒有用
   nǐ jiùshì kànshū yě méiyǒu yòng

   even if you *read* it won't be any use

8. 就是你看書也沒有用
   jiùshì nǐ kànshū yě méiyǒu yòng

   even if *you* read it won't be any use

9. 看完了書以後才走的
   kàn wán le shū yǐhòu cái zǒu de

   (I) went only after reading

10. 書看了才十分鐘
    shū kàn le cái shífēn zhōng

    (I've) been reading for only ten minutes

11. 才不看書呢
    cái bù kànshū ne

    won't catch (me) reading

12. 剛才／方才看完書了
    gāngcái/fāngcái kàn wán shū le

    (I've) just finished reading

13. 書看完了以後再走   (I'll) after (I've) finished reading
    shū kàn wán le yǐhòu zài zǒu

14. 看書吧   let's read!
    kànshū ba

15. 再看一本書   (I'll) read another book
    zài kàn yì běn shū

16. 書不再看了   (I'll) not read books again
    shū bú zài kàn le

17. 書再也不看了   (I'll) never read books again
    shū zài yě bú kàn le

18. 也看書   (I) too read books
    yě kànshū

19. 書也不看，雜誌也不看   (I) don't read books or magazines
    shū yě bú kàn, zázhì yě bú kàn

20. 都看書   (we) all read books
    dōu kànshū

21. 書，雜誌都看   (I) read both books and magazines
    shū, zázhì dōu kàn

22. 書（我）也都看   books too (I) also read
    shū (wó) yě dōu kàn

23. 誰也／都看書   everybody reads books
    shéi yě/dōu kànshū

24. 誰也／都不看書（了）   nobody reads books (anymore)
    shéi yě/dōu bú kànshū (le)

25. 什麼書都不看   (I) don't read any sort of book
    shémme shū dōu bú kàn

26. 書，雜誌不都看   (I) don't read both books and magazines
    shū, zázhì bù dōu kàn

27. 會看書   able to read books
    huì kànshū

28. 不會看書   (I) can't read
    bú huì kànshū

29. 不會看書的   (I'm) not likely to read books
    bú huì kànshū de

30. 不能看書   (physically) unable to read books
    bù néng kànshū

31. 不可能看書   impossible to read books
    bù kěnéng kànshū

32. 可以看書   may (allowed to) read books
    kéyǐ kànshū

33. 不可以看書   reading is not allowed
    bù kéyǐ kànshū

34. 看書太可笑了   reading books is ridiculous
    kànshū tài kěxiào le

35. 學會看書   learned to read books
    xué huì kànshū

36. 學不會看書   (I'm) unable to learn to read books
    xué bú huì kànshū

37. 再想看書也看不了了   even if (I) wanted to read more books, (I)
    zài xiǎng kànshū yě kàn bù liǎo le   couldn't do so

38. 不能不看書；不可不看書；非看書   must, have to, need to, ought to read books
    不可；非看書不行；非得(要)看
    書；需要看書應該看書
    *bù néng bù kàn shū; bù kě bù kàn shū; fēi
    kàn shū bù kě; fēi kàn shū bù xíng; fēiděi
    (yào) kàn shū; xūyào kàn shū yīnggāi
    kànshū*

39. 把書放在桌子上   place books on the table
    bǎ shū fàng zài zhuōzi shàng

40. 這本書還好   this book's rather good/not bad
    zhè běn shū hái hǎo

41. 這本書還不貴   this book's quite cheap
    zhè běn shū hái bú guì

42. 這本書還要貴   this book's even more expensive
    zhè běn shū hái yào guì

43. 還會看書嗎？   (am I) likely to read books? (i.e., not
    hái huì kànshū ma?   likely)

44. 還是 (不) 看書好   better (not) to read books
    háishì (bú) kànshū hǎo

45. 還是我看書好   better that *I* read books
    háishì wǒ kànshū hǎo

46. 你還買書看嗎？   are you still buying/going to buy books to
    nǐ hái mǎi shū kàn ma?   read?

47. 再買書看   buy more books to read
    zài mǎi shū kàn

48. 還有書看   there are still books to (be) read
    hái yǒu shū kàn

49. 還要看書   (I) still want to read (books)/want to
    hái yào kànshū   continue reading

50. 又看書了   was reading *yet again*
    yòu kànshū le

51. 還在看書呢   still reading
    hái zài kànshū ne

52. 連小說我都看不懂   even novels I don't understand
    lián xiǎoshuō wǒ dōu kàn bù dǒng

53. 小說連我都看不懂   even I don't understand fiction
     xiǎoshuō lián wǒ dōu kàn bù dǒng

54. 看書呢？   how about reading?
     kànshū ne?

55. 正在看書呢   just in the process of reading
     zhèng zài kànshū ne

56. 那本書(我)還沒有看呢   (I) (still) haven't read that book yet
     nèi běn shū (wǒ) hái méiyǒu kàn ne

57. 那本書(我)還沒有看完呢   (I) (still) haven't finished that book yet
     nèi běn shū (wǒ) hái méiyǒu kàn wán ne

58. 除了看書以外，還要彈琴   apart from reading, (I) also play the piano
     chú le kànshū yǐwài, hái yào tán qín

59. 不但看書，而且還要彈琴   (I) not only read, but also play the piano
     búdàn kànshū, érqiě hái yào tán qín

60. 一面/一邊看書，一面/一邊吃飯   on the one hand reading, on the other hand
     yímiàn/yìbiān kànshū, yímiàn/yìbiān chīfàn   eating

61. 拿起書來   pick up books
     ná qǐ shū lái

62. 手裏拿着書   holding books (in my hand)
     shóu li názhe shū

63. 書開着呢   the book is open
     shū kāizhe ne

64. 就說書貴着呢   that means books are expensive
     jiù shuō shū guìzhe ne

65. 桌子上沒有(放着)書   there are no books (placed) on the table
     zhuōzi shàng méiyǒu (fàngzhe) shū

66. 省着你多看書   save you a lot of reading
     shěngzhe nǐ duō kànshū

67. 手裏没拿着書   not holding a book
     shóu lǐ méi názhe shū

68. 不跟着壞蛋學看黃書   don't (you must not) learn to read
     bù gēnzhe huàidàn xué kàn huángshū   pornography from louts!

69. 書被燒毀了   the books were burned
     shū bèi shāohuǐ le

70. 老師被學生批評了   the teachers were criticized by the students
     lǎoshī bèi xuéshēng pīpíng le

71. 書籍被秦始皇帝給燒毀了   the books and records were burned by the
     shūjí bèi Qín Shǐ huángdì gěi shāohuǐ le   First Emperor of Qin

72. 秦始皇帝把書籍給燒毀了   the First Emperor of Qin burned the books
     Qín Shǐ huángdì bǎ shūjí gěi shāohuǐ le   and records

List of Abbreviations

A.C.	after Confucius
A.M.	ante meridian
adj.	adjective
adv.	adverb
B.C.	before Christ
C	Celsius
cf.	compare
colloq.	colloquial
conj.	conjunction
e.g.	for example
etc.	*et cetera*
F	Fahrenheit
GM	General Motors Corporation
GR	Gwoyeu Romatzyh
H.K.	Hong Kong
HYPY	Hanyu Pinyin
i.e.	that is
JAL	Japan Airlines
lbs.	pounds
lit.	literally
no.	number
Obj	object
p.	page
P.M.	post meridian
P.R.C.	People's Republic of China
phon.	phonetic element
Pred	predicate
prep.	preposition
pron.	pronounced
r.	radical element
rad.	radical element
RMB	*Rénmínbì*
RV	resultative verb
Subj	subject
SV	stative verb
TV	television
U.S.	United States (of America)
V	verb
WG	Wade-Giles

Chinese-English Vocabulary

The vocabulary used in this text are listed along with the session(s) in which the words first appear. Session r1 refers to the review session beginning on page 69. Session v1 indicates the word was already introduced in *Chinese by Numbers,* the first volume of this series; v2 corresponds to the second volume, *Chinese by the Book;* and v3 to *Chinese by Bygones.*

Pinyin	Characters	English	Sessions

a 啊 ah; oh 8

ài 愛 love, affection; like, be fond of; be apt to v2,18

ài chīcù 愛吃醋 jealous v3

ài jìdù 愛嫉妒 jealous v3

àiqíng 愛情 romantic love v3

(wǒ) àirén （我）愛人 husband/wife (in P.R.C.) v1,v2,v3,1

aiya 哎呀 oh dear (expressing surprise) v3

Àiyīnsītǎn 愛因斯坦 Einstein 4

Ālābó-huà 阿拉伯話 Arabic v2

Ālābó-zì 阿拉伯字 Arabic character 28

Ālāsījiā 阿拉斯加 Alaska v3

ān 安 peaceful, safe v1,v2

āndìng 安定 stable, quiet, settled v2

āngsī 盎司 ounce v1

āngzāng 骯髒 dirty; filthy 26

ānjìng 安靜 quietly v2

ānquán 安全 safe, safety v2,7

ānquán-dài 安全帶 safety belt v2

ànshí 按時 on time v3

ànzhào 按照 according to; in light of v3

ànzhe 按着 according to 21

ānzhuāng 安裝 install; erect; mount 26

Àomén 澳門 Macao v3

àoqì 傲氣 haughtiness; air of arrogance v3

ba 吧 mild imperative v2,v3,1,10

bā 八 eight v1,v2,v3,4

bǎ 把 hold, grasp, handle; collocates with handle-like nouns v1,v2,v3,21

bàba 爸爸 dad v1,v2,v3,2

bàgōng 罷工 strike; go on strike v3

bái 白 white v1,v2,v3,4

bǎi 百 one hundred v1,v2,v3,2

bái sònggéi 白送給 give to someone for nothing 4

bái wǎnkuài 擺碗筷 set the table v2

Bái-tiānér 白天鵝 the White Swan (Hotel, in Guangzhou) v3

báicài 白菜 cabbage v1

bǎifēn-zhī 百分之 percentage v1

báigōng 白宮 White House v1,v2,6

bǎihuò-gōngsī 百貨公司 department store v2

bǎikē-quánshū 百科全書 encyclopedia v2

bǎimǐ-sàipǎo 百米賽跑 hundred meter sprint v2

báitiān 白天 daytime v1,v2

bājī 巴機 extremely (dialect, humorous) v2

Bālí 巴黎 Paris v2

bān 班 class, company, on duty 5

bān 搬 move (house) v3

bàn 半 half v1,v2,v3,7

bàn 辦 manage v2,v3,24

bàndú 半讀 part-time study v2

bāngmáng 幫忙 help; do favor; lend a hand v3,3

bàngōng 辦公 work (usually in an office); handle official business v2

bàngōng-bàndú 半工半讀 work/study, [half-work, half-study] v2

bàngōng-shì 辦公室 office v1,v2,v3

bàngqiú 棒球 baseball v2,v3,3

bāngzhù 幫助 help v2,15

bānjiā 搬家 move from one home to another v3,26

bànqiú 半球 hemisphere v3

bànshì 辦事 work; handle affairs v2,v3,24

Pinyin	Characters	English	Sessions

bàntiān 半天 half of the day; a long time   1

bànyè 半夜 nighttime; midnight   v1,3

bāo 包 package; wrap   29

bǎo 飽 full   v2

bào 報 newspaper   v1,v2,v3,15,22

bǎochí 保持 keep; maintain; preserve   v2

bàodào 報道 report (news); news report, story   21

bǎoguì 寶貴 precious   v2

bǎohù 保護 protect; safeguard   3

bāokuò 包括 include; consist of; comprise; incorporate   v2

bǎolíng-qiú 保齡球 bowling   v2,9

bǎoshí 寶石 gem; precious stone   v2

Bǎoshóu-dǎng 保守黨 Conservative Party   6

bǎoxiǎn 保險 insurance   v2,31

bǎoxiǎn gōngsī 保險公司 insurance company   v2

bǎoxiǎn-guì 保險櫃 safe (noun), safety box   31

bàoxiāo 報銷 reimbursable; reimbursement   v2,10,11

bàoxíng 暴行 violence   v2

bàozhǐ 報紙 newspaper   15

bǎozhòng 保重 look after   v2

bāozi 包子 steamed stuffed bun   13

Bāxī 巴西 Brazil   v2

bāyuè 八月 August   v1,v2,v3

bēi 杯 glass; cup   v2,v3,7

běi 北 north   v1,v2,v3

bèi 輩 generation, class, row of carriages   5

bèi 被 by (preposition); cover, quilt; passive signifier   v3,3,32,33

Běidà 北大 Beijing University   v1,v3,32

Běidǒu-(xīng) 北斗(星) Big Dipper   19

bēiguān 悲觀 pessimistic   4

Běijí 北極 North Pole   v2

Běijīng 北京 Beijing   v1,v2,v3

Běilùtè-chéng 貝魯特城 Beirut   v2

Běituōfēn 貝多芬 Beethoven   v3

bèixīn 背心 sleeveless garment   v3

bèizi 輩子 lifetime; all one's life   4

běn 本 root; measures, or classifies books and documents   v1,v2,v3,8

bèn 笨 dull, clumsy, foolish, stupid   v2

Bēnchí-chē 奔馳車 Mercedes Benz   v1,v2

bèndàn 笨蛋 idiot   v2

běndi de 本地 native born; this locality   13

běnlái 本來 original   v2

běnnéng 本能 instinct   v2

běnshēn 本身 itself   v2

bǐ 筆 pen   v1,v2,16,18

bǐ 匕 ladle   v1,v2

bǐ 比 compare   v2,v3

bǐ bú shàng 比不上 can't compare with   v2,13

bǐ qǐlái 比起來 compared with this...   v2

biàn 辮 braid; pigtail   30

biàn 變 change; become, change into   15

biàn 遍 all over, everywhere; measure word for times/occurrences   v3,9,10

biàn 便 convenient, pron. *piàn*, cheap   v2

biǎntáo 扁桃 almond tree; almond   v2

biānzhī 編織 weave; knit   26

biǎo 表 meter, clock   v2

biǎomíng 表明 make known; make clear; state clearly   v2

biāoshì 標價 mark a price; marked price   v3

biǎoyǎn 表演 perform; act; play   v2,19

biāozhǔn 標準 standard; criterion   v2,24

bǐcǐ 彼此 each other; one another   v2,v3

bìděi 必得 must; have to   v3,24

bìdìng 必定 certainly; surely   3

bié 別 separate, other; don't   v2,v3,25

bié de dōu bù guǎn 別的都不管 nothing else matters   v2

bié rén 別人 other person[s]   v1,1

bǐfǎ 筆法 calligraphy or drawing; technique of writing   v2

bǐfāng 比方 for instance   v2

bǐjì 筆記 take down (in writing); notes   20

bǐjiào 比較 comparatively   v2,v3,9

bìnàn 避難 escape calamity; to run away from trouble   v2

bīng 兵 soldier, weapon   v3

bīng 冰 ice   4

bìng 病 sick; sickness, disease   v2,v3,4,5

bīngdòng 冰凍 freeze   v3

bǐnggān 餅乾 biscuits   v2

bīngqílín 冰淇淋 ice cream   v1,v2,v3,19

Pinyin	Characters	English	Sessions

bìngrén 病人 patient 11

bīngshuǐ 冰水 ice water v2

bīnguǎn 賓館 guest house; Chinese-style hotel v2,v3

bīngxiāng 冰箱 refrigerator v1,v2,1

bǐsài-fēnshù 比賽分數 sports score v2

bìshǔ 避暑 be away for the summer holidays 2

bìxū 必須 must; have to v3

bìyào 必要 necessary; essential v2

bìyè 畢業 graduate v1,v2,v3,1

bìyè-shēng 畢業生 a graduate v1

bīzhe tā yào 逼着他要 force him to want; "twist his arm" 7

bízi 鼻子 nose v1

bō 撥 dial v1

bó 薄 thin v2

Bóhǎi 渤海 Bohai Sea v2

Bōshìdùn 波士頓 Boston v2

bóxué 博學 learned; erudite v2

bu 不 negative particle v1,v2,v3,1

bǔ 補 mend; patch; repair 20

bù 部 part, section v1,v2,v3

bú gòu 不夠 not enough v2,v3

bù guǎn 不管 regardless of; no matter v3,14

bú guò 不過 but, however, only v1,v2,v3

bù hǎo 不好 no good, won't do v1,v2,v3,3

bù hǎokàn 不好看 ugly v2

bú huì 不會 unlikely, be unlikely; be unable to 13

bù qīngchǔ 不清楚 unclear; illegible v2

bú shì 不是 not true to say; is/are not v1,v2,3

bù shūfú 不舒服 sick; uncomfortable v2,1

bù yídìng 不一定 not necessarily v2,12

bù zěmme yàng 不怎麼樣 so so, not so good v2

búdàn...érqiě 不但...而且 not only...but also v2,28

bùdīng 布丁 pudding 21

bùguǎn 不管 no matter; regardless of 24

bǔyá 補牙 fill a tooth 17

bùzhì 布置 assign v2

cā 擦 wipe; rub; brush 30

cái 才 ability, talent, gift; suggests delayed action 7,10

cái 財 wealth; money r1

cài 菜 cuisine, vegetables v2,v3,8

càidān 菜單 menu; bill of fare 21

cāiduó 猜度 surmise; conjecture 27

cáiféng 裁縫 tailor; dressmaker v2

cáiliào 材料 material; data 9

cáipàn 裁判 umpire, ref v2

cāngyíng 蒼蠅 fly (noun) 31

cānjiā 參加 attend v2,v3,15

cānjūn 參軍 enlist; join army; serve in the military 13

cānkǎo 參考 consult, refer to; reference v2

cāntīng 餐廳 dining room; restaurant v2

cǎo 草 grass v1

cǎoméi 草莓 strawberry v2

cǎozhǐ 草紙 toilet paper v3

cāzǎo 擦澡 rub oneself down with a wet towel; take a sponge bath 28

cèsuǒ 廁所 toilet v2,1

chá 查 check, examine; look into; look up, consult 15,18

chá 茶 tea v2,v3,9,10

chá 察 examine v2

chà 岔 branch off; fork 26

chà 差 lack, short of; "of the hour"; error; interval v1,v3,29

chà bù duō 差不多 pretty much v2,v3

cháhào fúwù-tái 查號服務台 information (i.e., telephone) v1

cháng 嘗 taste; experience v3,13

cháng 長 long v2,v3

cháng 常 ordinary v2

chǎng 場 show; performance v3

chǎng 場 open space v2

Cháng'ān 長安 Chang'an, capital of China in the Han and Tang dynasties v2,v3

chángcháng 常常 often v2

Chángjiāng 長江 Yangtze River v2

chángshí 常識 commonsense v2

chángyǒu 常有 frequently, of frequent occurrence v2

chǎo 炒 stir-fry; fry; sauté 9

chāoguò 超過 exceed 17

chāojí-fǎtíng 超級法庭 Supreme Court 6

Pinyin	Characters	English	Sessions
chāojí-shìchǎng	超級市場	supermarket	v1,v2
chǎojià	吵架	quarrel; wrangle; have a row	v3,1
chǎonào	吵鬧	noise; noisy	v2,1
chāopiào	鈔票	bank note; paper money; bill	30
cháoshī	潮濕	damp	v2
cháoshuǐ	潮水	tide	v2,14
chāosù	超速	exceed the speed limit	28
Cháoxiǎn	朝鮮	Korea	v1,v3
cháshuǐ	茶水	tea	v2,9
cháwǎn	茶碗	teacup	25
cháyè	茶葉	tea (leaves)	v2
chāzi	叉子	fork	15
chē	車	vehicle	v1,v2,v3,3
chēchuáng	車床	lathe	7
chēcì-biǎo	車次表	signboard listing train numbers and destinations	v3
chèdǐ	徹底	thorough	v2
chēfáng	車房	garage	v1,v2,v3
chēfèi	車費	fare	v3
chēlún	車輪	wheel (of a vehicle)	v2
chén	沉	heavy; sink	v2
chén-diàndiàn de	沉顛顛的	heavy	v2
chéng	城	town, wall	v1,v2
chéng	乘	multiply; times	v1
Chéngdū	成都	Chengdu	v3
chéngdù	程度	level; degree; extent	15
chénggōng	成功	succeed; success	v3,24
chéngjī	成績	grade	v1,v2
chéngshì	城市	town, city	v2
chéntǔ	塵土	dust	v2
chènyī	襯衣	underclothes; shirt	v3
chēpár	車牌兒	carmake; brand of car	v2
chēpiào	車票	ticket (for train or bus)	30
chēsù	車速	car speed, vehicle speed	v2
chētǐ	車體	car body	v2
chēxiāng	車箱	trunk	v2
chēzi	車子	car	v1,v2,v3,1
(shì) chǐ	(市)尺	foot (Chinese units)	v1
chī	吃	eat	v1,v2,v3,1
chì jiǎo	赤腳	barefoot	31
chǐcùn	尺寸	measurement; dimension	v2
chídào	遲到	be/come/arrive late	v3,3
chīfàn	吃飯	eat	v1,v2,v3,1

Pinyin	Characters	English	Sessions
chīsù	吃素	vegetarian	v3
chíyán	遲延	delay; retard	32
chòu	臭	smelly	v2
chòuměi	臭美	vain	v2
chōutì	抽屜	drawer	v1
chōuyān	抽煙	smoke (cigarette/pipe)	v2,v3,1
chòuyǎng-céng	臭氧層	ozone layer	3
chū	初	beginning; at the beginning of; at the early part of	v3
chū	出	come out, emerge, produce	v2,7
chú	除	remove, divide	v1,28,29
chǔ	楚	clear; neat	v2
chù	處	place	v3
chū mén	出門	travel; go out	v2,v3,1
chuān	穿	wear	v3,4
chuán	船	boat	v2
chuān bú shàng	穿不上	does not fit [lit. wear not on]	4
chuángdān	床單	sheet	v2
chuānghù	窗戶	window	v1,v3,2
chuāngkǒu	窗口	window; wicket	28
chuàngzào língjiàn	創造零件	parts production	v2,v3,9
chuángzi	床子	bed	v1
chuánshuō	傳說	legend; tradition	31
chūbǎn	出版	publish; come off the press	v3,9
chùdiàn	觸電	get an electric shock	3
chūdòng	出動	set out, start off; send out, dispatch	v2
chūfā	出發	set out; start off; depart	v3
chùfāng	處方	prescription	21
chūhàn	出汗	perspire; sweat	v3,9
chuī	吹	blow, puff; play (wind instruments)	32,33
chuīniú	吹牛	boast, brag	v2
chūjiè	出界	out of bounds	v2
chūlái	出來	come out; emerge	v3,1
chūn	春	spring(time)	v1
chūnjì	春季	spring season	v1
chūntiān	春天	springtime, in Spring	v1,v2
chūqù	出去	go out for	v2,v3,2
chùshēng	畜生	domestic animal; beast, dirty swine	21
chùxù	儲蓄	save; deposit	20

Pinyin	Characters	English	Sessions

chúyǐ 除以 divide; divided by v1,14

chūzū 出租 hire; let 26

cì 次 number of times v1,v2,v3,8

cíhuì 詞匯 vocabulary v2

cǐwài 此外 besides; in addition; moreover 20

cōng 聰 clever, acute hearing v2

cóng 從 from v1,v2,v3,25

cónglái 從來 always; at all times; all along v3

cónglái méiyǒu yí cì 從來沒有一次 never even once in my life v3

cónglái zhí yǒu yí cì 從來只有一次 only once in my life v3

cónglín 叢林 jungle v2

cōngmíng 聰明 intelligent v2,v3,13

cóngtóu 從頭 from the beginning; once again; anew v2

còuhé 湊合 gather together; collect; assemble 1

cū 粗 rude, vulgar v2

cùjìn 促進 promote; advance 25

cún 存 deposit; exist; save v1,v2,v3

cùn 寸 inch (Chinese units) v1

cúnkuǎn 存款 deposit; bank saving, savings balance v2,14

cūnzi 村子 village 32

cuò 錯 wrong; mistaken v2,v3,23,29

cuò huà 錯話 malapropism v3

cuōtuó 蹉跎 waste time 27

cuòwù 錯誤 mistake; error; blunder v2,28

dǎ 打 strike v1,v2,1,6

dà 大 big v1,v2,v3,3

dá'àn 答案 answer; solution; key v2

dǎ bǎolíng-qiú 打保齡球 bowling v2

dǎ diànhuà 打電話 to telephone v1,v2,v3,1

dǎ pái 打牌 play cards v1,v2,v3

dá wǎngqiú 打網球 play tennis v2

Dà-xiágǔ 大峽谷 Grand Canyon v3

dà-xuéshēng 大學生 college student v2

Dà-Yuèjìn 大躍進 Great Leap Forward 6

dádǎo 打倒 overthrow v2

dádào 達到 achieve; reach; attain v2,24

dáduàn 打斷 interrupt v2

dǎfā 打發 send; dispatch 3

dàgài 大概 approximate; general idea; probably v3

dāi 待 stay v3,16

dài 代 take the place of 21

dài 待 await; treat, entertain v3

dài 帶 take; bring; carry v3,1

dài shàng 戴上 put on; wear 3,33

dàibiǎo 代表 representative v2

dàifū 大夫 doctor; physician 7

dàikuǎn yàoqiú 貸款要求 loan application v2

dàishù 代數 algebra 23

dàlù 大陸 Mainland China 6

dàmǎ-lù 大馬路 highway 17

dàmǐ 大米 rice v1,20

dān 單 single v3

dànbái 蛋白 egg white; albumen 1

dānbǎo 擔保 guarantee v2,8

dāncí 單詞 word v1

dāndú 單獨 alone; solely; individually 7

dāng 當 take for, in, at, suitable v2,v3,4

dāng bīng 當兵 serve in the armed forces; be a soldier v2,v3,12

dāng línshí-gōng-gōng 當臨時工 do part-time, casual, piece work v2

dàngāo 蛋糕 cake v2

dāngchū 當初 originally; at first v3

dāngmiàn 當面 face-to-face; in one's presence v2

dǎngyuán 黨員 party member v2

dāngzhōng 當中 among; in the middle, in the center 4

dānrén fǎngjiān 單人房間 single room v3

dānshēn-Hàn jiǔbā 單身漢酒吧 singles bar v3

dànshì 但是 but; however; yet; still; nevertheless 3,29

dānwèi 單位 unit 30

dānwù 耽誤 delay; hold up 9

dànyào 彈藥 ammunition 25

dānyī 單一 single; unitary 26

dǎnzi 膽子 courage v3

dāo 刀 knife v1,15

dǎo 倒 fall down, invert 5

dào 道 road; say 3,21,29

dào 到 arrive, to v1,v2,v3,1

Pinyin	Characters	English	Sessions

dāo-chā 刀叉 knife and fork 15

dǎo huíqù 倒回去 rewind 20

dàochē 倒車 back a car v2

dǎodàn 導彈 guided missile v3

dàodǐ 到底 to the end; to the finish 24

dǎogào 禱告 pray; say one's prayers v3,20

dǎoluàn 搗亂 make trouble; create a disturbance v3,31

dǎoméi 倒霉 have bad luck; be out of luck v2

dāopiàn 刀片 razor blade; (tool) bit; blade v2

dàoqī 到期 run out; expire v3

dàoqiàn 道歉 apologize 3

dárǎo 打擾 disturb; trouble v2,v3,19

dásǎo 打掃 sweep; clean v2,v3,19

dásǎo wèishēng 打掃衛生 clean house (verb) v2,v3

dǎsuàn 打算 plan to, intend v3

dǎtīng 打聽 inquire v2

dàxué 大學 university v1,v2,v3,3

dàyī 大衣 overcoat v2

dǎzhàng 打仗 go to war 13

de 的 modifier particle, target v1,v2,v3,1

dé 得 get, particle v2,8

Déguó 德國 Germany; German v1,v2,13

dēng 燈 lamp; lantern; light v2,30

děng 等 category, wait v1,v2,v3,7

děngdào 等到 when; by the time 7

déngděng 等等 and so on; etc. v2,19

dēngjì 登記 register; check in 13

děngyú 等於 equals, equal to v1

dēngzhào 燈罩 lampshade 9

dèngzi 凳子 bench; stool 30

Déyǔ 德語 German (language) v2,v3,13

dī 底 low; bottom v3

dī 低 low v2

dì 地 land, place v1

dì 第 ordinal particle v1,v2,v3

dī tóu 低頭 yield; submit v3

Dì-Sān Shìjiè de guójiā 第三世界的國家 Third World country v2

dì-yī huíhé 第一回合 round 1 v2

diǎn 點 point, dot, hour, ignite v1,v2,v3,4

diàn 店 shop v3

diàn 電 electricity v1,v2,1

diǎn (zhōng) 點（鐘） o'clock v1,v2,v3,15

diǎn-bàn (zhōng) 點半（鐘） half past the hour (e.g., *liùdiǎn-bàn* 6:30) v1,v2,v3

diànbào 電報 telegram v1

diànchē 電車 tram, trolley v1,v3

diàndēng 電燈 electric lamp v1,v3

diàndēng-pào 電燈泡 electric lightbulb v1,32

diànfèi 電費 electricity bill v2,1

diànhuà 電話 telephone v1,v2,v3,r1

diànhuà fèi 電話費 telephone expenses, bill v2,v3

diànhuà hàomǎ 電話號碼 telephone number v1

diánjiǔ 碘酒 tincture of iodine v3

diánlǐ 典禮 ceremony 21

diànlíng 電鈴 electric bell v2

diànnǎo 電腦 computer v1,v2,v3,15

diànnǎo jìlù zhǐ 電腦記錄紙 computer paper v3

diànnǎo-huà 電腦化 computerize v3

diànqì 電氣 electric v3

diànshàn 電扇 electric fan v1

diànshì 電視 television v1,v2,v3,1

diànshì féizào liánxù-jù 電視肥皂連續劇 TV soaps 3

diànshì-bào 電視報 *TV Guide* v1

diàntái 電台 transceiver; broadcasting station 1

diàntī 電梯 elevator, escalator v1,v2,v3

diánxīn 點心 light refreshments; pastry 28

diànyǐng 電影 movies v1,v2,v3,1

diànyǐng-yuàn 電影院 movie theater; cinema v2,v3

diànzi yóuxì 電子游戲 video game v3

diāo 叼 hold in the mouth v3,30

diào 掉 drop; fall; come off; flake (off) v2,32

diāohuá 刁滑 cunning; crafty 27

diàoyú 釣魚 fish with a line and hook; angle v3

dìbǎn 地板 floor board; floor 24

dìdào 地道 genuine; standard v2

dìdi 弟弟 younger brother v1,v2,1

dìfāng 地方 place v2,v3,14

díguó 敵國 hostile nation; enemy's country v2

dìng 定 decide; fixed, certain v2,7

Pinyin	Characters	English	Sessions

dìng fángjiān 訂房間 reserve a room (e.g., at a hotel)　v3

dǐng hǎo 頂好 terrific; very good　v2,13

dìng shíjiān 定時間 make an appointment　7

dìnghūn 訂婚 engagement (to be married)　v2,19

diōu 丟 lose; mislay　v3,31

dìqiú 地球 earth, the globe　3

dírén 敵人 enemy　v2

Dǐtèlǜ-chéng 底特律城 Detroit city　v1,v2

dìtú 地圖 map　v2

diūdiào 丟掉 lose; throw away　9

dìxià 底下 under; below; beneath　v1

dìxià-shì 地下室 basement　v1,v2

dōng 東 east　v1,v3

dōng 冬 winter　v1

dǒng 懂 understand　v2,19

dòng 動 movement, move　v2,19

dòng nǎozi xiǎng 動腦子想 think; use your brain　24

dōngběi 東北 northeast　v1

dōngbiān 東邊 east(side)　v2

dōngfāng 東方 the east; the East, the Orient　v1,v2,13

dōngfāng lìshǐ 東方歷史 oriental history　v1

dònghè 恫嚇 threaten; intimidate　25

dōngjì 冬季 winter season　v1

Dōngjīng 東京 Tokyo　v1,v2,12

dōngnán 東南 southeast　v1,28

dòngqíng 動情 get worked up; become excited　1

dòngshēn 動身 go/set out on a journey; leave (for a distant place)　21

dǒngshì 懂事 aware of things; sensible　v3

dōngtiān 冬天 wintertime　v1,v2,23

dòngwù-yuán 動物園 zoo　v2

dōngxī 東西 thing　v1,v2,v3,1

dōu 兜 pocket; bag　31

dōu 都 all　v1,v2,v3,2

dú 讀 read　v2,28

dù 肚 stomach　11,29

dù 度 degree　v1

dù hánjià 渡寒假 winter vacation　14

dù jià 渡假 vacation　v2,14

dù mìyuè 渡蜜月 honeymoon　v3

duǎn 短 short　v2,v3

duànliàn 鍛煉 exercise; have physical training　v3

duǎnxiù-chényī 短袖襯衣 T-shirt　32

dǔbó 賭博 gambling　v2

dúcái 獨裁 dictator; dictatorial; arbitrary　v2

duī 堆 pile; heap; stack　v2,v3,19

duì 隊 team, group; row of people, line　15

duì 對 face, opposite　v1,v2,v3,13

duì bú duì 對不對 right?　v2,v3

duì bù qǐ 對不起 apology: sorry, pardon me, excuse me　v1,v3

duìhuàn-lǜ 兌換率 exchange rate　v3

duìwài 對外 external; foreign　r1

duìxiàng 對象 proposed partner in marriage　v2

duìyú 對於 toward; (in regard) to; at; for　13

duìyuán 隊員 team member　v2

dùkǒu 渡口 ferry　24

dūn 噸 ton　v1

dùn 頓 measure word for meals, occurrences, etc.　v2,v3,32

duō 多 many; more　v1,v2,v3,3

duō dé duō 多得多 much more　v2,v3

duōcháng shíjiān 多長時間 how long, how much time　v1,v3

duōdà 多大 how much/big　v1

duòjiǎo 跺腳 stamp (one's foot)　24

duǒkāi 躲開 hide from; withdraw　v2,16

duōshǎo 多少 how many, how much　v1,v2,v3,4

dǔqián 賭錢 gamble (for money)　v3

dúshé 毒蛇 poisonous snake; viper　32

dúshū 讀書 read; study　v2

dùzi-téng 肚子疼 stomachache　11

dúzòu 獨奏 solo (instrumental solo)　15

ē 阿 play up to; pander to　v3,11

ě 耳 ear　v2

è 餓 hungry　v2,29

Éguó 俄國 Russia　v2

Ēngésī 恩格斯 Engels　13

ér 兒 son, nominal suffix　v1

èr 二 two (number)　v1,v3

èr-niánjí 二年級 sophomore (student); second year　v1,v3,27

Pinyin	Characters	English	Sessions

èrlóu 二樓 second floor   v2

érqiě 而且 but also; and   v2,v3,28,29

èryuè 二月 February   v1

érzi 兒子 son   v3,28

èxīn 惡心 ugly; ghastly   v2,14

fā 發 send out; issue; deliver; distribute   9

fāchē shíjiān 發車時間 departure time (for trains, buses, etc.)   v3

fǎguān 法官 judge; justice   v2

Fǎguó 法國 France   v1,v3,9

fákuǎn 罰款 fine; forfeit; penalty   v2,28

fǎlù 法律 law   3,6

fāmíng 發明 invent   27

fàn 犯 offend; violate   28

fàn 飯 cooked rice, generic word for food   v1,v2,1

fǎn hépíng yǎnbiàn 反和平演變 Oppose Peaceful Evolution   6

fǎn zīchǎn jiējí zìyóu-huà 反資產階級自由化 Oppose Bourgeois Liberalization   6

fǎn-jīngshén-wūrǎn 反精神污染 opposing Spiritual Pollution   6

fānchuán 帆船 sailing boat/ship; junk   7

fàndiàn 飯店 hotel (Western-style), restaurant   v2,v3,1

fāng 方 square, place; just, only just   v1,8

fáng 房 room, house   v3

fàng 放 put; set down; place   v1,v2,21,22

fàng huíqù 放回去 put back   1

fāngbiàn 方便 convenient   v1,v2,v3,24

fāngbiàn-miàn 方便麵 instant (lit. convenient noodles)   v2

fāngcái 方才 only just   8

fángdōng 房東 landlord   v2

fǎngfú 彷彿 seem; be more or less the same   17

fàngjià 放假 have a holiday or vacation   v3

fángjiān 房間 room   v2,v3

fāngpiàr 方片(兒) Diamonds (suit of cards)   v1

fànguī 犯規 foul   v2

fàngxià 放下 put down; lay down   r1

fāngxiāng 芳香 fragrant; aromatic   4

fāngxiàng-pár 方向盤兒 steering (wheel)   v2,15

fàngxīn 放心 feel relieved; rest assured; be at ease   r1

fǎngzhī 紡織 spinning and weaving   16

fángzi 房子 house   v1,v2,v3,r1

fángzi-chē 房子車 camper   r1

fángzū 房租 rent (for house)   v2,v3

fànwéi 範圍 area; scope; range; parameter   v2

fānyì 翻譯 translate; interpret   v3

fànzuì 犯罪分子 criminal; offender   32

fáqián 罰錢 fine (verb)   32

fāshāo 發燒 fever   11

fāshēng 發生 happen; occur; take place   1

fāxiàn 發現 find; discover   9

Fǎyǔ 法語 French (language)   v2,v3,13

fāzhǎn 發展 develop; advanced   v2

fēi 飛 fly   v3

fēi 非 is not   v2,20

féi 肥 loose fitting, loose, large; fat   v2

fèi 費 waste   v2

fēicháng 非常 extraordinarily, extremely   v2,v3

fēiděi 非得 must, have got to   v2,1

fēijī 飛機 airplane   v1,v2,v3,1

(fēi)jīchǎng (飛)機場 airport   v1

fèiqì-guǎr 廢氣管兒 muffler   v2

fèishì 費事 too much trouble; troublesome   v2

fēixíng biǎoyǎn 飛行表演 air show   v2

fēixíng-yuán 飛行員 pilot   v2,v3

féizào 肥皂 soap   v2,3

fēn 分 division; minute on the clock; cent   v1,v3

fèn 份 share, portion; measure word for copies/newspapers/etc.   21

fēn (zhōng) 分(鐘) minutes after the hour   v1,v2,v3,7

fēn-zhī 分之 percentage   v1

fěnbǐ 粉筆 chalk   v1

fēnbié 分別 distinguish, differentiate; difference; part, leave each other   v3

fèndòu 奮斗 struggle; fight; strive   3

fēnfù 吩咐 tell; instruct   9

fēng 封 measure word for letters   v2,v3,31

fēng 風 wind, style   v2,32

féng 縫 stitch; sew   v3

fēngdù 風度 demeanor; authoritative manner   v2

fēngjiàn 封建 feudalism   30

fēngjǐng 風景 scenery; landscape   v2,v3,19

Pinyin	Characters	English	Sessions

fēngmǎn 豐滿 plentiful; well-developed, full-grown 28

fēngshēng 風聲 rumor 26

fēngsú 風俗 customs; observances; practices 27

fēngwō 蜂窩 honeycomb 4

fēnmǐ 分米 decimeter v1

fēnmǔ 分母 denominator v1

fēnpèi 分配 distribute; allot; assign 9

fēnqī fùkuǎn 分期付款 on credit v2

fēnshù 分數 fraction v1

fēnxī-yuán 分析員 analyst v3

fēnzi 分子 numerator v1

fǒudìng 否定 negate; negative; deny v2

Fóxué 佛學 Buddhism; the study of Buddhism v2

fú 服 serve; clothing v2,11

fù 付 pay 10

fù 複 double v2

fù 父 father v1

fù yǒu 富有 rich; wealthy 2

fù zérèn 負責任 responsible v3

fù-xiàozhǎng 副校長 provost 12

fǔbài 腐敗 corrupt; rotten, decayed, putrid v2,20

fùběn 父本 male parent v3

fùchóu 復仇 revenge; avenge 23

fúcóng 服從 obey; submit (oneself) to v2,32

fūfù 夫婦 husband and wife v2

fúhé 符合 coincidence; conform to v2

fùjìn 附近 nearby; neighboring v3

fùkē 婦科 gynecology (department of) 21

fùlì 復利 compound interest 25

Fúluólǐdà 佛羅里達 Florida 24

fùmǔ 父母 parents; father and mother v3,1

fùnǚ 婦女 woman 11,28

fùnǚ-kē 婦女科 women's department 11

fūqī 夫妻 man and wife v3

fúqi 福氣 good fortune; happy lot 15

fúqì 服氣 be convinced 15

fùqián 付錢 pay 1

fúqiáo 浮橋 pontoon bridge 32

fùqīn 父親 father v3,24

fùshǒu 副手 assistant 2

Fútè Chuàngzào Qìchē Gōngsī 伏特創造汽車公司 Ford Motor Corporation v2,v3

Fútè-chē 伏特車 Ford (Motors) v1,v2,v3

fúwù 服務 service v2

fúwù-tái 服務台 Reception Desk v3

fúwù-yuán 服務員 service personnel; attendant; desk clerk v2,v3,1

fùyìn 復印 duplicate; make a copy 9

fùzá 複雜 complex, complicated v2,v3,1

fúzhuāng 服裝 dress; clothing; costume v2,v3

gāi 該 ought to, should; be somebody's turn to do something v2,1

gǎi 改 alter, change, correct, grade v1,v2,v3,10

gài 蓋 build; cover v3

gǎi juànzi 改卷子 grade papers v2

gāi wǒ 該我 my turn (to do something) v2

gǎibiàn 改變 change; alter; transform r1

gǎigé-kāifàng 改革開放 "reform and opening up" v3

gǎitiān 改天 another day; some other day 9

gànmá 幹嘛 what to do; why on earth; whatever for v2

gān 乾 dry v2

gàn 幹 manage; do something; work v1,v2,4

gàn yí jiàn shì 幹一件事 do an affair v2

gànbù 幹部 cadre v2

gāng 剛 just; exactly; only just 1,10

gāngbǐ 鋼筆 pen; fountain pen v2

Gǎngbì 港幣 Hong Kong dollar v1

gāngcái 剛才 only just 8

gāngcái 剛才 just now; a moment ago v2,33

gānggāng 剛剛 just; only; exactly v2

gángkǒu 港口 port; harbor v2

gāngqín 鋼琴 piano 15

gānjìng 乾淨 clean; neat and tidy v2

gǎnjué 感覺 sensation; feeling; sense perception v2

gǎnlǎn 橄欖 olive; Chinese olive v2

gǎnlǎn-qiú 橄欖球 football v2

gǎnmào 感冒 catch cold 11

gǎnqíng 感情 emotion; feeling v2

gānzào 乾燥 dry v2

gāo 高 high, tall v2,v3

gǎo guānxi 搞關係 establish relations 24

Pinyin   Characters   English   Sessions

gàobié   告別   leave; part from   v3

gàocí   告辭   take leave (of one's host)   v3

gāoěrfū-qiú   高爾夫球   golf; golf ball   v2,v3,8

gāojí   高級   high level; high-ranking; senior   v2

gàosù   告訴   tell; let know   v3,2

gāosù-gōnglù   高速公路   highway   17

gāoxìng   高興   happy   v2,14

gāozhōng   高中   high school; senior middle school   v3

gè   個   item, generic classifier, measure word   v1,v2,v3,1

gēbèi   胳臂   arm (noun)   v2

gēduàn   割斷   cut off; sever   v2

gēge   哥哥   older brother   v1,v2,1

gěi   給   give, for   v1,v2,v3,8

gěi huàn yíxià   給換一下   change (it)   v2,32

gējù   歌劇   opera   v2

gémìng   革命   revolt; revolution   v2

gēn   跟   with, to, from (prep.); and (conj.)   v2,v3,3

gēnběn   根本   basic; fundamental; essential   v2

gèng   更   even more so   v2,3

gēnjù   根據   according to   v1,v2

gèrén   個人   individual (person)   v3

gèzhǒng   各種   various kinds, categories, etc.   v3

gèzi-ǎi   個子矮   short of stature   v2

gèzi-gāo   個子高   tall of stature   v2

gōng   公   public; used for decimal system   v1

gōng   工   work   v1,v2

gòng   共   whole, total   v1

gōngān-jú   公安局   public security bureau; police   v3,32

Gòngchán-dǎng   共產黨   Communist Party   6

Gòngchán-dǎng zhōngyāng wěiyuán-huì   共產黨中央委員會   Central Committee of the (Chinese) Communist Party, CCCCP   6

gōngchǎng   工廠   factory   v2

gōngchéng-shī   工程師   engineer   v2,v3

gōngdūn   公噸   metric ton   v1,4

gōnggòng   公共   public   v1,v2,v3

gōnggòng-qìchē   公共汽車   public bus   v1,v3,12

gōnggòng-qìchē-zhàn   公共汽車站   bus station   v3

Gònghé-dǎng   共和黨   Republican Party   v2,6

gōnghuì   工會   trade/labor union   v3

Pinyin   Characters   English   Sessions

gōngjīn   公斤   kilogram   v1

gōngjù   工具   tool; instrument; implement   v2

gōngkè   功課   schoolwork; workload   v2,v3,1

gōnglǐ   公里   kilometer   v1,8

gōngnéng   功能   function; competence   v2

gōngpíng   公平   fair; just; impartial   v2

gōngrén   工人   worker   v2,1

gōngsī   公司   company   v1,v2,4

gòngxiàn   貢獻   contribute; dedicate; devote   3

gōngyè   工業   industry   v2

gōngyè gāojí jìshu   工業高級技術   industrial hi-tech   v2

gòngyíng   供應   supply, furnish   1

gōngyòng-diànhuà   公用電話   public telephone   v1

gōngyù   公寓   apartment house   32

gōngyuár   公園兒   park; garden   v2

gōngzhèng   公正   fair; just; impartial   v2

gōngzhǔ   公主   princess   v3

gōngzī   工資   salary, pay   v1,v2,v3,3

gōngzuò   工作   work; to work; job   v1,v2,v3,1

gōngzuò-zhèng   工作證   work permit   v3

gǒu   狗   dog   18

gòu   搆   reach for   21,22

gòu   夠   enough   v2,v3,25

gōur   鉤兒   hook; jack (in deck of cards)   v1

gǒuròu   狗肉   dog meat   13

gū'ér   孤兒   orphan   27

guà   掛   hang; suspend   21,33

guā fēng   刮風   blowing wind; gale   4

guǎfù   寡婦   widow   v3

guǎi   拐   turn; change direction   9

guàidào   怪道   strange to say; unorthodox   25

guàiwù   怪物   monster   v2

guāliǎn   刮臉   shave the face   v2

guāliǎn-dāo   刮臉刀   razor blade   32

guān   關   shut, close; turn off; lock up   v2,30,33

guān   官   official   v2

guǎn   館   hall   v2

guān mén   關門   close (verb); closed [door]   v2,v3

guānchá   觀察   observe; survey; inspect   v3,7

guāng   光   solely; only; merely; alone   v3,3,13

guāngcǎi   光彩   luster, splendor; honorable   v3,8

Pinyin	Characters	English	Sessions

Guǎngdōng-huà 廣東話 Cantonese 19

guǎnggào 廣告 advertisement v2,r1

guāngguār-Hàn jiǔbā 光棍兒漢酒吧 singles bar (vulgar) v3

guānguāng 觀光 tour; visit; go sightseeing 28

guāngxiàn 光線 lighting 24

guāngyīn 光陰 time 26

Guǎngzhōu 廣州 Canton v1,22

guānhuà 官話 Mandarin; the official language 30

guàniàn 掛念 miss; worry about someone who is absent 25

guǎnlǐ 管理 management v2

guānliáo 官僚 bureaucrats; bureaucracy v2

guānmér 關門兒 shut; close; turn off 1

guānshuì 關稅 tax v1,v2

guàntóu 罐頭 tin; can v3

guānxi 關係 concern; affect; to matter 14

guānxīn 關心 concerned v2

guānyú 關于 about; concerning; with regard to v2,v3,21

guānzhào 關照 supervise 1

guāzi 瓜子 watermelon seed 13

gǔchuī 鼓吹 advocate; preach, advertise 16

gǔdài 古代 ancient times 20

gúdiǎn 古典 classical v3

gúdiǎn yīnyuè 古典音樂 classical music v3

gǔfèn 股份 share; stock 20

Gùgōng 故宮 Forbidden City v1

guì 貴 expensive, honorable v2,v3,13

guì xìng 貴姓 what is your (honorable) surname? v1

guìtái 櫃台 counter, bar; front desk 1,22

guīzé 規則 rule; regulation 7

guìzi 櫃子 chest; cabinet v1,v2

gūjì 估計 estimate; appraise; reckon v2

gūmǔ 姑母 aunt; father's sister (married) 28

gūniáng 姑娘 girl 7

guó 國 nation, country, state v1,v3

guò 過 pass by; past, through, over v3,2

guòfèn 過分 excessive; go too far; overdo v2

Guóhuì 國會 Congress v2,15

guóhuì zónglǐ 國會總理 Premier of the State Council 6

guójì 國際 international v2,30

guójiā 國家 country v2,4

Guójiā Diànshì-tái 國家電視台 Public TV v3

Guójiā Gōngyuár 國家公園兒 National Park v2

Guómín-dǎng 國民黨 Nationalist Party 6

guòqù 過去 used to (habitual action in the past) v3,2

guǒrán 果然 really; as expected; sure enough v2

guòshǒu 過手 handle; receive and distribute v3

guówài 國外 abroad, overseas v1

guǒzi 果子 fruit v3,18

gǔpiào 股票 stock; share certificate 12

gǔpiào-shìchǎng 股票市場 stock exchange 12

gǔwén 古文 prose written in the classical literary style v2

gùyòng 雇用 employ v2,v3

Hāérbīn 哈爾濱 Harbin v2

Hāfó Dàxué 哈佛大學 Harvard University v1,v2

hái 還 return, tend; also v2,v3,13

hái méiyǒu 還沒有 not yet v3,13

hái yào 還要 tend to need v2

hǎibào 海報 flyer; playbill 21

hǎibiān 海邊 seaside; seafront v2

hǎiguān 海關 customhouse; customs v2

hǎijūn 海軍 navy; naval v2

hǎijūn-lùzhàn-duì 海軍陸戰隊 Marines v3

hàipà 害怕 afraid; scared v3

háishi 還是 still (is); bias towards being true 4,24

hǎixiá 海峽 strait; channel v2

hǎixiān 海鮮 seafood 16

hàixiū 害羞 bashful; shy v2

háizi 孩子 child v1,v2,17,18

Hàn Hé 漢河 Han River v1

Hàn-Hé zìdiǎn 漢和字典 Chinese-Japanese dictionary v2

Hàn-Yīng zìdiǎn 漢英字典 Chinese-English dictionary v2

hànbǎobāo 漢堡包 hamburger v1,v2,v3,1

Hàncháo 漢朝 Han Dynasty (206 B.C. - A.D. 220) 23

hángkōng 航空 aviation v2,v3

hángyè 行業 trade; profession 15

hànjiān 漢奸 traitor (to China) 21

Pinyin	Characters	English	Sessions

Hànxué 漢學 sinology, study Chinese   v2

Hànyǔ 漢語 Chinese (language)   v1,v2,v3,1

Hànzì 漢字 Chinese character(s)   v2,v3,8

Hànzú 漢族 Chinese race   v2

hǎo 好 good, fine, okay; extremely   v1,v2,v3,1

hào 號 mark, number   v1,v2,v3

hǎo bù hǎo 好不好 okay? all right?
v1,v2,v3,21

háo jǐ cì 好幾次 any number of times   v3

hǎo róngyì 好老師 difficult   v2

hǎo shì hǎo 好是好 it's okay, but...   v2

hǎochī 好吃 tasty, delicious   v2,v3,2

hǎochù 好處 good; benefit; profit   20

háodǎi 好歹 mishap, disaster; in any case, anyhow
v2

hǎohār 好好兒 earnestly; in perfectly good
condition   v2,v3,1

háohuá 豪華 magnificent   v2

hǎokàn 好看 pretty, good-looking, attractive
v2,24

háokè 毫克 milligram   v1

Hǎoláiwū (chéng) 好萊塢(城) Hollywood   v2

hàomǎ 號碼 number (e.g., telephone)   v1,v2,v3

háomǐ 毫米 millimeter   v1

hǎoshuō 好說 you compliment me; very kind of
you to say so   v2

hǎotīng 好聽 pleasant sounding [good listen]   v2

hǎowár 好玩兒 fun (to do)   v1,v2

hǎowén 好聞 well known   v2

hǎoxiàng 好像 seem; be like   v3,1

hǎoxué 好學 easy to learn   v2

háoyóu 蠔油 oyster sauce   32

Hāwāyí 夏威夷 Hawaii   v2,24

hē 喝 drink   v2,v3,1

hé 盒 box; case   30,33

hé 和 harmony, and   v2,v3,1

hé-wǔqì 核武器 nuclear weapon   13

héhǎo 和好 become reconciled   v3

hēi 黑 black   v2,v3,1

hēi-bái 黑白 black and white; good and bad; right
and wrong   7

hēiàn 黑暗 dark   v2

hēibǎn 黑板 blackboard   v1,v3,30

Hēibào-chē 黑豹車 Jaguar (car)   v2

hēisè 黑色 black(-colored)   v2

hēitáo 黑桃 Spades (suit of cards)   v1

hěn 很 very   v2,v3,2

héqì 和氣 kindly   v2

hétóng 合同 contract   v3,r1

hézī jīngyíng yèwù 合資經營業務 joint venture
v2

hng 哼 hm, uh-huh   v2

hóng 紅 red   v2

Hóng lóu mèng 紅樓夢 *Dream of the Red
Chamber*   v3

Hóng Qí 紅旗 *Red Flag*   v2

Hóng-Wàzi-duì 紅襪子隊 Red Sox (baseball)
team   v2

hóngchá 紅茶 black tea   v3

Hónghǎi 紅海 Red Sea   v2,v3

hónglù-dēng 紅綠燈 traffic light   9

hóngsè 紅色 red(-colored)   v2,30

hóngshuǐ 洪水 flood; floodwater   32

hóngtáng 紅糖 brown sugar   32

hóngtáo 紅桃 Hearts (suit of cards)   v1

hóngwèi-bīng 紅衛兵 Red Guards   6

hóngzhà 轟炸 bomb (verb)   v2

hòu 候 period, wait, expect   v1

hòu 厚 thick   v2

hòu 後 after, behind, at the back; positional noun
v1

hòubèi 後輩 younger generation; posterity   25

hòubiān 後邊 behind, at the back; positional noun
v1,v3

hòufāng 後方 rear   v3

hòuhuǐ 後悔 regret; repent   1

hóujié 喉結 Adam's apple   v3

hòumér 後門兒 back door   24

hòumiàn 後面 behind, at the back; positional noun
v1,25

hòunián 後年 year after next   v2

hòutiān 後天 day after tomorrow   v1,v3

hòutou 後頭 behind, at the back; positional noun
v1

hòuxuǎn-rén 候選人 candidate   v2,6

hóuzi 猴子 monkey   v2

hú 壺 kettle; pot; bottle; flask   9,10

hù 戶 door, family   v3

Pinyin	Characters	English	Sessions

hù 護 protect v3

huā 花 flower; to spend v2,v3,8

huà 化 change v2

huà 話 speech, language v1,v2,v3,1

huà 畫 picture v2,21

huā guāng le 花光了 spent; all spent v3,31

huā qián 花錢 spendthrift v2

huá-liúliú de 滑溜溜的 slippery v2

huábīng 滑冰 ice-skating, skate v2,20

huācǎo 花草 flowers v2

huāgēn 花根 flower root v2

huàgōng 化工 chemical engineering v2,v3

huàhuà 畫畫 paint pictures v3

huài 壞 spoiled, bad; broken; go bad v2,v3,16

huàidàn 壞蛋 bad egg; scoundrel; lout 33

huájī 滑稽 humorous, comical v2

huàjiā 畫家 painter; artist 21

huān 歡 pleasure, pleased v2

huán 還 give back; return; repay v3,7

huàn 換 exchange; barter; trade v3

huàn xīn de 換新的 updated [lit. change new ones] v2

huàndēng 幻燈 slide show v3

Huáng Hé 黃河 the Yellow River 32

Huáng-Shí Gōngyuár 黃石公園 Yellowstone National Park v3

huánghuà 謊話 lie; falsehood v3

huángsè diànyǐng 黃色電影 X-rated movie v3,8

huángshū 黃書 pornography 33

huángtǔ 黃土 clay; loess v2

huànqián 換錢 change money; sell 23

huāpíng 花瓶 flower vase 25

Huáshēngdùn 華盛頓 Washington v2,v3

huàshì dù 華氏度 degrees Fahrenheit (°F) v1

huàxiàng 畫像 portrait 30

huàxué 化學 chemistry v1,v2,v3

huàyī 劃一 standardized; uniform 21

huàzhuāng 化裝 makeup (of actors) 2

húdú 糊塗 muddled v2

huí 回 return, go back; answer, reply v3,20

huǐ 毀 destroy; ruin; damage v3,32

huì 匯 remit cash, letter of credit v3

huì 慧 clever, intellectual, wise; quick-witted v2

huì 會 meet, acquired ability v2,v3,1

huì bú huì 會不會 can, able v2,15

huì shuō 會說 speak v2,13

huì zhīpiào 匯支票 draft; bill of exchange; money order v3

huǐbàng 毀謗 slander; malign v3

huīchén 灰塵 dust; dirt v2,29

huídá 回答 answer; reply; response 25

huīfù 恢復 resume, renew; recover, regain v2

huífù 回復 reply (to letter) v2

huìkuǎn 匯款 remit money; remittance v3

huílái 回來 return; come back v3,1

Huímín 回民 Muslim 13

huíqù 回去 go back v3,20

huīshǒu 揮手 wave one's hand; wave v2

huíxìn 回信 return letter 1

huìyì 會議 meeting; conference 8

hūnlǐ 婚禮 wedding ceremony; wedding 28

hùnluàn 混亂 confusion; chaos 32

hūnyīn 婚姻 marriage; matrimony 4

huó 活 living v2

huǒ 火 fire v3

huǒchē 火車 train v1,v2,v3,2

huòchē 貨車 truck; freight train v2

huǒchē shíkè-biǎo 火車時刻表 train schedule v1,v3

huǒchē-zhàn 火車站 train station v3

huódòng 活動 action; move about; exercise v2

huǒjiàn 火箭 missile 12

huǒjǐng 火警 fire alarm v1

huòpǐn 貨品 goods v2

huòpǐn jiàgé 貨品價格 prices [lit. goods prices] v2

huòzhě 或者 perhaps, maybe; or, either...or... v3,17

huòzi 伙子 lout v2

hūrán 忽然 suddenly; all of a sudden 7

hùshì 護士 nurse 11

hùtóu 戶頭 (bank) account v3

hùzhào 護照 passport v2,v3,20

jī 機 machine v1

jí 及 be in time for; extend, reach to 3,5

jǐ 幾 how many, few, several v1,v2,v3,20

Pinyin	Characters	English	Sessions

jǐ 己 self   v3

jì 寄 mail; post   v3,8,10

jì 計 calculate   v1

jì bú zhù 記不住 cannot remember   v3

jiā 家 household; home   v1,v2,v3,4

jiā 加 add; plus   v1,v2,v3,9

jiā yóu 加油 add gas, refuel; lubricate, oil, add oil   v2,20

Jiā-zhōu 加州 California   v1,v3

jiàgé 價格 price   v2,19

jiājiào 家教 family education   23

jiālún 加侖 gallon   v1

jiāmén 家門 clan; family standing   v2,1

jiān 間 space between   v3

jiǎn 剪 cut (with scissors); trim   v2,v3

jiǎn 減 subtract; minus   v1

jiàn 見 see, meet, perceive   v1,v2,v3,1

jiàn 建 build; construct; erect   v3

jiàn 件 measure word for piece, article, item (e.g., clothing)   v2,v3,4

jiǎn xià lái 剪下來 cut out (e.g., with scissors)   21

jiǎnchá 檢查 check up; inspect; examine   v2,v3,1

jiǎnchá shēntǐ 檢查身體 medical checkup   11

jiǎndān 簡單 simple   16

jiǎndāo 剪刀 scissors; shears   16

Jiānéng-pái 加能牌 Canon brand (camera)   24

jiǎnféi 減肥 diet   v2

jiǎng 講 speak, say, tell; explain   4,29

Jiǎng Jièshí 蔣介石 Chiang Kai-shek   6

jiǎnghuà 講話 speak, talk, address; speech   v2,21

jiǎngkè 講課 teach; lecture   v2,26

jiānglái 將來 future; the future   v3

Jiāngxī 江西 Jiangxi (Province)   26

jiǎngxué-jīn 獎學金 scholarship   v2

jiǎngyǎn 講演 lecture   v2,v3,4

jiǎnjià 減價 reduced price   v1,v2,32

jiànkāng 健康 healthy, sound   v2,v3

jiānyù 監獄 prison; jail   8

jiànzài 健在 alive and well   v1

jiǎnzhí 簡直 simply; at all   17

jiāo 交 hand over   v2,v3,1

jiāo 教 teach   v2,v3,26

jiáo 嚼 chew; munch   v3,28

jiǎo 腳 foot   31,32

jiào 叫 (is) called; call; cause   v1,v2,7,32,33

jiào 較 compare   v2

jiàoběn 教本 textbook   v3,24

jiǎodù 角度 degree of angle   v1

jiǎohuá 狡猾 sly, crafty   v2,17

jiàokè-shū 教科書 textbook; teaching book   v1,v2

jiàoshī 教師 teacher; school teacher   21

jiàoshì 教室 classroom; school room   30

jiāoshū 教書 teach   v2,v3,26

jiāoshuǐ 澆水 water, irrigate   v2,r1

jiāotōng 交通 traffic; transportation; communications   4

jiāotōng zhǐhuī-dēng 交通指揮燈 traffic light   9

jiàoxùn 教訓 give a lesson   1

jiàoyù 教育 education; teach, educate   13

jiàoyù jiàzhí 教育價值 educational value   v2

jiǎozi 餃子 steamed dumplings   13

jiàozuò 叫做 be called; be known as   v3

jiār 尖(兒) pointed: Ace (in deck of cards)   v1

jiārén 家人 family members   v2

jiǎrú 假如 if; supposing; in case   v2

jiàshǐ 駕駛 drive (a vehicle); pilot (a ship or plane)   v3,2

jiàshǐ-zhí zhào 駕駛執照 driver's license   v3,2

jiāshǔ 家屬 family members/dependents   v2

jiātíng 家庭 family; household   v2

jiāyóu 加油 refuel   v3

jiàzhí 價值 value   v2

jiàzi 架子 shelf   21

jīběn 基本 basic; fundamental; elementary   28

jīchǔ 基礎 base, foundation; basic, fundamental   v2,v3

jīdàn 雞蛋 egg; hen's egg   v3

jìdé 記得 remember   1

jǐdiǎn (zhōng) 幾點(鐘) what time is it; at what hour?   v1,v3

jiē 接 come in contact with; meet; welcome   v3,3

jiè 界 boundary   v1

jiè (gěi) 借給 borrow; lend, loan   v1,v2,v3,3

jiébīng 結冰 freeze; ice up; ice over   v2,v3,12

Pinyin	Characters	English	Sessions
jiècí	介詞	preposition	23
jiēdào	街道	street	v2
jiěfàng	解放	the Liberation	6
jièguāng	借光	excuse me	v2
jiéguǒ	結果	result; outcome	v2,v3
jiéhūn	結婚	marry; get married	v3,7
jiējí	階級	social class	v3
jiějie	姐姐	older sister	v1,v2,1
jiějué wèntí	解決問題	solve problems	4
jiěkāi	解開	untie, unloose; settle disputes	v2,31
jiémù	節目	program (e.g., TV program)	v2,v3,8
jiépāi	節拍	meter (as in metronome)	31
jièqián	借錢	borrow money	v3,3
jièshào	介紹	introduce; term used in formal introductions	v2
jiéshěng	節省	economize, cut down, save; frugal	v1,v2
jiēshí	結實	bear fruit; substantial; durable	v2,7
jiěshì	解釋	explain; expound; interpret	v3
jiēshòu	接受	accept	v2
jiéshù	結束	end; finish; conclude	v3,8
jiěshuō	解說	explain orally; comment	16
jiēwěn	接吻	kiss	8
jièxiàn	界限	demarcation line; dividing line; limits	25
jièzhǐ	戒指	ring	v2,19
jígé	及格	pass (a test)	v2,v3,23
jīguān	機關	mechanism; organ; body; machine-operated	4
jìhào	記號	mark; sign	25
jìhuà	計劃	plan; project	6,24
jīhuì	機會	opportunity; chance	v2,4
jílì	吉利	lucky; auspicious	v3
jímò	寂寞	lonely	v2,15
jìmǔ	繼母	stepmother	24
jīn	斤	pounds (lbs.)	v1,v2
(shì) jīn	(市)斤	pound (Chinese units)	v1
jīn	金	metal, gold	v1,v2
jīn	今	now, present	v1
jìn	近	near	v2
jìn	進	enter	v3,1
jìnbù	進步	progress; advance; improve	3
jìndài	近代	modern times	v3
jīng	經	pass through	v3
jīng	京	capital city	v1
jǐng	警	alarm	v2
jǐng	景	scene	v2
jìng	淨	pure, clean	v2
jìng-qiāoqiāo de	靜悄悄的	peaceful	v2
jīngāng	金剛	diamond	v2
Jīngbào	京報	*Peking Gazette*	30
jǐngbào	警報	alarm; warning; alert	v3
jǐngbào-qì	警報器	smoke warning	3
jǐngchá	警察	police, policeman	v2,v3,1
jǐngchá-jú	警察局	police station	v1
jīngcháng	經常	regularly, frequently	v2,v3
Jīngdū	京都	capital, the capital	v2,4
jīngguò	經過	pass; go through; undergo	v3
jīngjì	經濟	economy	v2,v3,21
jīngjì guánlǐ (xué)	經濟管理(學)	econ-management	v1
jīngjì-xué	經濟學	economics	v1,v2
jīnglǐ	經理	manager	v2,v3,9
jìngr	勁兒	vigor	v2
jīngshén	精神	spirit; mind; consciousness	6
jìngtóu	鏡頭	camera lens; shot, scene	1
Jīngxì	京戲	Beijing Opera	v3
jīngyàn	經驗	experience	v2
jīngyíng	經營	manage; run; engage in	v2,27
jìngzhēng	競爭	compete; competition	v2
jìngzi	鏡子	mirror	v2
jìniàn-rì	紀念日	commemoration/memorial day	v3
jìnkǒu	進口	enter port; import; entrance	2
jīnkuài	金塊	gold bullion	v3
jìnlái	進來	come in; enter	1
jīnnián	今年	this year	v1,v2,v3,24
jīnròu	筋肉	muscles	30
jīnshǔ	金屬	metal	28
jīntiān	今天	today	v1,v2,v3,13
jǐnxiù	錦繡	beautiful; splendid	v3
jìnzhàn shíjiān	進站時間	arrival time (for trains, buses, etc.)	v3
jǐnzhāng	緊張	nervous, keyed up, tense	v2,16
jìnzhǐ	禁止	prohibit, ban, forbid (often used in public signs)	17

Pinyin	Characters	English	Sessions

jìshu 技術 technical; technology v2

jìsuànjī 計算機 calculator v1,v2

jĭtiān 幾天 how many days v2

jítuán 集團 group; clique v2,v3

jiŭ 久 long; for a long time v3,8

jiŭ 九 nine v1,v2

jiŭ 酒 alcohol v2,v3,8

jiù 就 only; merely; just v3,1,5

jiù 就 as soon as; at once, right away v2,v3

jiù 舊 old v2,v3

Jiù-Jīnshān 舊金山 San Francisco v1,v2,v3

jiŭbēi 酒杯 wineglass v1,v2

jiūjìng 究竟 actually, exactly; after all, in the end; outcome v3

jiùjiu 舅舅 uncle, mother's brother v3,32,33

jiùshì 就是 even if 4

jiŭyuè 九月 September v1,v3

jīxiè 機械 mechanical engineering v2

jīyóu 機油 engine oil v2,20

jĭyuè 幾月 which month? v3

jízhe 急着 rush off 25

jìzhě 記者 reporter; correspondent; newsman 32

juăn 卷 roll, document v3

juànzi 卷子 papers; examination papers v1,v2

juéde 覺得 feel; think v2,v3,r1

juédìng 決定 decide 7

juéxīn 決心 determination; resolution 31

jùfă 句法 grammar; sentence structure; syntax v2,19,22

jùhé 聚合 get together; polymerization 1

jūliú-zhèng 居留証 residence permit v3

jùzi 句子 sentence v2,19

júzi-zhī 桔子汁 orange juice v2,v3

k K king (in deck of cards) v1

kăchē 卡車 truck v2,v3

kāfēi 咖啡 coffee v2,v3,14

kāi 開 start; to open; to drive; bloom v1,v2,v3,1

kāi dēng 開燈 light a lantern; turn on a light v3,26

kāi huā 開花 blossom; bloom; flower r1

kāi mén 開門 open the door v2,v3,27,30

kāi yīngxióng-chē 開英雄車 drive like a madman v3,8

kāichē 開車 drive v1,v2,v3,1

kāifàng 開放 come into bloom; lift a ban, restriction, etc. v2

kāiguān 開關 switch 4

kāihuà 開化 become civilized 9

kāihuì 開會 conference; hold or attend a meeting v3,26

kāishĭ 開始 start; begin v3,1

kāishuĭ 開水 boiled water v2,v3,8

kàn 看 watch, look, see; read v1,v2,v3,1

kànbìng 看病 see (consult) a doctor 7

kàndào 看到 catch sight of; see 8

kāndēng 刊登 publish in a newspaper or magazine 21

kànjiàn 看見 see, meet with v2,v3,1

kànshū 看書 read v2,v3,1

kăo 考 examine, test v3,2

kăo bù jígé 考不及格 fail (get an "F" grade) v3

kăo jígé 考及格 pass (get a passing grade) v3,13

kăolù 考慮 think over; consider 26

kăoshàng 考上 be admitted (to a university) v3,3

kăoshì 考試 exam, test v1,v2,v3,2

kăotí 考題 examination questions/paper 13

kăpiàn 卡片 card 24

kě 可 permissible, possible; extremely v1,v2,17

kè 克 gram v1

kè 刻 quarter of an hour; measure word; notch v1,v3

kè 課 lesson; class v1,v2,v3,8

kě'ài 可愛 lovable; likable; lovely; adorable; cute v2,17

kèběn 課本 textbook v1,v2,27

kèchéng 課程 course; curriculum v3,12

kěguài 可怪 strange v3

kěkào 可靠 reliable v2,20

kékŏu-kělè 可口可樂 Coca-Cola v3,17

kělè 可樂 Coke v2

kělián 可憐 pitiful; pitiable; poor v2,17

kěn 肯 agree, consent v3

kěndìng 肯定 must have been v2,19

kěnéng 可能 perhaps v2,v3,16

kěnqiú 懇求 implore; beseech; entreat v2

kèqi 客氣 polite v2

Pinyin	Characters	English	Sessions

késòu 咳嗽 cough 11

kètáng 課堂 classroom v1,31

kèxī 可惜 it's a pity that v2

kèxiào 可笑 laughable; ridiculous; ludicrous; funny 17

kēxué 科學 science; scientific knowledge 13

kéyǐ 可以 okay v2,v3,1

kéyǐ bù kéyǐ 可以不可以 is it okay? will it do? may I? v1,v2,17

kéyǐ shì kéyǐ 可以是可以 you may, but... v2

kōng 空 empty v2

kǒngbù 恐怖 terror v2,v3

Kōngjūn 空軍 Airforce v3

kǒngpà 恐怕 perhaps; I think; I'm afraid... v2

kōngqì wūrán 空氣污染 air pollution v2,v3

kòngr 空兒 an occasion; an opportunity; a blank space; spare time v2,v3,3

kōngshǒu 空手 empty-handed 28

kōngtiáo 空調 air-conditioning 1

kōngxí 空襲 air raid 27

kóngzǒng 倥傯 urgent; pressing v3

kǒu 口 mouth v1,v3,30

kòuchú 扣除 deduct 23

kǒudài 口袋 pocket v2

kǒuhào 口號 slogan v2

kǒuqín 口琴 harmonica 17

kòushàng 扣上 button up; buckle up 3

kǒuxiāng-táng 口香糖 chewing gum v3,28

kǒuzhào 口罩 gauze mask v2

kòuzi 扣子 button v3

kuài 快 quick, fast v1,v2,v3,16

kuài 塊 piece, lump, dollar, classifier v2,v3,8

kuài dāo 快刀 sharp knife v3

kuàibǎn 快板 allegro 24

kuàicān 快餐 fast food v2,v3

kuàichē 快車 express train or bus v2

kuàihuó 快活 happy; merry; cheerful 1

kuàitǐng 快艇 speedboat; motor boat 24

kuàizi 筷子 chopsticks 15,18

kuājiǎng 誇獎 praise; commend 8

kuǎn 款 amount, sum v2,v3,10

kuángfēng 狂風 fierce wind; whole gale 12

kuàngshān 礦山 mine (as in coal mine) v2,21

kuàngshí 礦石 ore 1

kuātuō 誇脫 quart v1

kǔgōng 苦工 hard manual work v2,16

kuīběn 虧本 bankrupt; loss of capital; fail in business v2,v3

kuíhuā 葵花 sunflower 12

kǔlì 苦力 coolie 20

Kūnmíng 昆明 Kunming v2

kùnnán 困難 difficulty; financial difficulty 23

kuòzhāng 擴張 expand; enlarge; extend 21

kūzào 枯燥 boring; dull and dry; uninteresting v2,v3

lā 拉 play (bowed instruments); pull 9,10

là (de) 辣(的) hot or spicy v2,v3

Lādīng Měizhōu 拉丁美洲 Latin America (continent) v1

lái 來 come v1,v2,v3,1

lái kàn 來看 come to see v1,1

lái zuò 來坐 come to do it; come and visit v1

láiwǎng 來往 come and go v3

lājī-tǒng 垃圾筒 garbage can; dustbin 21,22

làjiāo 辣椒 hot pepper; chili v3

lǎn(duò) 懶(惰) lazy v2,v3

làng 浪 wave, waste 8,10

láng tūn hǔ yàn 狼吞虎咽 wolfing, eat in a hurry v2

lángān 欄桿 fence; railing; balustrade 12

làngfèi 浪費 waste, squander v2,v3,8

làngfèi shíjiān 浪費時間 waste of time v2,v3,8

lánggǒu 狼狗 wolfhound v2

lánqiú 籃球 basketball v2,14

lánsè 藍色 blue(-colored) v2

Lánzhōu 蘭州 Lanzhou v2

lǎo 老 old; always v2,v3,3

lǎo tóuzi 老頭子 old codger v2

lǎo-yú-shìgù 老于事故 worldly v2

lǎobǎn 老板 boss v2,1

láodòng 勞動 work, labor; physical/manual labor v2

Láodòng-dǎng 勞動黨 Labor Party 6

láohǔ 老虎 tiger v3

Láohǔ-duì 老虎隊 Tigers (baseball) team v2

láojià 勞駕 excuse me; may I trouble you... 15

Pinyin	Characters	English	Sessions

lǎojiā 老家 native place; old home v2

lǎolao 姥姥 maternal grandmother v1

lǎopór 老婆兒 old woman v2

láosāo 牢騷 discontent; grievance; complaint 12

lǎoshī 老師 teacher (polite address) v1,v2,v3,1

lǎoshí 老實 honest, sincere; experienced; well behaved v2,2

lǎoshǒu 老手 veteran; old hand v3

lǎoyé 老爺 maternal grandfather v1,v2

lāshǒu 拉手 shake hands 8

le 了 completive particle v1,v2,v3,1

lěi 壘 base (as in baseball) v2

lèi 累 exhausted; fatigued; tired v2,3

Léigōng 雷公 Thunder God 12

lěng 冷 cold v2,1

lěng-bīngbīng de 冷冰冰的 ice cold, as cold as ice, frozen stiff v2

lí 離 leave, part from, be away from v2

lǐ 李 plum; surname 18

lǐ 理 principle; pay attention to, acknowledge v3,1

lǐ 裏 (里) inside, within; positional noun v1,v2,v3,1

(shì) lǐ (市) 里 mile (Chinese units) v1,v3,17

lì 歷 pass, successive v2

liǎ 倆 two; some; several v3

lián 憐 compassion, pity 18

lián 連 even; in succession, one after another 2

liǎn 臉 face 32

lián-pái 連牌 a straight (in game of Poker) v1

liáng 涼 cool; cold v2,v3

liǎng 兩 two (of a kind); always used when counting things v1,v2,v3,4

liàng 涼 make or become cool 1

liàng 亮 bright v2,1

liàng 輛 measure word for vehicles v1,v2,v3

liàng-guāngguāng de 亮光光的 bright v2

liángxīn 良心 conscience 12

liánhé 聯合 alliance, union; joint, combined v2,v3

liǎnmiàn 臉面 face; self-respect; somebody's feelings 20

liǎnpí-hòu 臉皮厚 hard-necked v2

liánrì 連日 day after day; for days on end 15

Pinyin	Characters	English	Sessions

liǎnsè 臉色 expression [lit. face color] v2

liànxí 練習 practice, exercise v2,v3

liánxù-jù 連續劇 miniseries v3,3

liánzhōu 聯州 federal v2,31

lǐbài-èr 禮拜二 Tuesday v1

lǐbài-liù 禮拜六 Saturday v1

lǐbài-rì 禮拜日 Sunday v1

lǐbài-sān 禮拜三 Wednesday v1

lǐbài-sì 禮拜四 Thursday v1

lǐbài-tiān 禮拜天 Sunday v1

lǐbài-wǔ 禮拜五 Friday v1

lǐbài-yī 禮拜一 Monday v1

lǐbiān 裏邊 inside, within; positional noun v1,v3,16

líbié 離別 take leave of v3

lìchéng 歷程 course; process v3

Lìdū Fàndiàn 麗都飯店 Holiday Inn v2,v3

Lièníng 列寧 Lenin 13

lǐfà 理髮 haircut v3

lǐfà-guǎn 理髮館 barber shop v2,v3

lǐgōng-kè dàxué 理工科大學 college of science and engineering 30

lìhai 利害 fierce; terrible; devastating v2

líhūn 離婚 divorce 12

lǐjié 禮節 courtesy; etiquette; protocol v2

líkāi 離開 leave; depart; deviate from 12

lìkè 立刻 immediately; at once; right away r1

lìliàng 力量 strength; power v2

límǐ 厘米 centimeter v1

lǐmiàn 裏面 inside, within; positional noun v1,28

líng 鈴 bell v2,1

líng 靈 responsive, lively v2

líng 零 zero v1,v3

lìng 另 other; another; extra v3

lǐngdài 領帶 necktie; tie 31

lǐngdǎo-rén 領導人 leader; executive v1,24

língqián 零錢 ready cash v1

língshí 零食 snacks; between meal nibbles 28

lìngwài 另外 besides; in addition; moreover 25

línjū 鄰居 neighbor v2

Línkěn 林肯 Lincoln 4

lìnsè 吝嗇 stingy; miserly; mean v3,3

Pinyin	Characters	English	Sessions

línshí-gōng 臨時工 temporary worker; casual laborer v2

lìnxī 吝惜 grudge; stint 21

lìshí 立時 immediately; at once v3

lìshǐ 歷史 history v1,v2,v3

lǐtou 裏頭 inside, within; positional noun v1,v2

liú 留 keep, remain; let grow; leave (behind for someone) v1,v2,v3,31

liù 六 six v1,v2,v3,2

Liú Shàoqí 劉少奇 Liu Shaoqi 6

liú xīn 留心 be careful; take care 12

liúchǎn 流產 abortion 11

liúlì 流利 fluent v2,24

liúxīn 留心 careful v2,1

liùyuè 六月 June v1,v2,v3

lǐwù 禮物 present, gift v2,v3,14

lìxī-lǜ 利息率 interest rates v2

lǐxiǎng 理想 ideal 7

lǐxiǎng de shuō 理想的說 ideally v3

lóngjuǎn-fēng 龍卷風 tornado 32

lóngxiā 龍蝦 lobster v3

lǒngzhào 籠罩 envelop; shroud 30

lóu 樓 building, storey v2,v3

lóudǐng 樓頂 roof v2

lóufáng 樓房 building of two or more storeys v3

lóutī 樓梯 staircase v2

lù 錄 record; write down; copy 18

lù 路 road v2,v3,17

lǚ 旅 travel v3

lǜ 率 ratio, rate v2,v3

lǜ-bǎoshí 綠寶石 emerald v2

lǚguǎn 旅館 hotel v2,v3,23

lùjūn 陸軍 army; land force 21

lún-gàizi 輪蓋子 hubcap 32

lúnbān 輪班 in shifts; in relays; in rotation 31

Lúndūn 倫敦 London 12

lúntái 輪胎 tires (noun) v2

lúntái lòuqì 輪胎漏氣 flat tire v2

luóbo 蘿卜 radish v2,12

Luóér-Luósī-chē 羅兒羅司車 Rolls Royce (car) v2

luòhòu 落後 backward v2,3

Luómǎ 羅馬 Rome; Roman v3

Luòshānjī 洛杉磯 Los Angeles v3,21

luósī 螺絲 screw (noun); a spiral v2

luósī-dāo 螺絲刀 screwdriver v3

luòtuó 駱駝 camel 12

lǜsè 綠色 green color v3

lùxiàng-dài 錄像帶 video v3,20

lǚxíng 旅行 travel v2,v3,2

lǚxíng zhīpiào 旅行支票 traveler's check v3

lǚxíng-tuán 旅行團 tourist group 20

lùyīn-jī 錄音機 tape recorder v2,16

lǚyóu 旅游 tour; tourism v3

lǚyóu-chuán 旅游船 cruise liner; (go on a) cruise v3

ma 嗎 question particle v1,v2,v3

mǎ 碼 yard v1

mǎ 馬 horse; surname v1

mà 罵 scold, rebuke; curse, swear 32

mǎchē 馬車 carriage/cart (horse-drawn) v2,16

máfán 麻煩 nuisance; troublesome v2,v3,13

mǎi 買 buy v1,v2,v3,1

mài 賣 sell v1,v2,v3

mǎi le 買了 bought v2

màigěi 賣給 sell to 2

máihǎo 買好 play up to v2

Mǎkèsī 馬克思 Marx v3,13

Mǎláixīyà 馬來西亞 Malaysia 13

mǎlù pángbiān 馬路旁邊 roadside v2

māmā 媽媽 mom v1,v2,v3,1

màn 慢 slow v2,v3,12

màn chē 慢車 slow train (stops at all stations) v3

máng 忙 busy; be busy v2,v3,28

mànhuà 漫畫 caricature; cartoon v2,v3,3

mànhuà zázhì 漫畫雜誌 comic book v2

mǎnmén 滿門 the whole family 17

mǎnyì 滿意 satisfy; satisfied, pleased v2

mǎnyuè 滿月 full moon; a baby's completion of its first month of life 7

Mǎnzhōu 滿洲 Manchuria 16

mǎnzuò 滿座 whole (full) audience v2

máo 毛 hair, dime v1,v2,v3

Máo Zédōng 毛澤東 Mao Tse-Tung 6

Máo zhǔxí 毛主席 Chairman Mao 6

máobǐ 毛筆 writing brush; Chinese brush pen 15

Pinyin	Characters	English	Sessions

máobìng 毛病 defect, shortcoming, fault, mistake 1

máojīn 毛巾 towel v2

máoniú 犛牛 yak 12

Máotái (jiǔ) 茅台（酒）Maotai (liquor) v3

màoxiǎn 冒險 take a risk; take chances 8

máoyī 毛衣 sweater, woolly v2,v3,12

màozi 帽子 hat 28,33

mǎshàng 馬上 at once; right away v2,1

me 麼 question particle v1

méi 沒 negative particle v1,v2,v3,3

měi 美 beautiful v1,v2,17

měi 每 each v2,v3,13

měi cì 每次 always; each time v3,13

měi ge xīngqī 每個星期 every week v1,v3,13

měi ge yuè 每個月 every month v1

měi nián 每年 every year v1,v3

měi tiān 每天 every day v1,v3,4

méiguī 玫瑰 rose; rugosa rose v3,12

Měiguó 美國 America v1,v2,v3,12

méihuā 梅花 Clubs (suit of cards) v1

měilì 美麗 beautiful v2

mèimei 妹妹 younger sister v1,1

méiqì 煤氣 gas (as in gas stove); coal gas 31

méiyǒu 沒有 not have, not exist v1,v2,v3,1

méiyǒu bù tóng 沒有不同 no different from v2

méiyǒu yìsi 沒有意思 silly; not have meaning v2,v3

méiyǒu-yìsi 沒有意思 boring, uninteresting v2

Měiyuán 美元 U.S. dollar, $ v1,v3

men 們 plural suffix (for personal pronouns) v1

mén 門 door, gate v1,3

mèn 悶 stifling (as the weather); sultry (weather) v2

Ménggǔ 蒙古 Mongolia v3

Mèngzǐ 孟子 Mencius 2

ménkǒu 門口 entrance; doorway v2,14

ménlíng 門鈴 doorbell v2

ménpái 門牌 house number v2

mènrè 悶熱 muggy; humid v2

ménsuǒ 門鎖 door lock v2

ménzhěn-suǒ 門診所 clinic 11

mí 迷 confused, lost v3

mǐ 米 meter v1

mí lù 迷路 lose one's way; get lost v3

Miami-chéng 麥阿密城 Miami v3

miǎn 免 avoid v1

miàn 面 face; side; aspect v1,29

miànbāo 麵包 bread v2,v3

Miǎndiàn 緬甸 Burma v3,13

miǎnfèi 免費 free 4

miánhuā 棉花 cotton 12

miànjī 面積 area v2

miàntiáo 麵條 noodles v2,v3,19,22

miányī 棉衣 cotton-padded clothes 12

miǎo 秒 seconds (on the clock) v1

miáozhǔn 瞄準 take aim at v3

Mǐdà 密大 University of Michigan v1,v2,13

mǐfàn 米飯 rice (boiled rice) v3,9

mìfēng 密封 seal up; seal airtight 21

mǐmiàn 米麵 rice noodles 20

míng 名 name v1

míng 明 bright v1,v2

míngbái 明白 understand; clear v2,1

Míngcháo 明朝 Ming Dynasty (A.D. 1368 - 1644) 13

míngcí 名詞 noun; term; phrase 13

mínggǎn 銘感 be deeply grateful v2

míngjié 名節 reputation; moral integrity 32

míngjiǔ 名酒 wines and spirits v3

míngmíng 明明 obviously; plainly 13

míngnián 明年 next year v1,v2,v3,13

míngpáir-chē 名牌兒車 famous brand car (e.g., Cadillac) 8

míngpár 名牌兒 name-brand v2

míngtiān 明天 tomorrow v1,v2,v3,3

mínguó 民國 Republic of China 6

míngxīng 明星 movie star v2,r1

míngzǎo 明早 tomorrow morning v3

míngzi 名字 personal name v1,v2

mínquán 民權 civil rights; civil liberties; democratic rights 13

mínzhǔ xuǎnzé 民主選擇 democratic election 6

Mínzhǔ-dǎng 民主黨 Democratic Party v2,6

mìshū 秘書 secretary 21

Mìxīgēn-zhōu 密歇根州 Michigan State v1

Pinyin Characters English Sessions

míyǔ 謎語 riddle; conundrum v3

mócā 摩擦 rub; friction v3

módēng 摩登 modern; fashionable v3

mófàn 模範 exemplary person/thing, model; mold for casting bronze 15

mōsuǒ 摸索 grope; feel about; fumble 28

mótuō-chē 摩托車 motorbike v2,15

móxíng 模型 model (e.g., of a ship) 13

mòyú 墨魚 inkfish; cuttlefish 23

Mózātè 莫扎特 Mozart v3

mǔ 母 mother v1

mù 木 wood v1

mù bú zhuàn jīng 目不轉睛 transfixed [lit. eyes not revolve eyeballs] v2

mùdì 目的 purpose; aim; goal; objective 24

mùqián 目前 now; at present; at the moment v3

mǔqīn 母親 mother v2

mùshī 牧師 pastor; minister; clergyman 21

ná 拿 take; pick up; hold v3,17

nǎ 哪 which one? v1,v2,v3

nà 那 that v1,v2,v3,2

nà méiyǒu shémme liǎo bù qǐ 那沒有什麼了不起 that's nothing 2

nǎ-yì nián 哪一年 which year? v3

náhuílái 拿回來 bring it back here 13

nǎilào 奶酪 cheese 14

nǎinai 奶奶 paternal grandmother v1

nàixīn 耐心 patiently v2

nán 南 south v1,v3

nán 男 male v1,v3

nán 難 difficult v2

nán-péngyǒu 男朋友 boyfriend v3

nándào 難道 hard to say (used in expressing unlikelihood) 23

nándé 難得 rare; hard to come by v2

nándǒng 難懂 hard to comprehend v2

nánfāng 南方 the South v2

Nánhǎi 南海 South China Sea; Nanhai Sea v2

nǎnián 哪年 what/which year? 17

nánjiǎng 難講 hard to say v2

Nánjīng 南京 Nanjing v2,v3

nánrén 男人 man; menfolk; guys v2,13

nánxué 難學 is hard to learn v2,23

Pinyin Characters English Sessions

nánzi-Hàn 男子漢 manly; man; young tough v3

nǎojīn 腦筋 brains, mind, head; way of thinking 16,29

náotóu 撓頭 scratch one's head; difficult to tackle 13

nǎr 哪兒 where? v1,v2,v3,14

nàr (nàli) 那兒（那裏） there v1,v2,3

ne 呢 question particle v1,v3,8,10

nèi 內 inner, inside v2

nèi (or nà) 那 that v2,v3,4

nèidi 內地 Mainland China 6

nèikē 內科 internal medicine 11

nèiróng 內容 content; substance v2

nèixiàn 內線 telephone extension (interior line) v1

nèmme 那麼 like that, in that way; then, in that case v2,v3,3

néng 能 innate ability v2,v3,3

nèng shī 弄濕 soak; make wet/damp 32

néng X jiù X 能X就X as X as possible v2

néng(gòu) 能(夠) able v2

nénggàn 能幹 able v2

nénggòu 能夠 can; be able to; be capable of 12

néngrén 能人 able person 13

nǐ 你 you (singular) v1,v2,v3,1

nì 膩 greasy, oily, heavy (of food) v2

nǐ de 你的 your, yours (singular) v1,v2

ní hǎo 你好 hello v1,v2,v3

nǐ ne 你呢 and what about you? v1

nián 年 year v1,v2,v3,8

niándài 年代 year-era v1

niánlíng 年齡 age 13

niánqīng 年輕 young v2,v3

niànshū 念書 read; study v2,v3,21

niàobù 尿布 diaper; napkin 25

nǐmen 你們 you (plural) v1,v2,v3

nǐmen de 你們的 your, yours (plural) v1,v2

nín 您 you (polite) v1

nín de 您的 your, yours (polite) v1

níngjié 凝結 coagulate; congeal; condense 13

nírén 泥人 clay figurine 13

niú 牛 cattle v3

niúchē 牛車 oxcart v2

Pinyin	Characters	English	Sessions
niúdòu	牛痘	cowpox; smallpox pustule	15
niúnǎi	牛奶	milk	v2,v3,9
niúròu	牛肉	beef	v2
niúròu-pái	牛肉排	beef steak	v3
Niǔyuē	紐約	New York	v1,v2
niúzǎi-kù	牛仔褲	jeans; close-fitting pants	v2
Níyájiālā Pùbù	尼亞加拉瀑布	Niagara Falls	25
nóng	濃	strong; thick of liquids	v2
nóngmín	農民	peasant; peasantry	v2,12
nòngqián	弄錢	make money; make money dishonestly	23
nòngqīng	弄清	clarify, make clear; understand fully	v2
nóngrén	農人	farmer	13
nòngtōng	弄通	get a good grasp of	v2
nǚ	女	woman; female	v1
nǚ-péngyou	女朋友	girlfriend	v2,7
nuǎnhé	暖和	warm	v2,1
nuǎnqì	暖氣	central heating	v2,1
nǚér	女兒	daughter; girl	v2,21
nǚháir	女孩兒	daughter	v2
nǔlì	努力	make great effort; try hard	3
nuó	挪	move; shift	21
nǚpái	女排	women's volleyball	v2
nǚrén	女人	girl; woman	v2
nǚrén-páiqiú	女人排球	women's volleyball	v2
nǚshì	女士	Ms. (in P.R.C.); lady; madam	v1
Ōuzhōu	歐洲	Europe	v2,v3,26
pà	怕	fear; dread; be afraid of	v3
pāi	拍	shoot (a movie); take (a picture)	v3
pái	牌	brand; plate; card	v2,18
pái	排	arrange; row, line	v2
páilóu	牌樓	decorated archway	13
pāishǒu	拍手	clap one's hands; applaud	28
páizi	牌子	sign	17
pāng	磅	pound	v1
pàng	胖	fat, overweight	v2,4
pàng-húhú de	胖乎乎的	fat	v2
pángbiān	旁邊	beside, side; positional noun	v1,v2
pángguān	旁觀	look on; observe	v2,31
pángtīng	旁聽	visitor at a meeting	v2,31
pángxiè	螃蟹	crab	15

Pinyin	Characters	English	Sessions
pànjué	判決	judgment; court decision	23
pànzuì	判罪	convict, declare guilty	v3,25
pào	泡	soak; dip; immerse; steep; infuse	v2,v3
pào chá	泡茶	to make tea	v2
pǎo dào	跑到	run to; take off to	1,22
pàobīng	炮兵	artillery	v3
páomǎ	跑馬	horse race; have a ride on a horse	19
pāomáo	拋錨	trouble [lit. drop anchor]	v2,3
pāomáo	拋錨	break down (of vehicles)	v3
péi	陪	accompany; assist	4,5
péikuǎn	賠款	indemnity; reparations	v3
péitóng	陪同	accompany; guide, companion	v3
péiyǎng	培養	foster; train; develop	v3
pén	盆	basin, tub, pot	1
pèngdào	踫到	bump into; meet	7
pēngrèn	烹任	cooking; culinary art	9
péngsuān	硼酸	boric acid	31
péngyou	朋友	friend	v1,v2,v3,1
pēnqì-shì fēijī	噴氣式飛機	jet	v3
pí	啤	transliteration syllable	18
pí-jiāzi	皮夾子	wallet; pocketbook	v1,v3
piān	篇	sheet (of paper); a piece of writing	v2,v3
piàn	片	film, record; slice, flake	v2,v3
piānjiàn	偏見	prejudice; bias	v3,9
piānxīn	偏心	partiality; bias	26
piányi	便宜	cheap	v2,23
piào	票	ticket	v1,v2,v3,2
piāobó	飄泊	drift aimlessly	v2
piàoliàng	漂亮	pretty, beautiful; good-looking	v2,v3,24
piàr	片兒	slice; flake; part	v2
píbāo	皮包	briefcase	v2,19
píjiǔ	啤酒	beer	v3,1
píndào	頻導	channel, frequency channel	v3
píng	瓶	bottle	v2,v3
píng	平	even, level, flat	v2
píng fēr	評分兒	grade (noun)	v2
píngcháng	平常	usually	v1
píngdào	屏導	channel (i.e., TV channel)	8
píngfāng-gōnglǐ	平方公里	square kilometer	v1
píngfāng-mǎ	平方碼	square yard	v1
píngfāng-mǐ	平方米	square meter	v1

Pinyin	Characters	English	Sessions

píngfāng-shìchǐ 平方市尺 square foot (Chinese units) v1

píngfāng-shìlǐ 平方市里 square mile (Chinese units) v1

píngfāng-yīngchǐ 平方英尺 square foot v1

píngfāng-yīngcùn 平方英寸 square inch v1

píngfāng-yīnglǐ 平方英里 square mile (British system) v1

píngguǒ 蘋果 apple v2,v3

píngjìng 平靜 calm, quiet, tranquil v2

píngjūn 平均 on average v1

pínglùn 評論 comment on; discuss v2

pīngpāng-qiú 乒乓球 Ping-Pong, table tennis v2

píngzi 瓶子 jar; bottle; flask 21

pīntuō 品脫 pint v1

pīpíng 批評 criticize 32

píqì 脾氣 temperament v2

píqì huài 脾氣壞 bad temper v2

pìrú shuō 譬如說 for example v1,v3

píxié 皮鞋 leather shoes 28,29

píyī 皮衣 fur coat v2

pòchǎn 破產 go bankrupt; become insolvent 24

pòkāi 破開 split it open; to split open v2,v3

pù 舖 lie down, shop v3

pūkè-pái 撲克牌 Poker (cards) v1

pútáo 葡萄 grape v2,32

Pútáoyá 葡萄牙 Portugal v1

pǔtōng 普通 ordinary, common, average v2

pǔtōng kuàichē 普通快車 through train (general fast train) v3

pǔtōng-huà 普通話 Mandarin Chinese v1,13

pùzi 舖子 store v2

qī 漆 paint v2

qī 七 seven v1,v2,v3

qī 期 period v1

qí 騎 ride (e.g., bicycle) v2,v3,13

qǐ 起 rise, arise v3

qì 氣 steam, spirit v2

qiān 簽 sign; autograph v3,r1

qiān 千 one thousand v1,v2,v3

qián 前 before; front, in front; positional noun v1,v2

qián 錢 cash, money v1,v2,v3,1

qiàn 欠 owe v1

qiānbǐ 鉛筆 pencil v1,v2,24

qiánbiān 前邊 front, in front; positional noun v1,v2

qiāndìng 簽訂 conclude and sign (a treaty, etc.) v2,r1

qiáng 墙 wall 21,33

qiǎng 搶 rob; pillage; loot 1

qiāngbì 槍斃 execute by shooting 32

qiánmén 前門 front door; south gate of Beijing v2

qiánmiàn 前面 front, in front; positional noun v1,v2

qiánnián 前年 year before last v2,v3

qiānshēng 千升 kiloliter v1

qiānshǔ 簽署 sign/initial (a document) v3

qiánshuǐ-tǐng 潛水艇 submarine 12

qiántiān 前天 day before yesterday v1,v2,v3

qiántou 前頭 front, in front; positional noun v1

qiānwàn 千萬 whatever you do v2,30

qiānzì 簽字 sign; affix one's signature v2,v3

qiáo 瞧 see, look at v2

qiáo 橋 bridge v1

qiáo-pái 橋牌 Bridge (cards) v1

Qiáozhì Huáshèngdùn 喬治華盛頓 George Washington v3

qìchē 汽車 car, automobile v2,1

qǐchū 起初 originally; at first 16

qìchuán 汽船 steamer, steamship v2

qǐchuáng 起床 get up; get out of bed v1,v2,1,15

qǐdòng 啓動 start (a machine); switch on 31

qìhòu 氣候 climate 3

qíjiān 其間 among (them/which/etc.) v3

qǐlái 起來 stand up; sit up; rise to one's feet v2,3

qímǎ 騎馬 ride/mount a horse v2

qìmén 氣門 air valve of a tire 23

qín 琴 stringed instrument (e.g., violin, piano) 9,10

Qín Shǐ huángdì 秦始皇帝 First Emperor of Qin 33

qīng 青 blue, green v1,v2

qīng 清 clear, pure v2,v3

qíng 晴 clear (of weather) 30

qǐng 請 invite, please v1,v2,v3,4

Pinyin	Characters	English	Sessions

qǐng wèn 請問 excuse me, please may I ask... v1,v2

qǐng wù 請勿 please do not (often used in public signs) 17

qǐng zhuǎn 請轉 please transfer to... v1

qīngchǔ 清楚 clear; clearly v2,v3,19

qínggǎn 情感 emotion, feeling; friendship v2

qǐngjià 請假 ask for time off 2

qǐngkè 請客 stand treat; give a dinner party v3,1

Qīngmíng 清明 lucid (of mind); peaceful (of times) v2

qīngqīng 輕輕 lightly; gently v2

qīngsōng 輕鬆 relaxed; light; easy v2

qíngtiān 晴天 fine day; sunny day v3

qǐngtiě 請帖 invitation; invitation card v2

qìngzhù 慶祝 celebrate r1

qīnqī 親戚 relative; kin; family v3

qióng 窮 poor v2

qióngkǔ 窮苦 very poor; in deep need v2

qióngrén 窮人 poor people; the poor 4

qǐpǎo 起跑 start of a race 19

qīpiàn 欺騙 deceive; cheat; dupe 30

qìqiú 氣球 balloon v2

qíquán 齊全 complete v2

qǐshēn 起身 rise v2

qíshí 其實 actually; in fact 28

qìshuǐ 汽水 soda; pop v3,9

qìtǒng 氣筒 inflator; bicycle pump v3

qiū 秋 autumn v1

qiú 球 ball v2

qiúchǎng 球場 ballpark v2

qiūjì 秋季 autumn season v1

qiūtiān 秋天 autumn v1,v3

qìyóu 汽油 gasoline v2,v3,28

qìyóu-fèi 汽油費 gasoline costs v2

qīyuè 七月 July v1,v2,v3

qǔ 取 take; withdraw v3,28

qù 去 go v1,v2,v3,1

qù mǎi dōngxi 去買東西 go shopping v1,v3,30

quán 全 complete, total v2,14

quánbù 全部 whole; complete; total; all v3,12

quánguó 全國 nationwide 32

quánjī 拳擊 boxing v2

quánqí 全齊 perfect v2

quántǐ 全體 all, unanimously; whole body v2

quár 圈(兒) circle; queen (in deck of cards) v1

qùnián 去年 last year v1,v2,v3,21

qúnzhòng 群衆 the masses 32

qúnzi 裙子 skirt v3

ràng 讓 let, allow; yield, give way v3,2,32

ránhòu 然後 then; after that; afterwards 1

rǎnliào 染料 dye v2

rè 熱 hot v2,1

rè-téngtēng de 熱騰騰的 boiling hot v2

règǒu 熱狗 hotdog v1,v3,3

rén 人 man, human being, people, person v1,v2,v3,9

rènào 熱鬧 hustle and bustle v2

rēng 扔 throw; toss 30

réng 仍 as before 23,29

rénjiā 人家 dwelling; household; family v2,v3,1

rénjiān 人間 the human world v2

rénkǒu 人口 population v1,v2,v3

Rénmín Rìbào 人民日報 *People's Daily* v2

Rénmín Yínháng 人民銀行 People's Bank v3

Rénmínbì 人民幣 RMB, P.R.C. dollar (People's Money) v1,v3

rènshi 認識 know; understand; recognize v3,2

rèshuǐ 熱水 hot water 1

rì 日 sun, day v1

Rìběn 日本 Japan v1,v2,v3,12

Rìbì 日幣 Japanese Yen v1

rìcháng 日常 everyday v2

rìcháng yòngfèi 日常用費 everyday expenses v2

rìguǐ 日晷 sundial 24

rìqī 日期 date (e.g., date of departure) 30

Rìwén 日文 Japanese (written language) 15

Rìyǔ 日語 Japanese (language) v2,v3,9

rìzi 日子 day, days; life, livelihood v2

róng 容 contain, content v2

róngguāng 容光 appearance; manner 31

róngyì 容易 easy v2

ròu 肉 meat v3,12

rù 入 enter v1

ruǎn 軟 soft v3

ruǎnruò 軟弱 weak; feeble v3,20

Pinyin	Characters	English	Sessions

ruǎnwò 軟臥 soft sleeper (class of train ticket) v3

Ruìshì 瑞士 Switzerland 13

rùjìng-zhèng 入境證 entry visa v3,20

ruòdiǎn 弱點 weakness; weak point 24

sāhuǎng 撒謊 lie, tell a lie v3,1

sài 賽 game; match; competition V2,3

sàichē 賽車 motor racing v2,28

sàichē-huì 賽車會 motor racing competition v2,v3

sāijiá 腮頰 cheeks 27

sàimǎ 賽馬 horse racing v2

sān 三 three v1,v2,v3,2

sān-niánjí 三年級 junior (student) v1,v2,v3

sànbù 散步 take a walk; go for a walk v2

sānděng 三等 third class; third rate 8

sǎngzi-téng 嗓子疼 sore throat 11

sānkè (zhōng) 三刻（鐘）45 minutes; quarter of the hour v1

Sānxiá de lúnchuán 三峽的輪船 Three Gorges v3

sānyuè 三月 March v1,v2

sǎodì 掃地 sweep the floor; reach rock bottom v2

sāorǎo 騷擾 harass; molest 8

sāshǒu 撒手 let go one's hold; let go 28

sè 色 color v2

shǎ bù lājī 傻不拉機 stupidly v2

shǎ(guā) 傻（瓜）stupid; foolish; thoughtless v2,8

shǎ-húhú de 傻乎乎的 stupid v2

shāchē 煞車 brakes v2

shǎguā 傻瓜 idiot v2

shài hóng 曬紅 sunburn 32

shài tàiyáng 曬太陽 sunbathe; sit in the sun v2,1

shàisǐ 曬死 fried (to death) by the sun 3

shālā 沙拉 salad v2

shāmò 沙漠 desert v2,v3,r1,29

shǎndiàn 閃電 lightning 32

shāndǐng 山頂 mountain top v2

shāng 傷 injure, wound 32

shàng 上 over, above; positional noun v1,v2,1

shàng cì 上次 last time v3

shàng dàxué 上大學 go to college v2,v3

shàng ge xīngqī 上個星期 last week v1,v2,v3

shàng ge yuè 上個月 last month v1

shàng xué 上學 go to school 9

shàngbān 上班 go to work v1,v3,1

shàngbiān 上邊 over, above; positional noun v1,v2,21

shāngbiāo 商標 label v3

shàngděng 上等 first-class; first-rate; superior 2

shāngdiàn 商店 shop; store 1

shànggào 上告 appeal to a higher court 25

shànggǔ 上古 ancient times 2

shānghài 傷害 injure; harm v3

Shànghǎi 上海 Shanghai v1,v2,12

shàngkè 上課 go to class; attend class v1,v2,v3,2

shàngmiàn 上面 over, above; positional noun v1

shāngpǐn 商品 commercial product v2,8

shàngtái 上台 take office r1

shàngtou 上頭 over, above; positional noun v1

shāngwù 商務 business affairs v2

shàngwǔ 上午 A.M., morning v1,v3,25

shàngxià 上下 about; roughly; approximately v1

shāngyè 商業 commerce; trade; business v2

shānhú 珊瑚 coral 7

shāo 燒 burn 3,32,33

sháo 勺 scoop; spoon; ladle v3

shǎo 少 few v1,v2,16

shǎo yǒu 少有 rare; scarce v3

shāohú 燒煳 burn by cooking 32,33

shàonián 少年 juvenile; early youth 1

shǎoshù mínzú 少數民族 ethnic minority v2

shāowēi 稍微 slightly; a little; a bit 26

shèbèi 設備 facilities; equipment; installation v2

shèhuì-kēxué 社會科學 Social Science v2,v3,13

shéi 誰 who? v1,v2,14

shéi yě/dōu 誰也/都 everyone 14

shémme 什麼 what (thing)? v1,v2,v3,1

shémme 什麼 hardly anything v2

shémme dìfāng 甚麼地方 what place; whereabouts v1,v2,14

shémme dìfāng dōu 什麼地方都 everywhere 14

shémme shíhòu 什麼時候 when, what time? v1,v2,v3,8

Pinyin	Characters	English	Sessions

shēn 身 body; measure word for suits of clothing 4

shén 什 what v1

shēnchá 審查 examine; investigate 17

Shēnfù Dì-sānjí 教父第三輯 "The Godfather, III" (movie) v3

shēng 聲 tone v1

shēng 生 beget, be born, produce v1,v2

shēng 升 liter v1

(shì) shēng (市)升 liter (Chinese units) v1

shěng 省 (Chinese) province; economize, save v1,10,30

shèng 勝 win (used when quoting the score) v2

shèng 剩 surplus; remnant 8

shēng gēn 生根 take root 1

shēng xiù 生銹 rusty v2

shēngbìng 生病 fall ill v3,3

shèngcài 剩菜 leftover food 21

shēngchǎn 生產 produce; manufacture; give birth to a child v2

shěnghuì 省會 provincial capital city v1

shēnghuó-yòngfèi 生活用費 cost of living v2,v3

shēngqì 生氣 become angry; take offense 1

shēngrì 生日 birthday v1

shēngzì 生字 new word 30

shéngzi 繩子 string v2

shēnqǐng 申請 apply for v2,20

shēnshì 身世 one's life experience 30

shēntǐ 身體 health, body v2,v3

Shěnyáng 沈陽 Shenyang 17

shéròu 蛇肉 snake meat 13

shèshì dù 攝氏度 degrees Celsius (°C) v1

shí 石 stone v3

shí 十 ten v1,v2,v3,2

shí 時 time v1,v3

shǐ 史 history v2

shì 試 test, try v3,9

shì 事 business, affair v2,v3,7

shì 市 market v2

shì 是 copula, true-to-say, is, are v1,v2,v3

shì 世 world v1

shì 室 chamber, office v2

shì bú shì? 是不是 right? [true/not true] v2,v3,13

shí-èryuè 十二月 December v1

shí-yīyuè 十一月 November v1,v3

shíběn 蝕本 lose one's capital v2

shícháng 時常 often; frequently v2

shìchǎng 市場 market; bazaar v2,v3

shídài 時代 times; age; era; epoch v2,15

shìfēi 是非 quarrel, dispute; right and wrong v2,21

shífēn 十分 complete, completely, absolutely v1,v3

shìfǒu 是否 whether or not; whether; if 24

shīfu 師傅 colleague at work; service personnel; master worker; Miss (in P.R.C.) v1,v3

shíhòu 時候 time (point in/duration of); moment v2,v3,1

shíhuà 實話 truth v2

shìjì 世紀 century v1

shíjì-shàng 實際上 in fact; actually v2

shíjiān 時間 time; duration v2,v3,3

shìjiān 世間 earth; world v2

shìjiè 世界 world v2,v3

shǐjìn 使勁 exert all one's strength 24

shíkè-biǎo 時刻表 schedule; timetable v1,v3

shìlì 勢力 position; force; power; influence 24

shímáo 時毛 fashionable; stylish v3

shíqíng 實情 facts; the actual facts of the case v2

shìqíng 事情 affair; matter; business 1

shíshí 時時 often; constantly v3

shìshì 時事 current event/affair v2

shísǔn 石筍 stalagmite v2

shítáng 食堂 cafeteria v1

shíwǔ 十五 fifteen v2,2

shīxíng 施行 apply; put in force; execute 7

shíyuè 十月 October v1,v2

shízài 實在 really, honestly; true, real v2

shǐzhōng 始終 from beginning to end v2,16

shóu 熟 ripe v2

shǒu 手 hand v2,30

shòu 售 sell v3

shòu 瘦 thin v2

shóubiǎo 手表 wristwatch v2

Pinyin	Characters	English	Sessions

shōudào 收到 receive; get; achieve v2,v3,1

shǒudū 首都 national capital city v1

shòupiào-chù 售票處 ticket hall; ticket office; box office v3

shòupiào-chuāng 售票窗 ticket window v3

shǒuqiāng 手槍 pistol; hand gun 31

shōushí 收拾 tidy; put in order; clear away v2,v3,26

shōutiáo 收條 chit; receipt v3

shǒuxù 手續 procedures v2

shū 書 book v1,v2,v3,8

shū 輸 lose v2,25

shù 數 number v1

shū-jiàzi 書架子 bookshelf 30

shū-pùzi 書舖子 bookshop v2,16

shuài 帥 smart; beautiful; graceful v2

shuāidǎ 摔打 beat; knock 28

shuāilǎo 衰老 old and feeble; decrepit; senile 8

shuāiluò 衰老 decline; be on the wane; go downhill 30

shuāng 雙 a couple, a pair; classifier, or measure word for things that come in pairs v1,v3,28

shuāngrén fángjiān 雙人房間 double room v3

shūfǎ 書法 calligraphy v2

shūfáng 書房 study; studio v3

shūfú 舒服 comfortable v2,1

shūguìzi 書櫃子 bookcase 21

shuǐ 水 water v1,v2,1

shuì lǎn jiào 睡懶覺 sleep in; get up late v3

shuǐguǎn 水管 waterpipe v3

shuǐguǒ 水果 fruit v2,7

shuǐhú 水壺 kettle; canteen; watering can 32

shuìjiào 睡覺 sleep, go to bed v1,v3,1

shuǐlì 水力 water power; hydraulic power v3

Shuǐmén-shìjiàn 水門事件 Watergate affair/incident 32

shuìyī 睡衣 pajamas; night clothes v3

shūjí 書籍 books and records 33

shǔjià 暑假 summer vacation v1,v2,v3,16

shùlín 樹林 woods; grove 23

shùnfēng 順風 favorable wind; tail wind v3

shuō 說 say v1,v2,v3,1

shuōfǎ 說法 explanation v2

shuōhuà 說話 speak, talk v2,v3,1

shuōmíng 說明 explain; illustrate; show v2,7

shuōshū 說書 storytelling 26

shùpí 樹皮 bark (of tree) 1

shūshu 叔叔 uncle; father's younger brother 32

shūtào 書套 slipcase 30

shūtíng 書亭 book-kiosk; bookstall 7

shùxué 數學 math v1,v2,v3,13

shùyǔ 術語 terminology v2

sī 司 company v2

sī 思 think v2

sì 四 four v1,v3

sǐ le 死了 to death, extremely v2,32,33

sì-niánjí 四年級 senior (student) v1,v2

sīcháo 思潮 thoughts; trend of thought, ideological trend 7

sīchóu 絲綢 silk goods; silks v2,v3

Sìchuān 四川 Sichuan v2

sījī 司機 driver v3

sìshēng 四聲 the four tones v1

sīsuǒ 思索 think deeply; ponder 8

sīxiǎng 思想 idea v2,28

sìyuè 四月 April v1

sòng 送 escort, take somewhere; send, deliver v2,v3,5,21

sònggěi 送給 give v2

sònglǐ 送禮 give someone a present v3

sōují 搜集 collect; gather 7

suàn 算 reckon; regard as, count as v1,20

suàn qīng 算清 clearly reckoned (as accounts, etc.) v3

suànmìng 算命 fortune-telling 25

suànpán 算盤 abacus v2

sùcài 素菜 vegetable dish 21

sùdù 速度 speed; velocity; tempo; rate 3,18

Sūgélán qúnzi 蘇格蘭裙子 Scottish kilt v3

suì 歲 harvest, year, age v1,2

suíbiàn 隨便 casually; randomly; carelessly; willfully 15

suíjí 隨即 immediately; presently v3

suīrán 雖然 though; although 28

suíshí 隨時 at any time; at all times v3

suìshù 歲數 age v2,3

Pinyin	Characters	English	Sessions

Sūlián 蘇聯 Russian; Soviet   v2,v3,13

Sūn Zhōngshān 孫中山 Sun Yat-sen   6

sǔnshī 損失 lose; loss   16

suǒ 鎖 lock (up); chain up   2,3

suǒ 所 place, that which   v2,31

suǒwèi 所謂 so-called; what is called   20

suōxiǎo 縮小 reduce; narrow; shrink   v3,28

suóyǐ 所以 therefore, so   v2,12

suóyǒu 所有 own, possess; all   v2,13

súqì 俗氣 nuisance, an annoyance; commonplace; vulgar   v2

sùshè 宿舍 dormitory   v1,v2,v3

sùxiàng 塑像 statue   32

tā 塌 collapse; fall down; cave in   v2

tā 他 he, him   v1,v2,v3,1

tā 她 she, her   v1,v2,v3,1

tā 它 it   v1,v2

tā de 他的 his   v1,v2

tā de 她的 hers   v1,v2

tā de 它的 its   v1,v2

tái 台 table, desk; measure word for performances/engines, etc.   v2,v3

tài 太 too; adjective   v1,v2,v3,3

Táiběi 台北 Taipei   v2

Tàiguó 泰國 Thailand; Thai   v2,14

táiqiú 台球 pool   v2

tàitài 太太 Mrs. (outside P.R.C.)   v1

(wǒ) tàitài （我）太太 wife (outside P.R.C.)   v1

Táiwān 台灣 Taiwan   v1,v2,24

tàiyáng 太陽 sun; sunshine, sunlight   v3,3

tāmen 他們 they   v1,v3,1

tāmen de 他們的 their, theirs   v1,v2

tán 彈 play (a stringed musical instrument)   15

tán 談 discuss; talk; chat   9,10

táng 堂 measure word for classes/furniture/etc.   8

táng 糖 candy, sweets, sugar   v2,v3,18

tàng shāng 燙傷 scald   32

tángguǒ 糖果 candy; sweets   v3,17

tánhuà 談話 chat, conversation   v2

tāntái 坍台 lose face, fall into disgrace   v2

tānxīn 貪心 covetous; greedy; avaricious; insatiable   v2,26

tánxīn 談心 have heart-to-heart talk   v2

Pinyin	Characters	English	Sessions

tào 套 measure word for sets/series   v2,v3

tǎolùn 討論 discuss; talk over   v3

táoqì 淘氣 naughty   1

tǎoyàn 討厭 annoying   v2

tè 特 special   v2

tèbié 特別 especially; special; particular   v2,v3

tèkuài 特快 express   v3

tèkuài lièchē 特快列車 express train   v3

téng 疼 hurt; ache; pain   11

tèshū 特殊 special; particular; exceptional   v2,v3

tèwù 特務 spy; special agent   32

tī 梯 steps, ladder   v3

tī 踢 kick; play (football)   v3,32

tì 替 for, on behalf of; take place of, substitute   9

tiān 天 sky, heaven, day   v1,v2,v3,1

tián 填 fill in   v3

tián 甜 sweet; agreeable   v2

tián 田 field   v1

tiān a! 天啊！ expletive; my god!   v2

tiánbiǎo 填表 fill in a registration form   v3

tiānbǔ 添補 replenish; get more   28

tiāncái 天才 genius; talent   v2

tiánguā 甜瓜 muskmelon   31

Tiānhé 天河 the Milky Way; the Galaxy   7

tiánjìng 田徑 track and field (sports/athletics)   15

tiānkōng 天空 sky   v2,26

tiānqì 天氣 weather   v1,v2,1

tiānrán 天然 natural   v2

tiāntiān 天天 daily, every day   v2

tiānzhēn 天真 naive   v2

tiānzǐ 天子 emperor, the emperor; the Son of Heaven   8

tiáo 條 strip; classifier   v1,v2,22

tiào 跳 jump   v2

tiāojiǎn 挑揀 pick; pick and choose   8

tiáojiàn 條件 condition   v1

tiáopí 調皮 mischief   v2

tiàowǔ 跳舞 dance (verb)   v2,v3,1

tiàozǎo 跳蚤 flea   2

tíbāo 提包 bag; handbag; shopping bag   31

tǐcāo 體操 physical exercise; drill   v2

tíchàng 提倡 encourage; recommend; advocate   15

Pinyin	Characters	English	Sessions

tìdāo 剃刀 razor v2

tiělù 鐵路 railway; railroad v3

tǐmiàn 體面 nice; face-saving; respectable v2,v3,20

tīng 聽 listen v2,v3,1

tíng 停 stop v1,11

tǐng 挺 very, rather v2,13

tíngchē-chǎng 停車場 parking lot, place v1,28

tīngdǒng 聽懂 understand v2,19

tīnghuà 聽話 obedient v3

tīngshuō 聽說 hear of, be told v2,v3

tíngzhǐ 停止 stop; cease; halt; call off v2,1

tíqín 提琴 violin (the violin family) 32

tǐyù-guǎn 體育館 sports stadium v2

tóng 同 same, similar; alike v2,v3

tóng 童 youth v1

tōngbào 通報 bulletin; journal 30

tōngdá 通達 understand 27

tǒngjì 統計 statistics 20

tòngkǔ 痛苦 pain; suffering; agony v3,2

tòngkuài 痛快 enthusiastic v2

tóngnián 童年 childhood v3

tóngshí 同時 meanwhile; at the same time v3

tóngshì 同事 colleague; fellow worker v2

tóngsù 同住 live together v3

tōngxíng 通行 pass through 17

tóngxué 同學 fellow student v2,13

tóngyì 同意 agree, consent, approve v2

tóngyī 統一 unify, unite, integrate v2,16

tōngyòng 通用 general; current; in common use v3

Tōngyòng Chuāngzào Qìchē Gōngsī 通用創造汽車公司 General Motors Corporation (GM) v2

tōngzhī 通知 notify; inform v3

tóngzhì 同志 Mr., Mrs., comrade (in P.R.C.) v1,v2

tōu 偷 steal; pilfer; make off with 3

tóu 頭 head v3,30

tóudǐng 頭頂 the top of the head v2

tóufà 頭髮 hair (on the human head) v2,30

tòuguāng 透光 transparent v3

tóujī-dàoba-fènzi 投機倒把分子 profiteer; speculator 32

tōukàn 偷看 cheat v2

tōulǎn 偷懶 loaf on the job; be lazy; goldbrick 13

tóupiào 投票 vote, to cast a vote; to ballot v2,6

tóuténg 頭疼 headache 11

tōutīng 偷聽 listen secretly 26

tóuyūn 頭暈 dizzy; giddy 24

tú 圖 chart, plan v2

tǔ 土 earth v1

tùtán 吐痰 spit 17

tuánjié 團結 unite; rally v3

túchǎn 土產 local (native) product v3,19

tǔdòu 土豆 potato 13,32

tǔdòu-piàr 土豆片兒 potato chips 13

túhuà 圖畫 drawing, painting, picture v1

tuī dǎo 推倒 push over; overturn 32

tuìhuà 退化 degenerate; deteriorate 25

tuījiàn 推薦 recommend 9

tuījǔ 推舉 elect, choose v2

tuìxiū 退休 retire v3

tuìzhí 退職 quit job; withdraw from office v3,3

tuōbìng 托病 plead sickness as an excuse 30

tuōgù 托故 give a pretext; make an excuse 30

tuōlā-jī 拖拉機 tractor 32

tuōxié 拖鞋 slippers v2,7

túshū-guǎn 圖書館 library v2,v3,21

túzhāng 圖章 seal; stamp 31

wài 外 outside, exterior; positional noun v1

wàibiān 外邊 outside; positional noun v1

wàibiǎo 外表 outward appearance; exterior; surface v3

wàiguó 外國 foreign country; abroad v2,v3,9

wàikē 外科 surgery 11

wàimiàn 外面 outside; positional noun v1,v2

wàisūn-nǚér 外孫女兒 granddaughter 7

wàitou 外頭 outside; positional noun v1

wàixiàn 外線 outside phone line v1

wàiyǔ 外語 foreign language v1,16

wàiyǔ-xì 外語系 foreign languages department v1

wán 完 finish, complete, be over; intact, whole v3,1

wǎn 碗 bowl v1,8

Pinyin	Characters	English	Sessions

wǎn 晚 late v1,v2,v3,15

wàn 萬 ten thousand v1,v2

wǎnān 晚安 good night v1

wánchéng 完成 accomplish; complete; fulfill v2

wǎndiǎn 晚點 late; behind schedule v2

wǎnfàn 晚飯 dinner v1,v2,v3,24

wǎng 往 toward (e.g., go toward); in the direction of v2

wàng 往 to; toward (e.g., turn toward) 21

wàng 忘 forget; overlook; neglect 1

wàngjì 忘記 forget; overlook v3,31

wǎnglái 往來 come and go; contact, dealings 17

wǎngqiú 網球 tennis v2,v3

wàngxiǎng 妄想 wishful thinking 2

wánhǎo 完好 intact; whole; in good condition 14

wànlǐ chángchéng 萬里長城 Great Wall [10,000 mile Long Wall] v2

wànnéng 萬能 omnipotent; universal, all-purpose v2

wánquán 完全 complete(ly); whatsoever v2

wǎnshàng 晚上 evening v1,v2,v3,1

wánshuǎ 玩耍 play; have fun v3

wànyǒu 萬有 universal; all creation v3

wár 玩(兒) play; amuse v1,v2,v3,2,10

wàzi 襪子 socks v1,21

wèi 喂 hello? v1

wèi 位 place; classifier v1,v2

wèi 為 because v3

wèi shémme 為什麼 why? v3,9

wēi-shēngwù-xué 微生物學 microbiology v3

wéifǎ 違法 break the law; be illegal 14

wéijī 圍擊 besiege 31

wēijīfēn (xué) 微積分(學) calculus v2,v3

wèilái 未來 future; time to come 1

wéilǒng 圍攏 crowd around 14

wèimiǎn 未免 rather; a bit too; truly v3

wéirào 圍繞 round; around; revolve round 14

wèishēng 衛生 hygienic v2,v3

wēishìjì-jiǔ 威士忌酒 whisky; scotch 7

wèiténg 胃疼 stomachache 11

wēixiǎn 危險 dangerous v2

wéiyī 惟一 only; sole 31

wěiyuán 委員 committee member 17

Pinyin	Characters	English	Sessions

wèn 問 question v1,v2,9

wēndù 溫度 degree of temperature v1

wénfǎ 文法 grammar v3

wēnhé 溫和 temperate; mild; moderate 27

wènhòu 問候 ask after 2

wénhuà 文化 civilization; culture v2

Wénhuà-Dà-Gémìng 文化大革命 the Cultural Revolution 6

wénjiàn 文件 documents; papers 31,33

wénmíng 文明 civilization; culture 32

wénshǐ 文史 literature and history 14

wèntí 問題 trouble, mishap; question, problem 1

wénxué 文學 literature v2,v3

wénzhāng 文章 essay v2,v3,7

wǒ 我 I, me v1,v2,v3,1

wò 臥 lie down, recline v3

wǒ de 我的 my, mine v1,v2,v3

wò shǒu 握手 shake hands; clasp hands r1

wǒmen 我們 we, us v1,v2,v3,1

wǒmen de 我們的 our, ours v1

wōpéng 窩棚 shack; shed; shanty 27

wòpù 臥鋪 hard sleeper (class of train ticket) v3

wǔ 五 five v1,v2,v3

wǔ 午 noon v1

wǔ 舞 dance v2

wù 物 material, object v2

wǔ-nián jìhuà 五年計劃 Five Year Plan 6

wúchǎn 無產 proletariat v3

wǔfàn 午飯 lunch v1,v2,v3,3

wúguān-kē 五官科 the five apertures: mouth, throat, nose, eyes, and ears 11

wǔhuì 舞會 dance (noun); ball v2,v3

wùhuì 誤會 misunderstand 25

wùlǐ-xué 物理學 physics v1,v2,v3

Wūlǔmùqí 烏魯木齊 Urumchi v2,23

wǔtái 舞台 stage; arena 17

wǔtīng 舞廳 ballroom; dance hall v3

wúxū 無須 need not; not have to 31

wǔyuè 五月 May v1,v3

X-guāng X-光 X-ray 11

xī 西 west v1,v3

xǐ 洗 wash; bathe; develop (a film) v2,v3,1

xǐ 喜 happy v2

Pinyin	Characters	English	Sessions

xì 系 department v1,v2

Xī'ān 西安 Xi'an v2,v3,23

xì(jù) 戲（劇） play; drama; show v3

xià 下 under, below; positional noun v1,v3,1

xià 夏 summer v1

xià ge xīngqī 下個星期 next week v1,v2,v3,17

xià ge yuè 下個月 next month v1,v3

xiàbān 下班 off work v1,v3,9

xiàbiān 下邊 under, below; positional noun v1,v2

xiàjì 夏季 summer season v1

xiàkè 下課 finish class v1,v3,1

xiàmiàn 下面 under, below; positional noun v1

xiān 先 earlier; before; first v3,7

xiàn 現 appear v1

xiān yào 先要 must first v2,9

xiāncài 鮮菜 fresh vegetables 30

xiànfǎ 憲法 constitution; charter 2,6

xiāng 箱 box; case 5

xiāng 香 fragrant v2,4,33

xiāng 相 mutual v2

xiǎng 想 think; want to, feel like doing (something) v2,v3,1

xiǎng 響 make a sound 1,5

xiàng 像 be like; resemble; take after 13

xiàng 向 side with, be partial to; prep. to, towards; adv. always, all along 8,9

xiāngcháng 香腸 sausage v3

xiāngdāng 相當 quite (a bit), extremely v2,v3

xiāngfǎn 相反 opposite; contrary; reverse 8

Xiānggǎng 香港 Hong Kong v2,v3

xiāngpiàn 香片 scented tea 30

xiàngpiàn 相片 photograph; photo 21,24

xiàngqí 象棋 chess (Chinese) 23

xiāngxià 鄉下 countryside v2

xiāngxìn 相信 believe v3,1

xiǎngyào 想要 want to v2,v3,14

xiāngyóu 香油 sesame oil 7

xiàngzhēng 象徵 symbol, emblem; symbolize, signify v2

xiāngzi 箱子 chest; box; case; trunk 19

xiánqián 閑錢 spare cash 32

xiànqián 現錢 cash; ready money 23

xiānshēng 先生 Mr. (outside P.R.C.) v1,v2

(wǒ) xiānshēng （我）先生 husband (outside P.R.C.) v1

xiánshuǐ 涎水 saliva v2

xiányán 鹹鹽 salt v3

xiànzài 現在 now v1,v2,v3,4

xiǎo 小 small v1,v2,v3,7

xiào 笑 smile, laugh; ridicule, laugh at 15,18

xiǎo huǒzi 小夥子 young man v2

xiǎo-qìchē 小汽車 motor-car, auto v1,v2,15

xiǎodé 曉得 know 17

xiāodú 消毒 disinfect; sterilize 27

xiǎofèi 小費 tip; gratuity v3

xiāohuà 消化 digest 9

xiàohuà 笑話 joke, jest; laugh at 3

xiǎojiě 小姐 Miss (outside P.R.C.); young lady v1,v2,v3,7

xiàoliǎn 笑臉 smiling face v3

xiàolǜ 效率 efficiency v2

xiāomiè 消滅 perish, die out; eliminate, exterminate v3

xiǎoqi 小氣 stingy [small spirit] v2

xiǎoshí 小時 hour v1,v2,v3,4

xiǎoshuō 小說 novel v2,v3,16

xiǎoxīn 小心 take care; be careful v2,v3

xiǎoxué 小學 elementary school, primary school v3

xiàozhǎng 校長 principal v2,v3,9

xiàtiān 夏天 summertime v1,v2,24

xiàtou 下頭 under, below; positional noun v1

xiàwǔ 下午 P.M. v1,v2,v3,25

xiāyǎn 瞎眼 blind (eye) v2

xiàyǔ 下雨 rain 1

xiázhǎi 狹窄 narrow; cramped v2

Xībānyá 西班牙 Spain v1

xīběi 西北 northwest v1,v2

Xībóliyà 西伯利亞 Siberia v3

Xībóliyà tiělù 西伯利亞鐵路 Trans-Siberian Railway v3

xīdú 吸毒 drug abuse v2,32

xie 些 measure word, some, few, several v1,v2,13

xié 鞋 shoes v2,20

xiě 寫 write v2,v3,1

Pinyin	Characters	English	Sessions

xiédài 鞋帶 shoelace; shoestring 31

xiéfǎ 寫法 style of writing; way of writing characters v2

xièlòu mìmì 泄漏秘密 tell secrets v2

Xīěrdùn Fàndiàn 希爾頓飯店 Hilton Hotel v2,v3

xièxie 謝謝 thank you, thanks v1,v3,11

xiězì 寫字 write (write characters) v3

xiězuò 寫作 writing 7

xīfàn 稀飯 porridge; rice/millet gruel v3,9

xīfāng 西方 the west; the West, the Occident v2,13

xīguā 西瓜 watermelon 4

xǐhuān 喜歡 like, love, be fond of v2,v3,12

xīn 新 new v1,v2,v3,4

xìn 信 letter v2,v3,1

Xīn Xīlán 新西蘭 New Zealand v3

xīnán 西南 southwest v1

xīnfán 心煩 upset; be vexed; be perturbed 30

xìnfēng 信封 envelope v2

xīng 星 star v1

xíng 行 do; be all right v2,14

xìng 姓 surname v1

xìng 興 interest v2

xíng bù xíng 行不行 okay? will it do? v2

xíngchē sùdù guīdìng 行車速度規定 speed limit 8

xíngfá 刑罰 punishment; to punish; penalty v2

xìngkuī 幸虧 luckily v2

xínglǐ 行李 luggage, baggage; suitcase v2,v3

xìngmiǎn 幸免 escape by sheer luck 2

xīngqī 星期 day of the week v2

xīngqī-èr 星期二 Tuesday v1,v3

xīngqī-liù 星期六 Saturday v1,v3,20

xīngqī-rì 星期日 Sunday v1,v3

xīngqī-sān 星期三 Wednesday v1,v2,v3,13

xīngqī-sì 星期四 Thursday v1,v3,13

xīngqī-wǔ 星期五 Friday v1,v2,v3,13

xīngqī-yī 星期一 Monday v1,v3,13

xìngqù 興趣 interest v2

xíngróng 形容 appearance; countenance; describe v3

xíngshì 行事 behavior, conduct; act, handle matters v2,15

xíngshū 行書 running hand (in Chinese calligraphy) v3

xīngxīng 星星 numerous; the stars; scattered and few v2

xīnhǎo 心好 kindly v2

xìnjiàn 信件 letters; mail 21

Xīnjiāpō 新加坡 Singapore v3,13

xīnkǔ 辛苦 arduous v2

xīnqí 新奇 strange; novel; new v3

xīnwén jiěshuō 新聞解說 newscaster v3

xīnxiān 新鮮 fresh v2

xìnxiāng 信箱 letter-box; mailbox v2

xìnyòng 信用 trustworthiness; credit 24

xīshǎo 稀少 few; rare; scarce 28

xǐshǒu 洗手 wash hands 1

xìtǒng 系統 system 2

xǐtóu 洗頭 wash one's hair; shampoo 17

xiū 修 repair v2,v3,7,10

xiùcái 秀才 scholar; skillful writer 1

xiūgǎi 修改 revise; modify; amend 7

xiūhǎo 修好 repaired; do good works v3,7

xiūlǐ 修理 repair; mend; overhaul; fix v3,9

xiūrén 羞人 feel embarrassed or ashamed 7

xiūxí 休息 rest; have/take a rest v1,v3,1

xīwàng 希望 hope; wish; expect v2,9

xīyān 吸煙 smoke (cigarette/pipe) 17

xǐyī-jī 洗衣機 washing machine v1

xīyǒu 稀有 rare; unusual 28

Xīzàng 西藏 Tibet v2

xǐzǎo 洗澡 shower; take a bath 1

xū 須 necessary v3

xǔ 許 allow; permit v2,1

xuǎnjǔ 選舉 elect (by vote); select by examination v2,v3,6

xuǎnjǔ zóngtǒng 選舉總統 presidential election v2,v3

xuǎnměi xiáojiě 選美小姐 beauty contestant v2

Xuǎnměi-bǐsài 選美比賽 beauty pageant v2

xuǎnzé 選擇 election, elect 6

xūděi 須得 need; must; have to v2

xuě 雪 snow v2,15,29

xuè 穴 cave v2

xué bóshì 學博士 Ph.D. v2

Pinyin	Characters	English	Sessions

xué(xí) 學(習) study, learn v1,v2,v3,1

xuéfèi 學費 tuition v1,v2,20

xuéfēn 學分 credit (as in college credits) 16

xuéhuì 學會 learn, master 19

xuéqī 學期 semester v1,v2,16

xuěqiāo 雪橇 sled; sleigh 24

xuéshēng 學生 student v2,v3,1

xuéshuō 學說 theory; doctrine 31

xuétú 學徒 apprentice; trainee 32

xuéwèi 學位 degree, academic degree v2

xuéwèn 學問 scholarship; knowledge v2

xuéxiào 學校 school v1,v2,1

xúkě 許可 permit, allow; permission 17

xúkě-zhèng 許可證 license; permit 17

xúnhuán 循環 circulate; cycle 32

xúnròu 燻肉 bacon v3

xúnwèn-chù 詢問處 Information Desk v3

xūyào 需要 need; want; require; demand v3,1

yā 呀 ah; oh v2

yā 壓 press; push down; flatten 32

yá-yīshēng 牙醫生 dentist v1,v2,v3,11

yáchǐ 牙齒 teeth v2

yágāo 牙膏 toothpaste v2

yán 言 words, speech v1

yǎn 演 perform; play; act; show (a film) v3,8

Yán'ān 延安 Yan'an v2,v3

yàng 樣 class, sort v2,v3

yàngběn 樣本 sample book; sample; specimen 24

yángguāng 陽光 sunshine v2

yánghuó 養活 rear (verb), to keep alive, to support (as one's family) v2

yánglǎo 養老 provide for the aged (usually one's parents) v3

yángliǔ 楊柳 poplar and willow; willow v3

yángmáo 羊毛 sheep's wool v2

yàngzi 樣子 likeness 4

yánjiǎng 演講 lecture; make a speech v3

yǎnjīng 眼睛 eyes v2

yǎnjìng 眼鏡 glasses v2,v3

yánjiù 研究 research v2

yánjiù jiéguǒ 研究結果 research results v2

yánjiù-shì 研究室 laboratory v2

yānjuǎr 煙卷兒 cigarette v3,30

yānmò 淹没 submerge; flood; inundate 32

yánqī 延期 postpone, defer; extend v3

yánsè 顏色 color v2

yǎnyuán 演員 actor or actress; performer v2

yào 藥 medicine; herbs v3,4,5

yào 要 need, want v1,v2,v3,1

yào bú shì 要不是 if it were not for; but for 3

yào jiǎnféi 要減肥 on a diet 3

yáodòng 窯洞 cave dwelling 15

yàofāng 藥方 prescription 21

yàofáng 藥房 pharmacy 11

yáogǔn yīnyuè 搖滾音樂 rock and roll v2

yàoshi 要是 if; suppose; in case v3

yàoshí 鑰匙 keys v1,v3,14,22

yāoténg 腰疼 backache 11

yáyī 牙醫 dentistry 11

yàzhōu 亞洲 Asia, Asian v1,28

yě 也 also v1,v2,v3,1

yè 夜 night v1,31

yè 頁 page v1,8

yè 業 business, profession v2

yě méiyǒu 也沒有 still won't 4

yèbān 夜班 nightshift v3,21

yěcān 野餐 picnic 3

Yēlǔ dàxué 耶魯大學 Yale University v2

yéxǔ 也許 perhaps; probably; maybe 19

yéye 爺爺 grandfather v1

yī 一 one v1,v2,v3,1

yī 衣 clothing v2

yǐ 以 take, particle; by means of v1,v2

yì 誼 friendship v3

yì 意 meaning, idea v1,v2

yì 億 100 million v2

yí 宜 suitable v2

yì bǎ 一把 a flush (in game of Poker) v1

yí cì 一次 one time; once v3,9

yì dá 一打(兒) dozen v1

yí huǐr 一會兒 some; a while v3

yì-niánjí 一年級 freshman (student) v1

yìbān 一般 generally; general v2,13

yìbān de 一般的 most [lit. the general run of] v2

Pinyin	Characters	English	Sessions

yìbiān 一邊 simultaneously; at the same time   28

yǐbiàn 以便 so that; in order to; so as to   v2

yíchǎn 遺產 legacy; inheritance   v2,14

yíchuán 遺傳 heredity; inheritance   14

Yìdàlì 意大利 Italy   v1,v2,19

Yìdàlì-bǐng 意大利餅 pizza   v2,v3

yídiǎn 疑點 doubtful (questionable) point   14

yìdiǎn dōu 一點都 absolutely [lit. a little all]   v2

yìdiǎr 一點兒 a bit; a little   v3,1

yídìng 一定 certainly, surely, necessarily; definite   v3,12

yīfú 衣服 dress, clothes   v2,v3,1

yígòng 一共 total, all together   v1,v3

yǐhòu 以後 later; afterwards   v3,1

yìhuì 議會 parliament; legislative assembly   3

yǐjīng 已經 already   v1,v3,1

yǐkào 倚靠 lean on or against   v2,24

yíkè 一刻 quarter past the hour   v1

yíkuàr 一塊兒 together; at same place   v3

yǐlái 以來 since   17

yǐlài 倚賴 rely; depend on   v2

yílěi 一壘 first base   v2

yíliú 遺留 leave over; hand down   32

yǐmiǎn 以免 so as not to; in order to avoid   v3,19

yímiàn 一面 one side; one aspect; at the same time   28

yímò yíyàng 一模一樣 identical; precisely identical   v2

yīn 音 sound; voice   18

yīn 因 cause   v3

yín 銀 silver   v2

yìn 印 print; mark   v3

yǐndǎo 引導 guide; lead   v3,19

Yìndù 印度 India   v1,v2

yǐnèi 以內 within; less than   v3,20

yīng 英 brave   v1

yíng 贏 win (used when not quoting the score)   v2,15

yǐng 影 shadow   v2

yìng 硬 stiff   v2,v3

Yīngbàng 英鎊 English pound   v1

yīngchǐ 英尺 foot (12 inches)   v1

yīngcùn 英寸 inch   v1

yīngdàn 英擔 hundredweight   v1

yìnggāi 應該 ought, should   v2,v3,12,20

Yīngguó 英國 England   v1,v2,v3,9

yīnglǐ 英里 mile (British system)   v1

yīngtáo 櫻桃 cherries   v2

Yīngwén 英文 English; the English language   v3

Yīngwén xiězuò 英文寫作 English Composition   20

Yīngwén-zì 英文字 English (characters)   v2

yìngwò 硬臥 hard sleeper (class of train ticket)   v3

yǐngxiǎng 影響 influence; effect   v2

yīngxióng 英雄 hero   v3

Yīngyǔ 英語 English (language)   v2,13

Yīngyǔ xiězuò 英語寫作 English Rhetoric   7

yìngzuò 硬座 hard seat (class of train ticket)   v3

yínháng 銀行 bank   v1,v2,v3,1

yínháng fúwù-yuán 銀行服務員 bank clerk   v3

yínliǎng 銀兩 silver (used as currency)   14

yǐnliào 飲料 drink; beverage   v2

yīntiān 陰天 overcast sky; cloudy day   4

yīnwèi 因為 because   v3,32

yínwěi 淫猥 obscene   14

yīnyuè 音樂 music   v2,v3

yìqí 一齊 simultaneously; in unison; together   13

yìqǐ 一起 together   v1

yǐqián 以前 previously, before   v2,v3,2

yíqiè 一切 all; every; everything   15

yǐshàng 以上 more than; over; above   v2,13

yīshēng 醫生 doctor, medical doctor   v1,v2,7

yìsi 意思 meaning; idea   v2,v3,17

yǐwài 以外 beyond; outside; other than; except   28

yǐwéi 以為 think; believe; consider   17

yǐxià 以下 below; under; less than   v2,17

yīxué 醫學 medical studies   v2,4

yíyàng 一樣 alike; the same   v1,v2,v3,1

yīyuàn 醫院 hospital   v1,11

yíyuè 一月 January   v1,v2

yìzhí 一直 directly, straight   1

yòng 用 use   v1,v2,v3,1

yòngfǎ 用法 use; usage   2

yòngfèi 用費 expense   v2

Pinyin   Characters   English   Sessions

yònggōng 用功 hard-working v2,3

yōngjǐ 擁擠 crowd; push and squeeze 28

yǒngyuǎn 永遠 always; forever; ever v3

yóu 油 oil v3

yǒu 有 have, exist (there is, there are) v1,v2,v3,1

yòu 又 again, in addition; also v1,v2,v3,25

yòu 右 right (side) v1,9

yǒu kòngr 有空(兒) are you free/available v1,v2,v3,3

yǒu méiyǒu 有沒有 is there? do you have? v2,v3,1

yǒu shì 有事 be occupied, busy; have business v2,16

yǒu xie biànhuà 有些變化 changed somewhat v2

yǒu-xingqu 有興趣 have an interest in v2

yǒu-yìsi 有意思 interesting; be interesting v2,v3

yòubiān 右邊 right (side) v1,15

yóubǐng 油餅 doughnut v3

yóuchāi 郵差 postman v3

yōuchóu 憂愁 sad; grieved; mournful 27

yóuchuō 郵戳 postmark v3

yóudì-yuán 郵遞員 postman, mailman v2,v3

yōudiǎn 優點 merit; strong/good point; advantage v3,8

yòuér-yuàn 幼兒園 kindergarten; nursery school 20

yóujiàn 郵件 mail, post, letters v3

yóujǐng 油井 oil well 14

yóujú 郵局 post office v2,v3

yóukè 游客 tourist v2

yǒulǐ 有理 reasonable; justified; in the right v3

yǒulì 有利 profitable v2

yòumiàn 右面 right (side) v1

yǒuming 有名 well-known; famous v2

yōumò 幽默 humor; sense of humor v2

yòunián 幼年 childhood; infancy 23

yòupài 右派 right wing 6

yóuqī 油漆 oil paint v2

yǒuqián 有錢 rich [have money] v2,7

yóurén 游人 tourist; sightseer; visitor v2

Yóutài-rén 猶太人 Jewish person; Jew 13

yóutián 油田 oil field v2

yǒuxiào 有效 efficient v2,r1

Yóuyì Bīnguǎn 友誼賓館 Friendship Hotel 11

yóuyǒng 游泳 swim; swimming v2,v3,1

yǒuyòng 有用 useful v2,24

yóuzhèng-jú 郵政局 post office v1,v3

yú 於(于) in, at, on, particle v1

yú 魚 fish v2

yǔ 雨 rain v3,18

yǔ 語 word, speech v1

yù 玉 jade v1

yù 愈 surpass v2

yuán 元 dollar v1,v2

yuán 員 official; member; person engaged in some field of activity v2,v3

yuán 園 park v2

yuǎn 遠 distant, far v2,23

yuàn 院 public building v2

yuánběn 原本 origin; original/master copy v2,14

yuánshǒu 元首 head of state 14

yuányě 原野 open country; champaign 14

yuànyì 願意 wish, like, want; be willing 30

yuányīn 原因 cause; reason v3,31

yuánzǐ 原子 atom v2,14

yuè 月 moon, month v1,v2,v3,8

yuè 越 exceed v2

yuè bú...yuè bú 越不...越不 the less...the less v2

yuè-fèn 月份 month (colloquial) v1

yuèbing 月餅 moon cake (especially for the Mid-Autumn Festival) 24

yuēhǎo 約好 arrange; make an appointment v2

yuèmǔ 岳母 mother-in-law 25

Yuènán 越南 Vietnam v3

yùfáng 預防 prevent; guard against 1

yūhuí 迂迴 circuitous; roundabout 27

yúluǎn 魚卵 roe (of fish) 14

yǔmáo-qiú 羽毛球 badminton v2

yùn(fēi)jī 暈(飛)機 airsickness 1

yúncǎi 雲彩 cloud of some specified color v2,v3

yùnchē 暈車 carsickness 1

yùnchuán 運船 freighter v3

yūndǎo 暈倒 faint; lose consciousness 1

yùndòng 運動 exercise v2,7

Pinyin	Characters	English	Sessions

yùndòng-huì 運動會 sports meet; athletic meeting; games   15

yùndòng-xié 運動鞋 tennis shoes   v2

yùndòng-yuán 運動員 sportsman; athlete   v2

yùnhé 運河 canal   v3

yúnxǔ 允許 permit, allow; permissible   17,18

yùnyòng 運用 utilize; wield; apply   25

yúshuǐ 雨水 rainwater; rainfall; rain   19,32

yùyán 寓言 fable; allegory; parable   1

zá 雜 various, mixed, confused   v2

zài 在 exist (in a place)   v1,v2,v3,2

zài 再 a second time, again   v1,v2,v3,1

zài huì 再會 good-bye   9

zài jiàn 再見 good-bye   v1,v2,v3,9

zài lái 再來 come again   1

zài nǎr 在哪兒 where; (in, at) what place?   v1,v2,v3

zài nàr 在那兒 it's/they're over there   v1,3

zài sān zài sì 再三再四 over and over again   9

zài zhèr 在這(兒) it's/they're here   v1,v3

zán 咱 we (including both the speaker and the people spoken to)   9,10

zāng 髒 dirty   v2,26

zǎo 澡 bath   v3

zǎo 早 early; good morning   v1,v2,v3,2

zǎoān 早安 good morning (formal)   v1

zǎofàn 早飯 breakfast   v1,1

zāogāo 糟糕 how terrible; what bad luck; too bad   v3

zǎoshàng 早上 early morning (roughly 5:30 A.M. to about 8:00 A.M.)   v1,v2,v3,3

zǎoshàng hǎo 早上好 good morning; often shortened to *zǎo* or *ní zǎo ah.*   v1

zǎowǎn 早晚 sooner or later   v3,24

zázhì 雜誌 magazine; journal   v2,v3,13

zěmme 怎麼 how? in what way?   v1,v2,3

zěmme yàng 怎麼樣 what's (it) like?   v1,v2

zěn 怎 how, what?   v2

zhāi 摘 pick; pluck; take off   v3,31

zhàn 沾 moisten; wet; soak   31

zhàn 站 stand up; station; stop; terminus   v3

zhāng 張 spread out; classifies flat things or measures flat commodities   v1,v2,v3,9

zhǎng 漲 cocky   v2

zhǎng dà 長大 grow up   v2

zhàngdān 賬單 bill   1

zhàngfū 丈夫 husband   v3

zhāngkāi 張開 open; spread   4

zhǎnkāi 展開 spread out, unfold; launch, carry out   16

zhǎnlǎn 展覽 put on display; exhibit; show   19

zhàntái 站台 platform (in a railway station)   23

zhànzhēng 戰爭 war; warfare   v3,15

Zhànzhēng yǔ Hépíng 戰爭與和平 *War and Peace*   v3

zhāo 招 call, beckon   v3

zháo 着 touch; come into contact with; be affected by   v3,14

zhǎo 找 look for; seek   v2,v3,1,5

zhǎo 找 change (as "return excess funds")   v3

zhào 照 reflect, certificate   v2,v3,21

zhào(xiàng) 照(相) photograph; take a picture   v2,v3

zhāodài-suǒ 招待所 accommodation place; lodging for Chinese officials   v3

zhǎodào 找到 discover; find; get (e.g., a job)   3

zháofēng 着風 catch cold   11

zhāohū 招呼 call; hail; greet; notify; tell   4

zháojí 着急 worry; feel anxious   25

zhàolì 照例 usually   v3,1

zhàopiàn 照片 photograph; picture   v3

zhàoxiàng-jī 照相機 camera   24

zhé 折 deduct; reduction   v1

zhè 這 this   v1,v2,v3,3

zhè ge xīngqī 這個星期 this week   v1

zhè ge yuè 這個月 this month   v1

zhè lǐ 這裏 here   v2

zhè xiē 這些 these   v2

zhème 這麼 so; such; this way; like this   12

zhēn 真 really; true, real   v2

zhèn 陣 battle array/formation   32

zhēng 蒸 evaporate; steam   9,33

zhèng 正 exact, precise   v1,26

zhèng 掙 earn   v2

zhèng qián 掙錢 earn money   1

zhèng zài 正在 right now; in process of   3

zhèngcè 政策 policy   v2,r1

Pinyin	Characters	English	Sessions
zhèngjù	證據	proof; evidence	7
zhèngmíng	證明	prove; testify; bear out	30
zhěngqí	整齊	neatly	v2,17
zhèngrén	證人	witness	3
zhèngshū	證書	certificate; credentials	v2
zhèngtǐ	政體	system/form of government	24
zhèngwǔ	正午	noon [exactly noon]	v1,v2,v3
zhèngzhì-jiā	政治家	politician	v2,13
zhèngzhì-xué	政治學	political science	v1
zhēnzhū	珍珠	pearl	4
zhèr	這兒	here	v1,v3
zhézhǐ	折紙	origami (Japanese paper folding)	v2
zhī	枝	stick, twig; particle, classifies twig-like nouns	v1,v2
zhī	支	measure word for slender objects; branch; pay	v2,v3
zhī	織	knit	v3
zhí	直	straight, direct	v3
zhǐ	只	only	v1,v3,8
zhǐ	紙	paper	v1,v2,v3,9,22
zhǐ	止	stop	v1
zhì	治	cure; treat (disease); control	4,5
zhì	志	record, annals	v2
zhì	制	regulate, decide	v2
zhī-yī	之一	one of	v2
zhíbān	值班	be on duty	12
zhīchí	支持	sustain; hold out; bear	27
zhídá	直達	through; nonstop	v3
zhīdào	知道	know	v2,v3,1
zhǐdǎo	指導	guide; direct	19
zhídé	值得	merit; deserve	v2,v3
zhīdǐ	知底	know the inside story; be in the know	8
zhìduō	至多	at (the) most	v3
zhīfù	支付	pay (money) defray	30
zhìfú	制服	uniform	v2
zhǐhuī	指揮	command; direct; conduct	9,16
Zhījiāgē-chéng	芝加哥城	Chicago city	v1,v2
zhíjiǎo	直角	right angle	v3
zhījiě	肢解	dismemberment	8
zhíjiē	直接	direct; firsthand; immediate	v2,12
zhìjīn	至今	so far; up to now; to this day	21
zhíjìng	直徑	diameter	v2,15
zhìliáo	治療	treat; cure	23
zhímín	殖民	colony	v2
zhīpiào	支票	(bank) check	v2,v3,8
zhíqián	之前	before; prior to; ago	v2,v3
zhìshǎo	至少	at (the) least	20
zhíshēng-fēijī	直升飛機	helicopter	v3,12
zhīshi	知識	knowledge	33
zhīshì	知事	magistrate	v2,9
zhíwù	植物	plant; flora	r1
zhíxíng	執行	carry out, execute; executive	v3
zhǐyào	只要	so long as; provided	14
zhíyè	職業	professional	v2
zhǐyǒu	只有	only; alone	19
zhōng	鐘	clock, bell	v1,v2,v3,7
zhōng	中	center, middle; in between	v1
zhòng	種	sort, kind; need	v2,v3,4,14
zhòng	重	heavy	v2
zhōngdōng	中東	Middle East	15
Zhōngguó	中國	China	v1,v2,v3,1
Zhōngguó Yínháng	中國銀行	Bank of China	v3
Zhōnghuá Mínguó	中華民國	Republic of China	6
Zhōnghuá Rénmín Gònghé Guó	中華人民共和國	The People's Republic of China	6
zhōngjiān	中間	in between	v1,v2
Zhōngwén	中文	Chinese; the Chinese language	v3,15
zhōngxué	中學	high school; middle school	3
Zhōngyāng Diànshì-tái	中央電視台	Central TV	v3
zhòngyào	重要	important; significant; major	v2
zhōngyú	終於	finally	v3
zhóngzhǒng	種種	various	v1
zhǒngzú	種族	race (as in human race)	v2
zhōu	州	(U.S.) state	v1,v3
Zhōu Ēnlái	周恩來	Zhou Enlai	6
Zhōu zǒnglǐ	周總理	Premier Zhou	6
zhōukān	週刊	weekly publication (e.g., magazine)	26
zhōumò	週末	weekend	v1,v3
zhōuzhǎng	州長	state governor	21
zhú	竹	bamboo	v1
zhǔ	主	master	v3

Pinyin   Characters   English   Sessions

zhù 住 reside v2,v3,3

zhuàn qián 賺錢 earn money v2,20

zhuāng 裝 load; pack; hold 19

zhuàng 撞 run into; collide; strike 32,33

zhuàngdà 壯大 tough v2

zhuāngjiā 莊家 banker (in a gambling game) 26

zhuāngjiǎ 裝假 pretend; make believe 8

zhuàngnián 壯年 prime of life 23

zhuāngyuán 莊園 manor 27

zhuàngzhì 壯志 lofty ideal/aspiration 3

zhuānmén 專門 specialize v1,v2,v3

zhuānmén shàngxué 專門上學 full-time study v1,v2

zhuānmén xué 專門學 major (of study) v1

zhuānyǒu 專有 exclusive 28

zhuāzhù 抓住 catch/seize hold of; grasp v2,v3,32,33

zhùfáng 住房 housing; lodging v3

zhúgān 竹竿 bamboo pole 12

zhúguāng 燭光 candlepower; candle 12

zhùhè 祝賀 congratulate 25

zhuīshàng 追上 catch up to 30

zhùmíng 著名 famous v2

zhǔn 準 accurate; punctual v2,13

zhǔnshí 準時 punctual; on time; on schedule v3

zhuōzi 桌子 table v2,21,33

zhǔrén 主人 master; owner v2

zhǔrèn 主任 director; head; chairman v3

zhūròu 豬肉 pork v2,13

zhǔxí 主席 Chairman 6

zhǔyào 主要 main; chief; principal; major v2,v3

zhǔzhāng 主張 advocate, stand for; view, position 16

zī 資 wealth v2

zǐ 子 son, nominal suffix v1

zì 字 character v1,v2,v3,19

zì 自 self, from 20

zīběn 資本 capital; something capitalized on v2,v3

zīchǎn 資產 property; capital; assets v2

zìdiǎn 字典 dictionary v1,v2,15

zīgé 資格 qualifications; seniority v2

zìjǐ 自己 oneself v1,v2,v3,24

zījīn 資金 fund (e.g., for construction) 4

zìsī 自私 selfish v2

zǐwài-xiàn 紫外線 ultraviolet rays 3

zìxíng-chē 自行車 bicycle v1,v2,v3,13

zìyóu 自由 freedom, liberty; free, unrestrained v2

Zìyóu-dǎng 自由黨 Liberal Party 6

zǒng 總 always; invariably v3

zǒng-shūji 總書記 General Secretary 6

zǒngjī 總機 operator v1

zōngjiào 宗教 religion v3,9

zǒngshì 總是 always 2

zǒngtǒng 總統 president (of a republic) v2,v3,4,6

zōngzhǐ 宗旨 aim; purpose 28

zǒu 走 leave, walk, go v1,v2,v3,1

zǒuláng 走廊 corridor; passage 17

zǒulù 走路 walk, go on foot v2,v3

zǔchéng 組成 form; make up; compose 17

zūgěi 租給 rent, lease v2,8

zuǐ 嘴 mouth; snout; bill v2,v3,30

zuì 最 most, superlative particle v2,v3,4

zuìhǎo 最好 best, first-rate; had better; it would be best 1

zuìjìn 最近 most recent, recently; nearest, latest v2, v3,14

zúmǔ 祖母 grandmother (paternal) v2, v3

zūnjìng 尊敬 respect; honor; esteem v3

zuó 昨 yesterday v1

zuǒ 左 left (side) v1

zuò 做 / 作 do; to make; work v1,v2,v3,1

zuò 坐 sit, go by v1,v2,v3,1

Zuò Bílín 作別林 Charlie Chaplin v2

zuò guài yàng 做怪樣 make faces [lit. do weird likeness] v2

zuò lǎoshī 做老師 be a teacher v2

zuò mǎimài 作買賣 to do business; to open a shop v2

zuò zuòyè 做作業 do homework v1,v2,v3,1

zuǒbiān 左邊 left (side) v1

zuòfǎ 做法 way of doing or making a thing 2

zuòfàn 做飯 cook; prepare a meal v2,v3,2

zuòláo 坐牢 be in jail; be imprisoned 3

zuǒmiàn 左面 left (side) v1

Pinyin   Characters   English   Sessions

zuǒpài   左派   Leftist; the Left; the left wing   v2,6

zuòpǐn   作品   works (of literature and art)   v3,13

zuòshì   做事   do affairs   v2,7

zuǒshǒu   左手   left hand; left-hand side   v3,19

zuótiān   昨天   yesterday   v1,v2,v3,13

zuówǎn   昨晚   yesterday evening   v2

zuòyè   作業   homework   v2,v3,1

zuòyòng   作用   use, action, function; effect   v2

zuǒyòu   左右   about; roughly   v1,v3,26

zúqiú   足球   soccer   v2

zǔzhī   組織   organization; organize, form; tissue, nerve   v2

English-Chinese Vocabulary

English - Chinese (Pinyin)

A.M., morning - *shàngwǔ*

abacus - *suànpán*

ability, talent, gift; suggests delayed action - *cái*

able - *néng(gòu); nénggàn*

able person - *néngrén*

abortion - *liúchǎn*

about; concerning; with regard to - *guānyú*

about; roughly; approximately - *shàngxià; zuǒyòu*

abroad, overseas - *guówài*

absolutely [lit. a little all] - *yìdiǎn dōu*

accept - *jiēshòu*

accommodation place; lodging for Chinese officials - *zhāodài-suǒ*

accompany; assist - *péi*

accompany; guide, companion - *péitóng*

accomplish; complete; fulfill - *wánchéng*

according to; in light of - *ànzhào; ànzhe; gēnjù*

account (bank) - *hùtóu*

accurate; punctual - *zhǔn*

achieve; reach; attain - *dádào*

action; move about; exercise - *huódòng*

actor or actress; performer - *yǎnyuán*

actually, exactly; after all, in the end; outcome - *jiūjìng*

actually; in fact - *qíshí*

Adam's apple - *hóujié*

add; plus - *jiā*

add gas, refuel; lubricate, oil, add oil - *jiā yóu*

advertisement - *guǎnggào*

advocate; preach, advertise - *gǔchuī*

advocate, stand for; view, position - *zhǔzhāng*

affair; matter; business - *shìqíng*

afraid; scared - *hàipà*

after, behind, at the back; positional noun - *hòu*

again, a second time - *zài*

again, in addition; also - *yòu*

age - *niánlíng; suìshù*

agree, consent, approve - *kěn; tóngyì*

ah, oh - *a; yā*

English - Chinese (Pinyin)

aim; purpose - *zōngzhǐ*

air pollution - *kōngqì wūrán*

air raid - *kōngxí*

air show - *fēixíng biǎoyǎn*

air valve of a tire - *qìmén*

air-conditioning - *kōngtiáo*

Airforce - *Kōngjūn*

airplane - *fēijī*

airport - *(fēi)jīchǎng*

airsickness - *yùn(fēi)jī*

alarm; warning; alert - *jǐng; jǐngbào*

Alaska - *Ālāsijiā*

alcohol - *jiǔ*

algebra - *dàishù*

alike; the same - *yíyàng*

alive and well - *jiànzài*

all - *dōu*

all over, everywhere; measure word for times/occurrences - *biàn*

all, unanimously; whole body - *quántǐ*

all; every; everything - *yíqiè*

allegro - *kuàibǎn*

alliance, union; joint, combined - *liánhé*

allow; permit - *xǔ*

almond tree; almond - *biǎntáo*

alone; solely; individually - *dāndú*

already - *yǐjīng*

also; too - *hái; yě*

alter, change, correct, grade - *gǎi*

always - *zǒngshì*

always; at all times; all along - *cónglái*

always; each time - *měi cì*

always; forever; ever - *yǒngyuǎn*

always; invariably - *zǒng*

America - *Měiguó*

ammunition - *dànyào*

among (them/which/etc.) - *qíjiān*

among; in the middle, in the center - *dāngzhōng*

English - Chinese (Pinyin)

amount, sum - *kuǎn*

an occasion; an opportunity; a blank space; spare time - *kòngr*

analyst - *fēnxī-yuán*

ancient times - *gǔdài; shànggǔ*

and so on; etc. - *déngděng*

and what about you? - *nǐ ne*

annoying - *tǎoyàn*

another day; some other day - *gǎitiān*

answer; reply; response - *huídá*

answer; solution; key - *dá'àn*

any number of times - *háo jǐ cì*

apartment house - *gōngyù*

apologize - *dàoqiàn*

apology: sorry, pardon me, excuse me - *duì bù qǐ*

appeal to a higher court - *shànggào*

appear - *xiàn*

appearance; countenance; describe - *xíngróng*

appearance; manner - *róngguāng*

apple - *píngguǒ*

apply for - *shēnqǐng*

apply; put in force; execute - *shīxíng*

apprentice; trainee - *xuétú*

approximate; general idea; probably - *dàgài*

April - *sìyuè*

Arabic - *Ālābó-huà*

Arabic character - *Ālābó-zì*

arduous - *xīnkǔ*

are you free/available - *yǒu kòngr*

area - *miànjī*

area; scope; range; parameter - *fànwéi*

arm (noun) - *gēbèi*

army; land force - *lùjūn*

arrange; make an appointment - *yuēhǎo*

arrange; row, line - *pái*

arrival time (for trains, buses, etc.) - *jìnzhàn shíjiān*

arrive, to - *dào*

artillery - *pàobīng*

as before - *réng*

as soon as; at once, right away - *jiù*

as X as possible - *néng X jiù X*

Asia, Asian - *yàzhōu*

ask after - *wènhòu*

English - Chinese (Pinyin)

ask for time off - *qǐngjià*

assign - *bùzhì*

assistant - *fùshǒu*

at (the) least - *zhìshǎo*

at (the) most - *zhìduō*

at any time; at all times - *suíshí*

at once; right away - *mǎshàng*

atom - *yuánzǐ*

attend - *cānjiā*

August - *bāyuè*

aunt; father's sister (married) - *gūmǔ*

autumn - *qiū; qiūtiān*

autumn season - *qiūjì*

aviation - *hángkōng*

avoid - *miǎn*

await; treat, entertain - *dài*

aware of things; sensible - *dǒngshì*

back a car - *dàochē*

back door - *hòumér*

backache - *yāoténg*

backward - *luòhòu*

bacon - *xúnròu*

bad egg; scoundrel; lout - *huàidàn*

bad temper - *píqì huài*

badminton - *yǔmáo-qiú*

bag; handbag; shopping bag - *tíbāo*

ball - *qiú*

balloon - *qìqiú*

ballpark - *qiúchǎng*

ballroom; dance hall - *wǔtīng*

bamboo - *zhú*

bamboo pole - *zhúgān*

bank - *yínháng*

bank clerk - *yínháng fúwù-yuán*

bank note; paper money; bill - *chāopiào*

Bank of China - *Zhōngguó Yínháng*

banker (in a gambling game) - *zhuāngjiā*

bankrupt; loss of capital; fail in business - *kuīběn*

barber shop - *lǐfà-guǎn*

barefoot - *chì jiǎo*

bark (of tree) - *shùpí*

base (as in baseball) - *lěi*

English -   Chinese (Pinyin)

base, foundation; basic, fundamental - *jīchǔ*

baseball - *bàngqiú*

basement - *dìxià-shì*

bashful; shy - *hàixiū*

basic; fundamental; elementary - *jīběn*

basic; fundamental; essential - *gēnběn*

basin, tub, pot - *pén*

basketball - *lánqiú*

bath - *zǎo*

battle array/formation - *zhèn*

be a teacher - *zuò lǎoshī*

be admitted (to a university) - *kǎoshàng*

be away for the summer holidays - *bìshǔ*

be called; be known as - *jiàozuò*

be careful; take care - *liú xīn*

be convinced - *fúqì*

be deeply grateful - *mínggǎn*

be in jail; be imprisoned - *zuòláo*

be in time for; extend, reach to - *jí*

be like; resemble; take after - *xiàng*

be occupied, busy; have business - *yǒu shì*

be on duty - *zhíbān*

be/come/arrive late - *chídào*

bear fruit; substantial; durable - *jiēshí*

beat; knock - *shuāidǎ*

beautiful - *měi; měilì*

beautiful; splendid - *jǐnxiù*

beauty contestant - *xuǎnměi xiǎojiě*

beauty pageant - *Xuǎnměi-bǐsài*

because - *wèi; yīnwèi*

become angry; take offense - *shēngqì*

become civilized - *kāihuà*

become reconciled - *héhǎo*

bed - *chuángzi*

beef - *niúròu*

beef steak - *niúròu-pái*

beer - *píjiǔ*

Beethoven - *Bèituōfēn*

before; front, in front; positional noun - *qián*

before; prior to; ago - *zhīqián*

beget, be born, produce - *shēng*

beginning; at the beginning of; at the early part of - *chū*

behavior, conduct; act, handle matters - *xíngshì*

behind, at the back; positional noun - *hòubiān; hòumiàn; hòutou*

Beijing - *Běijīng*

Beijing Opera - *Jīngxì*

Beijing University - *Běidà*

Beirut - *Bèilùtè-chéng*

believe - *xiāngxìn*

bell - *líng*

below; under; less than - *yǐxià*

bench; stool - *dèngzi*

beside, side; positional noun - *pángbiān*

besides; in addition; moreover - *cǐwài; lìngwài*

besiege - *wéijī*

best, first-rate; had better; it would be best - *zuìhǎo*

beyond; outside; other than; except - *yǐwài*

bicycle - *zìxíng-chē*

big - *dà*

Big Dipper - *Běidǒu-(xīng)*

bill - *zhàngdān*

birthday - *shēngrì*

biscuits - *bǐnggān*

bit; a little - *yìdiǎr*

black - *hēi*

black and white; good and bad; right and wrong - *hēi-bái*

black tea - *hóngchá*

black(-colored) - *hēisè*

blackboard - *hēibǎn*

blind (eye) - *xiāyǎn*

blossom; bloom; flower - *kāi huā*

blow, puff; play (wind instruments) - *chuī*

blowing wind; gale - *guā fēng*

blue(-colored) - *lánsè*

blue, green - *qīng*

boast, brag - *chuīniú*

boat - *chuán*

Bohai Sea - *Bóhǎi*

boiled water - *kāishuǐ*

boiling hot - *rè-tēngtēng de*

bomb (verb) - *hōngzhà*

book - *shū*

book-kiosk; bookstall - *shūtíng*

English - Chinese (Pinyin)

bookcase - *shūguìzi*

books and records - *shūjí*

bookshelf - *shū-jiàzi*

bookshop - *shū-pùzi*

boric acid - *péngsuān*

boring, uninteresting - *méiyǒu-yìsi*

boring; dull and dry; uninteresting - *kūzào*

borrow money - *jièqián*

borrow; lend, loan - *jiè (gěi)*

boss - *láobǎn*

Boston - *Bōshìdùn*

bottle - *píng*

bottom; low - *dī*

bought - *mǎi le*

boundary - *jiè*

bowl - *wǎn*

bowling (noun) - *bǎolíng-qiú*

bowling (verb) - *dǎ bǎolíng-qiú*

box; case - *hé; xiāng*

boxing - *quánjī*

boyfriend - *nán-péngyǒu*

braid; pigtail - *biàn*

brains, mind, head; way of thinking - *nǎojīn*

brakes - *shāchē*

branch off; fork - *chà*

brand; plate; card - *pái*

brave - *yīng*

Brazil - *Bāxī*

bread - *miànbāo*

break down (of vehicles) - *pāomáo*

break the law; be illegal - *wéifǎ*

breakfast - *zǎofàn*

bridge - *qiáo*

Bridge (cards) - *qiáo-pái*

briefcase - *píbāo*

bright - *liàng; liàng-guāngguāng de; míng*

bring it back here - *náhuílái*

brown sugar - *hóngtáng*

Buddhism; the study of Buddhism - *Fóxué*

build; construct; erect - *jiàn*

build; cover - *gài*

building of two or more storeys - *lóufáng*

English - Chinese (Pinyin)

building, storey - *lóu*

bulletin; journal - *tōngbào*

bump into; meet - *pèngdào*

bureaucrats; bureaucracy - *guānliáo*

Burma - *Miǎndiān*

burn - *shāo*

burn by cooking - *shāohú*

bus station - *gōnggòng-qìchē-zhàn*

business affairs - *shāngwù*

business, affair - *shì*

business, profession - *yè*

busy; be busy - *máng*

but also; and - *érqiě*

but, however, only - *bú guò*

but; however; yet; still; nevertheless - *dànshì*

button - *kòuzi*

button up; buckle up - *kòushàng*

buy - *mǎi*

by (preposition); cover, quilt; passive signifier - *bèi*

cabbage - *báicài*

cadre - *gànbù*

cafeteria - *shítáng*

cake - *dàngāo*

calculate - *jì*

calculator - *jìsuànjī*

calculus - *wēijīfēn (xué)*

California - *Jiā-zhōu*

call, beckon - *zhāo*

call; hail; greet; notify; tell - *zhāohū*

(is) called; call; cause - *jiào*

calligraphy - *shūfǎ*

calligraphy or drawing; technique of writing - *bǐfǎ*

calm, quiet, tranquil - *píngjìng*

camel - *luòtuō*

camera - *zhàoxiàng-jī*

camera lens; shot, scene - *jìngtóu*

camper - *fǎngzi-chē*

can't compare with - *bǐ bú shàng*

can, able - *huì bú huì*

can; be able to; be capable of - *nénggòu*

canal - *yùnhé*

candidate - *hòuxuǎn-rén*

English - Chinese (Pinyin)

candlepower; candle - *zhúguāng*

candy, sweets, sugar - *táng*

candy; sweets - *tángguǒ*

cannot remember - *jì bú zhù*

Canon brand (camera) - *Jiānéng-pái*

Canton - *Guǎngzhōu*

Cantonese - *Guǎngdōng-huà*

capital city - *jīng*

capital, the capital - *Jīngdū*

capital; something capitalized on - *zīběn*

car - *chēzi*

car body - *chētǐ*

car speed, vehicle speed - *chēsù*

car, automobile - *qìchē*

card - *kǎpiàn*

careful - *liúxīn*

caricature; cartoon - *mànhuà*

carmake; brand of car - *chēpár*

carriage/cart (horse-drawn) - *mǎchē*

carry out, execute; executive - *zhíxíng*

carsickness - *yùnchē*

cash, money - *qián*

cash; ready money - *xiànqián*

casually; randomly; carelessly; willfully - *suíbiàn*

catch cold - *gǎnmào; zhāofēng*

catch sight of; see - *kàndào*

catch up to - *zhuīshàng*

catch/seize hold of; grasp - *zhuāzhù*

category, wait - *děng*

cattle - *niú*

cause - *yīn*

cause; reason - *yuányīn*

cave - *xuè*

cave dwelling - *yáodòng*

celebrate - *qìngzhù*

center, middle; in between - *zhōng*

centimeter - *límǐ*

Central Committee of the (Chinese) Communist Party, CCCCP - *Gòngchán-dǎng zhōngyāng wěiyuán-huì*

central heating - *nuǎnqì*

Central TV - *Zhōngyāng Diànshì-tái*

century - *shìjì*

English - Chinese (Pinyin)

ceremony - *diǎnlǐ*

certainly, surely, necessarily; definite - *bìdìng; yídìng*

certificate; credentials - *zhèngshū*

Chairman - *zhǔxí*

Chairman Mao - *Máo zhǔxí*

chalk - *fěnbǐ*

chamber, office - *shì*

Chang'an, capital of China in the Han and Tang dynasties - *Cháng'ān*

change - *huà*

change (as "return excess funds") - *zhǎo*

change (it) - *gěi huàn yíxià*

change money; sell - *huànqián*

change; alter; transform - *gǎibiàn*

change; become, change into - *biàn*

changed somewhat - *yǒu xie biànhuà*

channel (i.e., TV channel) - *píngdào*

channel, frequency channel - *píndào*

character - *zì*

Charlie Chaplin - *Zuò Bǐlín*

chart, plan - *tú*

chat, conversation - *tánhuà*

cheap - *piányi*

cheat - *tōukàn*

check (bank) - *zhīpiào*

check up; inspect; examine - *jiǎnchá*

check, examine; look into; look up, consult - *chá*

cheeks - *sāijiá*

cheese - *nǎilào*

chemical engineering - *huàgōng*

chemistry - *huàxué*

Chengdu - *Chéngdū*

cherries - *yīngtáo*

chess (Chinese) - *xiàngqí*

chest; box; case; trunk - *xiāngzi*

chest; cabinet - *guìzi*

chew; munch - *jiáo*

chewing gum - *kǒuxiāng-táng*

Chiang Kai-shek - *Jiǎng Jièshí*

Chicago city - *Zhījiāgē-chéng*

child - *háizi*

childhood - *tóngnián*

English -   Chinese (Pinyin)

childhood; infancy - *yòunián*

China - *Zhōngguó*

Chinese (language) - *Hànyǔ*

Chinese character(s) - *Hànzì*

Chinese race - *Hànzǔ*

Chinese-English dictionary - *Hàn-Yīng zìdiǎn*

Chinese-Japanese dictionary - *Hàn-Hé zìdiǎn*

Chinese; the Chinese language - *Zhōngwén*

chit; receipt - *shōutiáo*

chopsticks - *kuàizi*

cigarette - *yānjuǎr*

circle; queen (in deck of cards) - *quár*

circuitous; roundabout - *yūhuí*

circulate; cycle - *xúnhuán*

civil rights; civil liberties; democratic rights -
    mínquán

civilization; culture - *wénhuà; wénmíng*

clan; family standing - *jiāmén*

clap one's hands; applaud - *pāishǒu*

clarify, make clear; understand fully - *nòngqīng*

class, company, on duty - *bān*

class, sort - *yàng*

classical - *gúdiǎn*

classical music - *gúdiǎn yīnyuè*

classroom; school room - *jiàoshì; kètáng*

clay figurine - *nírén*

clay; loess - *huángtǔ*

clean; neat and tidy - *gānjìng*

clean house (verb) - *dásǎo wèishēng*

clear; neat - *chū*

clear (of weather) - *qíng*

clear, pure - *qīng*

clear; clearly - *qīngchǔ*

clearly reckoned (as accounts, etc.) - *suàn qīng*

clever, acute hearing - *cōng*

clever, intellectual, wise; quick-witted - *huì*

climate - *qìhòu*

clinic - *ménzhén-suǒ*

clock, bell - *zhōng*

close (verb); closed [door] - *guān mén*

clothing - *yī*

cloud of some specified color - *yúncǎi*

Clubs (suit of cards) - *méihuā*

English -   Chinese (Pinyin)

coagulate; congeal; condense - *níngjié*

Coca-Cola - *kékóu-kělè*

cocky - *zháng*

coffee - *kāfēi*

coincidence; conform to - *fúhé*

Coke - *kělè*

cold - *léng*

collapse; fall down; cave in - *tā*

colleague at work; service personnel; master worker;
    Miss (in P.R.C.) - *shīfu*

colleague; fellow worker - *tóngshì*

collect; gather - *sōují*

college of science and engineering - *lǐgōng-kè dàxué*

college student - *dà-xuéshēng*

colony - *zhímín*

color - *sè; yánsè*

come - *lái*

come again - *zài lái*

come and go - *láiwǎng*

come and go; contact, dealings - *wǎnglái*

come in contact with; meet; welcome - *jiē*

come in; enter - *jìnlái*

come into bloom; lift a ban, restriction, etc. -
    kāifàng

come out, emerge, produce - *chū*

come out; emerge - *chūlái*

come to do it; come and visit - *lái zuò*

come to see - *lái kàn*

comfortable - *shūfú*

comic book - *mànhuà zázhì*

command; direct; conduct - *zhǐhuī*

commemoration/memorial day - *jìniàn-rì*

comment on; discuss - *pínglùn*

commerce; trade; business - *shāngyè*

commercial product - *shāngpǐn*

committee member - *wěiyuán*

commonsense - *chángshì*

Communist Party - *Gòngchán-dǎng*

company - *gōngsī; sī*

comparatively - *bǐjiào*

compare - *bǐ; jiào*

compared with this... - *bí qǐlái*

compassion, pity - *lián*

English -   Chinese (Pinyin)

compete; competition - *jìngzhēng*

complete - *qíquán*

complete(ly); whatsoever - *wánquán*

complete, completely, absolutely - *shífēn*

complete, total - *quán*

completive particle - *le*

complex, complicated - *fùzá*

compound interest - *fùlì*

computer - *diànnǎo*

computer paper - *diànnǎo jìlù zhǐ*

computerize - *diànnǎo-huà*

concern; affect; to matter - *guānxi*

concerned - *guānxīn*

conclude and sign (a treaty, etc.) - *qiānding*

condition - *tiáojiàn*

conference; hold or attend a meeting - *kāihuì*

confused, lost - *mí*

confusion; chaos - *hùnluàn*

congratulate - *zhùhè*

Congress - *Guóhuì*

conscience - *liángxīn*

Conservative Party - *Báoshóu-dǎng*

constitution; charter - *xiànfǎ*

consult, refer to; reference - *cānkǎo*

contain, content - *róng*

content; substance - *nèiróng*

contract - *hétóng*

contribute; dedicate; devote - *gòngxiàn*

convenient - *fāngbiàn*

convict, declare guilty - *pànzuì*

cook; prepare a meal - *zuòfàn*

cooked rice, generic word for food - *fàn*

cooking; culinary art - *pēngrèn*

cool; cold - *liáng*

coolie - *kǔlì*

copula, true-to-say, is, are - *shì*

coral - *shānhú*

corridor; passage - *zǒuláng*

corrupt; rotten, decayed, putrid - *fǔbài*

cost of living - *shēnghuó-yòngfèi*

cotton - *miánhuā*

cotton-padded clothes - *miányī*

English -   Chinese (Pinyin)

cough - *késòu*

counter, bar; front desk - *guìtái*

country - *guójiā*

countryside - *xiāngxià*

couple, a pair; classifier, or measure word for things that come in pairs - *shuāng*

courage - *dǎnzi*

course; curriculum - *kèchéng*

course; process - *lìchéng*

courtesy; etiquette; protocol - *lǐjié*

covetous; greedy; avaricious; insatiable - *tānxīn*

cowpox; smallpox pustule - *niúdòu*

crab - *pángxiè*

credit (as in college credits) - *xuéfēn*

criminal; offender - *fànzuì*

criticize - *pīpíng*

crowd around - *wéilǒng*

crowd; push and squeeze - *yōngjǐ*

cruise liner; (go on a) cruise - *lǚyóu-chuán*

cuisine, vegetables - *cài*

cunning; crafty - *diāohuá*

cure; treat (disease); control - *zhì*

current event/affair - *shíshì*

customhouse; customs - *hǎiguān*

customs; observances; practices - *fēngsú*

cut (with scissors); trim - *jiǎn*

cut off; sever - *gēduàn*

cut out (e.g., with scissors) - *jiǎn xià lái*

dad - *bàba*

daily, every day - *tiāntiān*

damp - *cháoshī*

dance (verb) - *wǔ; tiàowǔ*

dance (noun), ball - *wǔhuì*

dangerous - *wēixiǎn*

dark - *hēiàn*

date (e.g., date of departure) - *rìqī*

daughter - *nǚháir*

daughter; girl - *nǚér*

day after day; for days on end - *liánrì*

day after tomorrow - *hòutiān*

day before yesterday - *qiántiān*

day of the week - *xīngqī*

day, days; life, livelihood - *rìzi*

English -   Chinese (Pinyin)

daytime - *báitiān*

deceive; cheat; dupe - *qīpiàn*

December - *shí-èryuè*

decide - *juédìng*

decide; fixed, certain - *dìng*

decimeter - *fēnmǐ*

decline; be on the wane; go downhill - *shuāiluò*

decorated archway - *páilóu*

deduct - *kòuchú*

deduct; reduction - *zhé*

defect, shortcoming, fault, mistake - *máobìng*

degenerate; deteriorate - *tuìhuà*

degree - *dù*

degree of angle - *jiǎodù*

degree of temperature - *wēndù*

degree, academic degree - *xuéwèi*

degrees Celsius (°C) - *shèshì dù*

degrees Fahrenheit (°F) - *huàshì dù*

delay; hold up - *dānwù*

delay; retard - *chíyán*

demarcation line; dividing line; limits - *jièxiàn*

demeanor; authoritative manner - *fēngdù*

democratic election - *mínzhú xuǎnzé*

Democratic Party - *Mínzhú-dǎng*

denominator - *fēnmǔ*

dentist - *yá-yīshēng*

dentistry - *yáyī*

department - *xì*

department store - *bǎihuò-gōngsī*

departure time (for trains, buses, etc.) - *fāchē shíjiān*

deposit; bank saving, savings balance - *cúnkuǎn*

deposit; exist; save - *cún*

desert - *shāmò*

destroy; ruin; damage - *huǐ*

determination; resolution - *juéxīn*

Detroit city - *Dìtèlǜ-chéng*

develop (a film) - *xǐ*

develop; advanced - *fāzhǎn*

dial - *bō*

diameter - *zhíjìng*

diamond - *jīngāng*

Diamonds (suit of cards) - *fāngpiàr*

English -   Chinese (Pinyin)

diaper; napkin - *niàobù*

dictator; dictatorial; arbitrary - *dúcái*

dictionary - *zìdiǎn*

diet - *jiǎnféi*

difficult - *nán; hǎo róngyì*

difficulty; financial difficulty - *kùnnán*

digest - *xiāohuà*

dining room; restaurant - *cāntīng*

dinner - *wǎnfàn*

direct; firsthand; immediate - *zhíjiē* (also pron. *zhíjié*)

directly, straight - *yīzhí*

director; head; chairman - *zhǔrèn*

dirty - *zāng*

dirty; filthy - *āngzāng*

discontent; grievance; complaint - *láosāo*

discover; find; get (e.g., a job) - *zhǎodào*

discuss; talk over - *tǎolùn*

discuss; talk; chat - *tán*

disinfect; sterilize - *xiāodú*

dismemberment - *zhījiě*

distant, far - *yuǎn*

distinguish, differentiate; difference; part, leave each other - *fēnbié*

distribute; allot; assign - *fēnpèi*

disturb; trouble - *dárǎo*

divide; divided by - *chúyǐ*

division; minute on the clock; cent - *fēn*

divorce - *líhūn*

dizzy; giddy - *tóuyūn*

do affairs - *zuòshì*

do an affair - *gàn yí jiàn shì*

do homework - *zuò zuòyè*

do part-time, casual, piece work - *dāng línshí-gōng-gōng*

do; be all right - *xíng*

do; to make; work - *zuò*

doctor, medical doctor - *yīshēng*

doctor; physician - *dàifū*

documents; papers - *wénjiàn*

does not fit [lit. wear not on] - *chuān bú shàng*

dog - *gǒu*

dog meat - *gǒuròu*

English - Chinese (Pinyin)

dollar - *yuán*

domestic animal; beast, dirty swine - *chùshēng*

door lock - *ménsuǒ*

door, family - *hù*

door, gate - *mén*

doorbell - *ménlíng*

dormitory - *sùshè*

double - *fù*

double room - *shuāngrén fángjiān*

doubtful (questionable) point - *yídiǎn*

doughnut - *yóubǐng*

dozen - *yì dá*

draft; bill of exchange; money order - *huì zhīpiào*

drawer - *chōutì*

drawing, painting, picture - *túhuà*

Dream of the Red Chamber - *Hóng lóu mèng*

dress, clothes - *yīfú*

dress; clothing; costume - *fúzhuāng*

drift aimlessly - *piāobó*

drink - *hē*

drink; beverage - *yǐnliào*

drive - *kāichē*

drive (a vehicle); pilot (a ship or plane) - *jiàshǐ*

drive like a madman - *kāi yīngxióng-chē*

driver - *sījī*

driver's license - *jiàshǐ-zhí zhào*

drop; fall; come off; flake (off) - *diào*

drug abuse - *xīdú*

dry - *gān; gānzào*

dull, clumsy, foolish, stupid - *bèn*

duplicate; make a copy - *fùyìn*

durable - *jiēshí*

dust - *chéntǔ*

dust; dirt - *huīchén*

dwelling; household; family - *rénjiā*

dye - *rǎnliào*

each - *měi*

each other; one another - *bǐcǐ*

ear - *ě*

earlier; before; first - *xiān*

early morning (roughly 5:30 A.M. to about 8:00 A.M.) - *zǎoshàng*

early; good morning - *zǎo*

English - Chinese (Pinyin)

earn - *zhèng*

earn money - *zhèng qián; zhuàn qián*

earnestly; in perfectly good condition - *hǎohār*

earth - *tǔ*

earth, the globe - *dìqiú*

earth; world - *shìjiān*

east - *dōng*

east(side) - *dōngbiān*

easy - *róngyì*

easy to learn - *hǎoxué*

eat - *chī; chīfàn*

econ-management - *jīngjì guánlǐ (xué)*

economics - *jīngjì-xué*

economize, cut down, save; frugal - *jiéshěng*

economy - *jīngjì*

education; teach, educate - *jiàoyù*

educational value - *jiàoyù jiàzhí*

efficiency - *xiàolù*

efficient - *yǒuxiào*

egg white; albumen - *dànbái*

egg; hen's egg - *jīdàn*

eight - *bā*

Einstein - *Àiyīnsītǎn*

elect (by vote); select by examination - *xuánjǔ*

elect, choose - *tuījǔ*

election, elect - *xuǎnzé*

electric - *diànqì*

electric bell - *diànlíng*

electric fan - *diànshàn*

electric lamp - *diàndēng*

electric lightbulb - *diàndēng-pào*

electricity - *diàn*

electricity bill - *diànfèi*

elementary school, primary school - *xiǎoxué*

elevator, escalator - *diàntī*

emerald - *lù-bǎoshí*

emotion, feeling; friendship - *qínggǎn*

emotion; feeling - *gǎnqíng*

emperor, the emperor; the Son of Heaven - *tiānzǐ*

employ - *gùyòng*

empty - *kōng*

empty-handed - *kōngshǒu*

English - Chinese (Pinyin)

encourage; recommend; advocate - *tíchàng*

encyclopedia - *bǎikē-quánshū*

end; finish; conclude - *jiéshù*

enemy - *dírén*

engagement (to be married) - *dìnghūn*

Engels - *Ēngésī*

engine oil - *jīyóu*

engineer - *gōngchéng-shī*

England - *Yīngguó*

English (characters) - *Yīngwén-zì*

English (language) - *Yīngyǔ*

English Composition - *Yīngwén xiězuò*

English pound - *Yīngbàng*

English Rhetoric - *Yīngyú xiězuò*

English; the English language - *Yīngwén*

enlist; join army; serve in the military - *cānjūn*

enough - *gòu*

enter - *jìn; rù*

enter port; import; entrance - *jìnkǒu*

enthusiastic - *tòngkuài*

entrance; doorway - *ménkǒu*

entry visa - *rùjìng-zhèng*

envelop; shroud - *lóngzhào*

envelope - *xìnfēng*

equals, equal to - *děngyú*

escape by sheer luck - *xìngmiǎn*

escape calamity; to run away from trouble - *bìnán*

escort, take somewhere; send, deliver - *sòng*

especially; special; particular - *tèbié*

essay - *wénzhāng*

establish relations - *gǎo guānxi*

estimate; appraise; reckon - *gūjì*

ethnic minority - *shǎoshù mínzú*

Europe - *Ōuzhōu*

evaporate; steam - *zhēng*

even if - *jiùshì*

even more so - *gèng*

even, level, flat - *píng*

even; in succession, one after another - *lián*

evening - *wǎnshàng*

every day - *měi tiān*

every month - *měi ge yuè*

English - Chinese (Pinyin)

every week - *měi ge xīngqī*

every year - *měi nián*

everyday - *rìcháng*

everyday expenses - *rìcháng yòngfèi*

everyone - *shéi yě/dōu*

everywhere - *shémme dìfāng dōu*

exact, precise - *zhèng*

exam, test - *kǎoshì*

examination questions/paper - *kǎotí*

examine - *chá*

examine, test - *kǎo*

examine; investigate - *shěnchá*

exceed - *chāoguò; yuè*

exceed the speed limit - *chāosù*

excessive; go too far; overdo - *guòfèn*

exchange rate - *duìhuàn-lǜ*

exchange; barter; trade - *huàn*

exclusive - *zhuānyǒu*

excuse me - *jièguāng*

excuse me, please may I ask... - *qǐng wèn*

excuse me; may I trouble you... - *láojià*

execute by shooting - *qiāngbì*

exemplary person/thing, model; mold for casting bronze - *mófàn*

exercise - *yùndòng*

exercise; have physical training - *duànliàn*

exert all one's strength - *shǐjìn*

exhausted; fatigued; tired - *lèi*

exist (in a place) - *zài*

expand; enlarge; extend - *kuòzhāng*

expense - *yòngfèi*

expensive, honorable - *guì*

experience - *jīngyàn*

explain orally; comment - *jiěshuō*

explain; expound; interpret - *jiěshì*

explain; illustrate; show - *shuōmíng*

explanation - *shuōfǎ*

expletive; my god! - *tiān a!*

express - *tèkuài*

express train - *tèkuài lièchē*

express train or bus - *kuàichē*

expression [lit. face color] - *liǎnsè*

external; foreign - *duìwài*

English -   Chinese (Pinyin)

extraordinarily, extremely - *fēicháng*

extremely (dialect, humorous) - *bājī*

eyes - *yǎnjīng*

fable; allegory; parable - *yùyán*

face - *liǎn*

face, opposite - *duì*

face-to-face; in one's presence - *dāngmiàn*

face; self-respect; somebody's feelings - *liǎnmiàn*

face; side; aspect - *miàn*

facilities; equipment; installation - *shèbèi*

factory - *gōngchǎng*

facts; the actual facts of the case - *shíqíng*

fail (get an "F" grade) - *kǎo bù jígé*

faint; lose consciousness - *yūndǎo*

fair; just; impartial - *gōngpíng; gōngzhèng*

fall down, invert - *dǎo*

fall ill - *shēngbìng*

family education - *jiājiào*

family members - *jiārén*

family members/dependents - *jiāshǔ*

family; household - *jiātíng*

famous - *zhùmíng*

famous brand car (e.g., Cadillac) - *míngpáir-chē*

fare - *chēfèi*

farmer - *nóngrén*

fashionable; stylish - *shímáo*

fast food - *kuàicān*

fat - *pàng-húhú de*

fat, overweight - *pàng*

father - *fù; fùqīn*

favorable wind; tail wind - *shùnfēng*

fear; dread; be afraid of - *pà*

February - *èryuè*

federal - *liánzhōu*

feel embarrassed or ashamed - *xiūrén*

feel relieved; rest assured; be at ease - *fàngxīn*

feel; think - *juéde*

fellow student - *tóngxué*

fence; railing; balustrade - *lángān*

ferry - *dùkǒu*

feudalism - *fēngjiàn*

fever - *fāshāo*

English -   Chinese (Pinyin)

few - *shǎo*

few; rare; scarce - *xīshǎo*

field - *tián*

fierce wind; whole gale - *kuángfēng*

fierce; terrible; devastating - *lìhai*

fifteen - *shíwǔ*

fill a tooth - *bǔyá*

fill in - *tián*

fill in a registration form - *tiánbiǎo*

film, record; slice, flake - *piàn*

finally - *zhōngyú*

find; discover - *fāxiàn*

fine (verb) - *fǎqián*

fine day; sunny day - *qíngtiān*

fine; forfeit; penalty - *fákuǎn*

finish class - *xiàkè*

finish, complete, be over; intact, whole - *wán*

fire - *huǒ*

fire alarm - *huǒjǐng*

first base - *yīlěi*

First Emperor of Qin - *Qín Shǐ huángdì*

first-class; first-rate; superior - *shàngděng*

fish - *yú*

fish with a line and hook; angle - *diàoyú*

five - *wǔ*

Five Year Plan - *wǔ-nián jìhuà*

flat tire - *lúntāi lòuqì*

flea - *tiàozǎo*

flood; floodwater - *hóngshuǐ*

floor board; floor - *dìbǎn*

Florida - *Fúluólǐdà*

flower root - *huāgēn*

flower vase - *huāpíng*

flower; to spend - *huā*

flowers - *huācǎo*

fluent - *liúlì*

flush (in game of Poker) - *yì bǎ*

fly - *fēi*

fly (noun) - *cāngyíng*

flyer; playbill - *hǎibào*

foot - *jiǎo*

foot (12 inches) - *yīngchǐ*

English - Chinese (Pinyin)

foot (Chinese units) - *(shǐ) chǐ*

football - *gánlǎn-qiú*

for example - *pìrú shuō*

for instance - *bǐfāng*

for, on behalf of; take place of, substitute - *tì*

Forbidden City - *Gùgōng*

force him to want; "twist his arm" - *bīzhe tā yào*

Ford (Motors) - *Fútè-chē*

Ford Motor Corporation - *Fútè Chuǎngzào Qìchē Gōngsī*

foreign country; abroad - *wàiguó*

foreign language - *wàiyǔ*

foreign languages department - *wàiyǔ-xì*

forget; overlook; neglect - *wàng; wàngjì*

fork - *chāzi*

form; make up; compose - *zǔchéng*

fortune-telling - *suànmìng*

foster; train; develop - *péiyǎng*

foul - *fànguī*

four - *sì*

fraction - *fēnshù*

fragrant - *xiāng*

fragrant; aromatic - *fāngxiāng*

France - *Fǎguó*

free - *miǎnfèi*

freedom, liberty; free, unrestrained - *zìyóu*

freeze - *bīngdòng*

freeze; ice up; ice over - *jiébīng*

freighter - *yùnchuán*

French (language) - *Fáyǔ*

frequently, of frequent occurrence - *chángyǒu*

fresh - *xīnxiān*

fresh vegetables - *xiāncài*

freshman (student) - *yī-niánjí*

Friday - *xīngqī-wǔ; lǐbài-wǔ*

fried (to death) by the sun - *shàisǐ*

friend - *péngyǒu*

friendship - *yì*

Friendship Hotel - *Yóuyì Bīnguǎn*

from - *cóng*

from beginning to end - *shǐzhōng*

from the beginning; once again; anew - *cóngtóu*

front door; south gate of Beijing - *qiánmén*

English - Chinese (Pinyin)

front, in front; positional noun - *qiánbiān; qiánmiàn; qiántou*

fruit - *guǒzi; shuǐguǒ*

full - *bǎo*

full moon; a baby's completion of its first month of life - *mǎnyuè*

full-time study - *zhuānmén shàngxué*

fun (to do) - *hǎowár*

function; competence - *gōngnéng*

fund (e.g., for construction) - *zījīn*

fur coat - *píyī*

future; the future - *jiānglái*

future; time to come - *wèilái*

gallon - *jiālún*

gamble (for money) - *dǔqián*

gambling - *dǔbó*

game; match; competition - *sài*

garage - *chēfáng*

garbage can; dustbin - *lājī-tǒng*

gas (as in gas stove); coal gas - *méiqì*

gasoline - *qìyóu*

gasoline costs - *qìyóu-fèi*

gather together; collect; assemble - *còuhé*

gauze mask - *kǒuzhào*

gem; precious stone - *bǎoshí*

General Motors Corporation (GM) - *Tōngyòng Chuǎngzào Qìchē Gōngsī*

General Secretary - *zǒng-shūji*

general; current; in common use - *tōngyòng*

generally; general - *yìbān*

generation, class, row of carriages - *bèi*

genius; talent - *tiāncái*

genuine; standard - *dìdǎo*

George Washington - *Qiáozhì Huáshēngdùn*

German (language) - *Déyǔ*

Germany; German - *Déguó*

get a good grasp of - *nòngtōng*

get an electric shock - *chùdiàn*

get together; polymerization - *jùhé*

get up; get out of bed - *qǐchuáng*

get worked up; become excited - *dòngqíng*

get, particle - *dé*

girl - *gūniáng*

English -   Chinese (Pinyin)

girl; woman - *nǚrén*

girlfriend - *nǚ-péngyǒu*

give - *sònggěi*

give a lesson - *jiàoxùn*

give a pretext; make an excuse - *tuōgù*

give back; return; repay - *huán*

give someone a present - *sònglǐ*

give to someone for nothing - *bái sònggěi*

give, for - *gěi*

glass; cup - *bēi*

glasses - *yǎnjìng*

go - *qù*

go back - *huíqù*

go bankrupt; become insolvent - *pòchǎn*

go out for - *chūqù*

go shopping - *qù mǎi dōngxī*

go to class; attend class - *shàngkè*

go to college - *shàng dàxué*

go to school - *shàng xué*

go to war - *dǎzhàng*

go to work - *shàngbān*

go/set out on a journey; leave (for a distant place) - *dòngshēn*

gold bullion - *jīnkuài*

golf; golf ball - *gāoěrfū-qiú*

good fortune; happy lot - *fúqì*

good morning (formal) - *zǎoān*

good morning - *zǎoshàng hǎo,* often shortened to *zǎo* or *nǐ zǎo ah.*

good night - *wǎnān*

good, fine, okay; extremely - *hǎo*

good-bye - *zài jiàn; zài huì*

good; benefit; profit - *hǎochù*

goods - *huòpǐn*

grade - *chéngjī*

grade (noun) - *píng fēr*

grade papers - *gǎi juànzi*

graduate (student) - *bìyè-shēng*

graduate (verb) - *bìyè*

gram - *kè*

grammar - *wénfǎ*

grammar; sentence structure; syntax - *jùfǎ*

Grand Canyon - *Dà-xiágǔ*

granddaughter - *wàisūn-nǚér*

grandfather - *yéye*

grandmother (paternal) - *zǔmǔ*

grape - *pútáo*

grass - *cǎo*

greasy, oily, heavy (of food) - *nì*

Great Leap Forward - *Dà-Yuèjìn*

Great Wall [10,000 mile Long Wall] - *wànlǐ chángchéng*

green color - *lǜsè*

grope; feel about; fumble - *mōsuǒ*

group; clique - *jítuán*

grow up - *zhǎng dà*

grudge; stint - *linxī*

guarantee - *dānbǎo*

guest house; Chinese-style hotel - *bīnguǎn*

guide; direct - *zhídǎo*

guide; lead - *yíndǎo*

guided missile - *dǎodàn*

gynecology (department of) - *fùkē*

hair (on the human head) - *tóufà*

hair, dime - *máo*

haircut - *lǐfà*

half - *bàn*

half of the day; a long time - *bàntiān*

half past the hour (e.g., *liùdiǎn-bàn* 6:30) - *diǎn-bàn (zhōng)*

hall - *guǎn*

hamburger - *hànbǎobāo*

Han Dynasty (206 B.C. - A.D. 220) - *Hàncháo*

Han River - *Hàn Hé*

hand - *shǒu*

hand over - *jiāo*

handle; receive and distribute - *guòshǒu*

hang; suspend - *guà*

happen; occur; take place - *fāshēng*

happy; merry; cheerful - *gāoxìng; kuàihuó; xǐ*

harass; molest - *sāorǎo*

Harbin - *Hāěrbīn*

hard manual work - *kǔgōng*

hard seat (class of train ticket) - *yìngzuò*

hard sleeper (class of train ticket) - *wòpù; yìngwò*

hard to comprehend - *nándǒng*

English - Chinese (Pinyin)

hard to say - *nánjiǎng*

hard to say (used in expressing unlikelihood) - *nándào*

hard-necked - *liǎnpí-hòu*

hard-working - *yònggōng*

hardly anything - *shémme*

harmonica - *kǒuqín*

harmony, and - *hé*

Harvard University - *Hāfó Dàxué*

harvest, year, age - *suì*

hat - *màozi*

haughtiness; air of arrogance - *àoqì*

have a holiday or vacation - *fàngjià*

have an interest in - *yǒu-xìngqu*

have bad luck; be out of luck - *dǎoméi*

have heart-to-heart talk - *tánxīn*

have, exist (there is, there are) - *yǒu*

Hawaii - *Hāwāyí*

he, him - *tā*

head - *tóu*

head of state - *yuánshǒu*

headache - *tóuténg*

health, body - *shēntǐ*

healthy, sound - *jiànkāng*

hear of, be told - *tīngshuō*

Hearts (suit of cards) - *hóngtáo*

heavy - *chén; chén-diàndiàn de; zhòng*

helicopter - *zhíshēng-fēijī*

hello - *ní hǎo*

hello? - *wèi*

help - *bāngzhù*

help; do favor; lend a hand - *bāngmáng*

hemisphere - *bànqiú*

here - *zhè lí; zhèr*

heredity; inheritance - *yíchuán*

hero - *yīngxióng*

hers - *tā de*

hide from; withdraw - *duǒkāi*

high level; high-ranking; senior - *gāojí*

high school; middle school - *zhōngxué*

high school; senior middle school - *gāozhōng*

high, tall - *gāo*

highway - *dàmǎ-lù; gāosù-gōnglù*

English - Chinese (Pinyin)

Hilton Hotel - *Xīěrdùn Fàndiàn*

hire; let - *chūzū*

his - *tā de*

history - *lìshǐ; shǐ*

hm, uh-huh - *hng*

hold in the mouth - *diāo*

hold, grasp, handle; collocates with handle-like nouns - *bǎ*

Holiday Inn - *Lìdū Fàndiàn*

Hollywood - *Hǎoláiwū (chéng)*

homework - *zuòyè*

honest, sincere; experienced; well behaved - *lǎoshí*

honeycomb - *fēngwō*

honeymoon - *dù mìyuè*

Hong Kong - *Xiānggǎng*

Hong Kong dollar - *Gǎngbì*

hook; jack (in deck of cards) - *gōur*

hope; wish; expect - *xīwàng*

horse race; have a ride on a horse - *pǎomǎ*

horse racing - *sàimǎ*

horse; surname - *mǎ*

hospital - *yīyuàn*

hostile nation; enemy's country - *díguó*

hot - *rè*

hot or spicy - *là (de)*

hot pepper; chili - *làjiāo*

hot water - *rèshuǐ*

hotdog - *règǒu*

hotel - *lǚguǎn*

hotel (Western-style), restaurant - *fàndiàn*

hour - *xiǎoshí*

house - *fángzi*

house number - *ménpái*

household; home - *jiā*

housing; lodging - *zhùfáng*

how long, how much time - *duōcháng shíjiān*

how many days - *jǐtiān*

how many, few, several - *jǐ*

how many, how much - *duōshǎo*

how much/big - *duōdà*

how terrible; what bad luck; too bad - *zāogāo*

how, what? - *zěn*

how? in what way? - *zěmme*

English - Chinese (Pinyin)

hubcap - *lún-gàizi*

humor; sense of humor - *yōumò*

humorous, comical - *huájī*

hundred - *bǎi*

hundred meter sprint - *bǎimǐ-sàipǎo*

hundred million - *yì*

hundredweight - *yīngdàn*

hungry - *è*

hurt; ache; pain - *téng*

husband - *zhàngfū*

husband (outside P.R.C.) - *(wǒ) xiānshēng*

husband and wife - *fūfù*

husband/wife (in P.R.C.) - *(wǒ) àirén*

hustle and bustle - *rènào*

hygienic - *wèishēng*

I, me - *wǒ*

ice - *bīng*

ice cold, as cold as ice, frozen stiff - *lěng-bīngbīng de*

ice cream - *bīngqīlín*

ice water - *bīngshuǐ*

ice-skating, skate - *huábīng*

idea - *sīxiǎng*

ideal - *líxiǎng*

ideally - *líxiǎng de shuō*

identical; precisely identical - *yìmò yíyàng*

idiot - *bèndàn; shǎguā*

if it were not for; but for - *yào bú shì*

if; supposing; in case - *jiǎrú; yàoshì*

immediately; at once; right away - *lìkè; lìshí*

immediately; presently - *suíjí*

implore; beseech; entreat - *kěnqiú*

important; significant; major - *zhòngyào*

in between - *zhōngjiān*

in fact; actually - *shíjì-shàng*

in shifts; in relays; in rotation - *lúnbān*

in, at, on, particle - *yú*

inch - *yīngcùn*

inch (Chinese units) - *cùn*

include; consist of; comprise; incorporate - *bāokuò*

indemnity; reparations - *péikuǎn*

India - *Yìndù*

individual (person) - *gèrén*

English - Chinese (Pinyin)

industrial hi-tech - *gōngyè gāojí jìshu*

industry - *gōngyè*

inflator; bicycle pump - *qìtǒng*

influence; effect - *yǐngxiǎng*

information (i.e., telephone) - *cháhào fúwù-tái*

Information Desk - *xúnwèn-chù*

injure, wound; harm - *shāng; shānghài*

inkfish; cuttlefish - *mòyú*

innate ability - *néng*

inner, inside - *nèi*

inquire - *dǎtīng*

inside, within; positional noun - *lǐ; lǐbiān; lǐmiàn; lǐtou*

install; erect; mount - *ānzhuāng*

instant (lit. convenient noodles) - *fāngbiàn-miàn*

instinct - *běnnéng*

insurance - *bǎoxiǎn*

insurance company - *bǎoxiǎn gōngsī*

intact; whole; in good condition - *wánhǎo*

intelligent - *cōngming*

interest - *xìngqù*

interest rates - *lìxī-lù*

interesting; be interesting - *yǒu-yìsi*

internal medicine - *nèikē*

international - *guójì*

interrupt - *dǎduàn*

introduce; term used in formal introductions - *jièshào*

invent - *fāmíng*

invitation; invitation card - *qǐngtiě*

invite, please - *qǐng*

is hard to learn - *nánxué*

is it okay? will it do? may I? - *kéyǐ bù kéyǐ*

is not - *fēi*

is there? do you have? - *yǒu méiyǒu*

it - *tā*

it's a pity that - *kěxī*

it's okay, but... - *hǎo shì hǎo*

it's/they're here - *zài zhèr*

it's/they're over there - *zài nàr*

Italy - *Yìdàlì*

item, generic classifier, measure word - *gè*

its - *tā de*

English - Chinese (Pinyin)

itself - *běnshēn*

jade - *yù*

Jaguar (car) - *Hēibào-chē*

January - *yīyuè*

Japan - *Rìběn*

Japanese (written language) - *Rìwén*

Japanese (language) - *Rìyǔ*

Japanese Yen - *Rìbì*

jar; bottle; flask - *píngzi*

jealous - *ài chīcù; ài jìdù*

jeans; close-fitting pants - *niúzǎi-kù*

jet - *pēnqì-shì fēijī*

Jewish person; Jew - *Yóutài-rén*

Jiangxi (Province) - *Jiāngxī*

joint venture - *hézī jīngyíng yèwù*

joke, jest; laugh at - *xiàohuà*

judge; justice - *fǎguān*

judgment; court decision - *pànjué*

July - *qīyuè*

jump - *tiào*

June - *liùyuè*

jungle - *cónglín*

junior (student) - *sān-niánjí*

just now; a moment ago - *gāngcái*

just; exactly; only just - *gāng*

just; only; exactly - *gānggāng*

juvenile; early youth - *shàonián*

keep, remain; let grow; leave (behind for someone) -
    liú

keep; maintain; preserve - *bǎochí*

kettle; canteen; watering can - *shuǐhú*

kettle; pot; bottle; flask - *hú*

keys - *yàoshí*

kick; play (football) - *tī*

kilogram - *gōngjīn*

kiloliter - *qiānshēng*

kilometer - *gōnglǐ*

kindergarten; nursery school - *yòuér-yuàn*

kindly - *héqì; xīnhǎo*

king (in deck of cards) - *k*

kiss - *jiēwěn*

knife - *dāo*

knife and fork - *dāo-chā*

English - Chinese (Pinyin)

knit - *zhī*

know - *zhīdào; xiǎodé*

know the inside story; be in the know - *zhīdǐ*

know; understand; recognize - *rènshi*

knowledge - *zhīshi*

Korea - *Cháoxiān*

Kunming - *Kūnmíng*

label - *shāngbiāo*

Labor Party - *Láodòng-dǎng*

laboratory - *yánjiù-shì*

lack, short of; "of the hour"; error; interval - *chà*

ladle - *bǐ*

lamp; lantern; light - *dēng*

lampshade - *dēngzhào*

land, place - *dì*

landlord - *fángdōng*

Lanzhou - *Lánzhōu*

last month - *shàng ge yuè*

last time - *shàng cì*

last week - *shàng ge xīngqī*

last year - *qùnián*

late - *wǎn*

late; behind schedule - *wǎndiǎn*

later; afterwards - *yǐhòu*

lathe - *chēchuáng*

Latin America (continent) - *Lādīng Měizhōu*

laughable; ridiculous; ludicrous; funny - *kěxiào*

law - *fǎlǜ*

lazy - *lǎn(duò)*

leader; executive - *língdǎo-rén*

lean on or against - *yǐkào*

learn, master - *xuéhuì*

learned; erudite - *bóxué*

leather shoes - *píxié*

leave over; hand down - *yíliú*

leave, part from, be away from - *lí*

leave, walk, go - *zǒu*

leave; depart; deviate from - *líkāi*

leave; part from - *gàobié*

lecture - *jiǎngyǎn*

lecture; make a speech - *yǎnjiǎng*

left (side) - *zuǒ; zuǒbiān; zuǒmiàn*

English - Chinese (Pinyin)

left hand; left-hand side - *zuǒshǒu*

Leftist; the Left; the left wing - *zuǒpài*

leftover food - *shèngcài*

legacy; inheritance - *yíchǎn*

legend; tradition - *chuánshuō*

Lenin - *Lièníng*

lesson; class - *kè*

let go one's hold; let go - *sāshǒu*

let, allow; yield, give way - *ràng*

letter - *xìn*

letter-box; mailbox - *xìnxiāng*

letters; mail - *xìnjiàn*

level; degree; extent - *chéngdù*

Liberal Party - *Zìyóu-dǎng*

library - *túshū-guǎn*

license; permit - *xǔkě-zhèng*

lie down, recline - *wò*

lie down, shop - *pù*

lie, tell a lie - *sāhuǎng*

lie; falsehood - *huǎnghuà*

lifetime; all one's life - *bèizi*

light a lantern; turn on a light - *kāi dēng*

light refreshments; pastry - *diǎnxīn*

lighting - *guāngxiàn*

lightly; gently - *qīngqīng*

lightning - *shǎndiàn*

like that, in that way; then, in that case - *nèmme*

like, love, be fond of - *xǐhuān*

likeness - *yàngzi*

Lincoln - *Línkěn*

listen - *tīng*

listen secretly - *tōutīng*

liter - *shēng*

liter (Chinese units) - *(shì) shēng*

literature - *wénxué*

literature and history - *wénshǐ*

Liu Shaoqi - *Liú Shàoqí*

live together - *tóngsù*

living - *huó*

load; pack; hold - *zhuāng*

loaf on the job; be lazy; goldbrick - *tōulǎn*

loan application - *dàikuǎn yàoqiú*

English - Chinese (Pinyin)

lobster - *lóngxiā*

local (native) product - *tǔchǎn*

lock (up); chain up - *suǒ*

lofty ideal/aspiration - *zhuàngzhì*

London - *Lúndūn*

lonely - *jìmò*

long - *cháng*

long; for a long time - *jiǔ*

look after - *bǎozhòng*

look for; seek - *zhǎo*

look on; observe - *pángguān*

loose fitting, loose, large; fat - *féi*

Los Angeles - *Luòshānjī*

lose - *shū*

lose face, fall into disgrace - *tāntái*

lose one's capital - *shíběn*

lose one's way; get lost - *mí lù*

lose; loss - *sǔnshī*

lose; mislay - *dīou*

lose; throw away - *diūdiào*

lout - *huòzi*

lovable; likable; lovely; adorable; cute - *kěài*

love, affection; like, be fond of; be apt to - *ài*

low - *dī*

lucid (of mind); peaceful (of times) - *qīngmíng*

luckily - *xìngkuī*

lucky; auspicious - *jílì*

luggage, baggage; suitcase - *xínglǐ*

lunch - *wǔfàn*

luster, splendor; honorable - *guāngcǎi*

Macao - *Àomén*

machine - *jī*

magazine; journal - *zázhì*

magistrate - *zhīshì*

magnificent - *háohuá*

mail, post, letters - *yóujiàn*

mail; post - *jì*

main; chief; principal; major - *zhǔyào*

Mainland China - *dàlù; nèidì*

major (of study) - *zhuānmén xué*

make a sound - *xiǎng*

make an appointment - *dìng shíjiān*

English -   Chinese (Pinyin)

make faces [lit. do weird likeness] - *zuò guài yàng*

make great effort; try hard - *nǔlì*

make known; make clear; state clearly - *biǎomíng*

make money; make money dishonestly - *nòngqián*

make or become cool - *liàng*

make trouble; create a disturbance - *dǎoluàn*

makeup (of actors) - *huàzhuāng*

malapropism - *cuò huà*

Malaysia - *Máláixīyà*

male - *nán*

male parent - *fùbèn*

man and wife - *fūqī*

man, human being, people, person - *rén*

man; menfolk; guys - *nánrén*

manage - *bàn*

manage; do something; work - *gàn*

manage; run; engage in - *jīngyíng*

management - *guǎnlǐ*

manager - *jīnglǐ*

Manchuria - *Mǎnzhōu*

Mandarin Chinese - *pǔtōng-huà*

Mandarin; the official language - *guānhuà*

manly; man; young tough - *nánzi-Hàn*

manor - *zhuāngyuán*

many; more - *duō*

Mao Tse-Tung - *Máo Zédōng*

Maotai (liquor) - *Máotái (jiǔ)*

map - *dìtú*

March - *sānyuè*

Marines - *hǎijūn-lùzhàn-duì*

mark a price; marked price - *biǎoshì*

mark, number - *hào*

mark; sign - *jìhào*

market - *shì*

market; bazaar - *shìchǎng*

marriage; matrimony - *hūnyīn*

marry; get married - *jiéhūn*

Marx - *Mǎkèsī*

master - *zhǔ*

master; owner - *zhǔrén*

material, object - *wù*

material; data - *cáiliào*

English -   Chinese (Pinyin)

maternal grandfather - *lǎoyé*

maternal grandmother - *lǎolao*

math - *shùxué*

May - *wǔyuè*

meaning, idea - *yì; yìsi*

meanwhile; at the same time - *tóngshí*

measure word for classes/furniture/etc. - *táng*

measure word for copies/newspapers/etc. - *fèn*

measure word for letters - *fēng*

measure word for meals, occurrences, etc. - *dùn*

measure word for performances/engines, etc. - *tái*

measure word for piece, article, item (e.g., clothing) - *jiàn*

measure word for sets/series - *tào*

measure word for slender objects; branch; pay - *zhī*

measure word for suits of clothing; body - *shēn*

measure word for vehicles - *liàng*

measure word, some, few, several - *xie*

measurement; dimension - *chícùn*

meat - *ròu*

mechanical engineering - *jīxiè*

mechanism; organ; body; machine-operated - *jīguān*

medical checkup - *jiǎnchá shēntǐ*

medical studies - *yīxué*

medicine; herbs - *yào*

meet, acquired ability - *huì*

meeting; conference - *huìyì*

Mencius - *Mèngzǐ*

mend; patch; repair - *bǔ*

menu; bill of fare - *càidān*

Mercedes Benz - *Bēnchí-chē*

merit; deserve - *zhídé*

merit; strong/good point; advantage - *yōudiǎn*

metal - *jīnshǔ*

metal, gold - *jīn*

meter - *mǐ*

meter (as in metronome) - *jiépāi*

meter, clock - *biǎo*

metric ton - *gōngdūn*

Miami - *Miami-chéng*

Michigan State - *Mìxīgēn-zhōu*

microbiology - *wēi-shēngwù-xué*

Middle East - *zhōngdōng*

English - Chinese (Pinyin)

mild imperative - *ba*

mile (British system) - *yīnglǐ*

mile (Chinese units) - *(shi) lǐ*

milk - *niúnǎi*

Milky Way; the Galaxy - *Tiānhé*

milligram - *háokè*

millimeter - *háomǐ*

mine (as in coal mine) - *kuàngshān*

Ming Dynasty (A.D. 1368 - 1644) - *Míngcháo*

miniseries - *liánxù-jù*

minutes after the hour - *fēn (zhōng)*

mirror - *jìngzi*

mischief - *tiáopí*

mishap, disaster; in any case, anyhow - *háodǎi*

Miss (outside P.R.C.); young lady - *xiáojiě*

miss; worry about someone who is absent - *guàniàn*

missile - *huǒjiàn*

mistake; error; blunder - *cuòwù*

misunderstand - *wùhuì*

model (e.g., of a ship) - *móxíng*

modern times - *jìndài*

modern; fashionable - *módēng*

modifier particle, target - *de*

moisten; wet; soak - *zhàn*

mom - *māmā*

Monday - *xīngqī-yī; lǐbài-yī*

Mongolia - *Ménggǔ*

monkey - *hóuzi*

monster - *guàiwù*

month (colloquial) - *yuè-fèn*

moon cake (especially for the Mid-Autumn Festival) - *yuèbǐng*

moon, month - *yuè*

more than; over; above - *yǐshàng*

most [lit. the general run of] - *yìbān de*

most recent, recently; nearest, latest - *zuìjìn*

most, superlative particle - *zuì*

mother - *mǔ; mǔqīn*

mother-in-law - *yuèmǔ*

motor racing - *sàichē*

motor racing competition - *sàichē-huì*

motor-car, auto - *xiǎo-qìchē*

motorbike - *mótuō-chē*

English - Chinese (Pinyin)

mountain top - *shāndǐng*

mouth - *kǒu*

mouth; snout; bill - *zuǐ*

move (house) - *bān*

move from one home to another - *bānjiā*

move; shift - *nuó*

movement, move - *dòng*

movie star - *míngxīng*

movie theater; cinema - *diànyǐng-yuàn*

movies - *diànyǐng*

Mozart - *Mózātè*

Mr. (outside P.R.C.) - *xiānsheng*

Mr., Mrs., comrade (in P.R.C.) - *tóngzhì*

Mrs. (outside P.R.C.) - *tàitài*

Ms. (in P.R.C.); lady; madam - *nǚshì*

much more - *duō dé duō*

muddled - *húdú*

muffler - *fèiqì-guǎr*

muggy; humid - *mēnrè*

multiply; times - *chéng*

muscles - *jīnròu*

music - *yīnyuè*

muskmelon - *tiánguā*

Muslim - *Huímín*

must first - *xiān yào*

must have been - *kěndìng*

must, have got to - *fēiděi*

must; have to - *bìděi; bìxū*

mutual - *xiāng*

my turn (to do something) - *gāi wǒ*

my, mine - *wǒ de*

naive - *tiānzhēn*

name - *míng*

name-brand - *míngpár*

Nanjing - *Nánjīng*

narrow; cramped - *xiázhǎi*

nation, country, state - *guó*

national capital city - *shǒudū*

National Park - *Guójiā Gōngyuár*

Nationalist Party - *Guómín-dǎng*

nationwide - *quánguó*

native born; this locality - *běndì de*

English - Chinese (Pinyin)

native place; old home - *lǎojiā*
natural - *tiānrán*
naughty - *táoqì*
navy; naval - *hǎijūn*
near - *jìn*
nearby; neighboring - *fùjìn*
neatly - *zhěngqí*
necessary - *xū*
necessary; essential - *bìyào*
necktie; tie - *lǐngdài*
need not; not have to - *wúxū*
need, want - *yào*
need; must; have to - *xūděi*
need; want; require; demand - *xūyào*
negate; negative; deny - *fǒudìng*
negative particle - *bu; méi*
neighbor - *línjū*
nervous, keyed up, tense - *jǐnzhāng*
never even once in my life - *cónglái méiyǒu yí cì*
new - *xīn*
new word - *shēngzì*
New York - *Niǔyuē*
New Zealand - *Xīn Xīlán*
newscaster - *xīnwén jiěshuō*
newspaper - *bào; bàozhǐ*
next month - *xià ge yuè*
next week - *xià ge xīngqī*
next year - *míngnián*
Niagara Falls - *Níyájiālā Pùbù*
nice; face-saving; respectable - *tǐmiàn*
night - *yè*
nightshift - *yèbān*
nighttime; midnight - *bànyè*
nine - *jiǔ*
no different from - *méiyǒu bù tóng*
no good, won't do - *bù hǎo*
no matter; regardless of - *bùguǎn*
noise; noisy - *chǎonào*
noodles - *miàntiáo*
noon - *wǔ*
noon [exactly noon] - *zhèngwǔ*
north - *běi*

English - Chinese (Pinyin)

North Pole - *Běijí*
northeast - *dōngběi*
northwest - *xīběi*
nose - *bízi*
not enough - *bú gòu*
not have, not exist - *méiyǒu*
not necessarily - *bù yídìng*
not only...but also - *búdàn...érqiě*
not true to say; is/are not - *bú shì*
not yet - *hái méiyǒu*
nothing else matters - *bié de dōu bù guǎn*
notify; inform - *tōngzhī*
noun; term; phrase - *míngcí*
novel - *xiǎoshuō*
November - *shí-yīyuè*
now - *xiànzài*
now, present - *jīn*
now; at present; at the moment - *mùqián*
nuclear weapon - *hé-wǔqì*
nuisance; troublesome - *máfán*
nuisance, an annoyance; commonplace; vulgar - *súqì*
number - *shù*
number (e.g., telephone) - *hàomǎ*
number of times - *cì*
numerator - *fēnzi*
numerous; the stars; scattered and few - *xīngxīng*
nurse - *hùshì*
o'clock - *diǎn (zhōng)*
obedient - *tīnghuà*
obey; submit (oneself) to - *fúcóng*
obscene - *yínwěi*
observe; survey; inspect - *guānchá*
obviously; plainly - *míngmíng*
October - *shíyuè*
off work - *xiàbān*
offend; violate - *fàn*
office - *bàngōng-shì*
official - *guān*
official; member; person engaged in some field of
    activity - *yuán*
often - *chángcháng*
often; constantly - *shíshí*
often; frequently - *shícháng*

English - Chinese (Pinyin)

oh dear (expressing surprise) - *aiya*

oil - *yóu*

oil field - *yóutián*

oil paint - *yóuqī*

oil well - *yóujǐng*

okay - *kéyǐ*

okay? all right? - *hǎo bù hǎo*

okay? will it do? - *xíng bù xíng*

old - *jiù*

old and feeble; decrepit; senile - *shuāilǎo*

old codger - *lǎo tóuzi*

old woman - *lǎopór*

old; always - *lǎo*

older brother - *gēgē*

older sister - *jiějie*

olive; Chinese olive - *gánlǎn*

omnipotent; universal, all-purpose - *wànnéng*

on a diet - *yào jiǎnféi*

on average - *píngjūn*

on credit - *fēnqī fùkuǎn*

on time - *ànshí*

one - *yī*

one's life experience - *shēnshì*

one of - *zhī-yī*

one side; one aspect; at the same time - *yímiàn*

one time; once - *yí cì*

oneself - *zìjǐ*

only - *zhǐ*

only just - *fāngcái; gāngcái*

only once in my life - *cónglái zhí yǒu yí cì*

only; alone - *zhíyǒu*

only; merely; just - *jiù*

only; sole - *wéiyī*

open country; champaign - *yuányě*

open space - *chǎng*

open the door - *kāi mén*

open; spread - *zhāngkāi*

opera - *gējù*

operator - *zǒngjī*

opportunity; chance - *jīhuì*

Oppose Bourgeois Liberalization - *fǎn zìchǎn jiējí zìyóu-huà*

Oppose Peaceful Evolution - *fǎn hépíng yánbiàn*

English - Chinese (Pinyin)

opposing Spiritual Pollution - *fǎn-jīngshén-wūrán*

opposite; contrary; reverse - *xiāngfǎn*

orange juice - *júzi-zhī*

ordinal particle - *dì*

ordinary - *cháng*

ordinary, common, average - *pǔtōng*

ore - *kuàngshí*

organization; organize, form; tissue, nerve - *zǔzhī*

oriental history - *dōngfāng lìshǐ*

origami (Japanese paper folding) - *zhézhǐ*

origin; original/master copy - *yuánběn*

original - *běnlái*

originally; at first - *dāngchū; qǐchū*

orphan - *gū'ér*

other person[s] - *bié rén*

other; another; extra - *lìng*

ought to, should; be somebody's turn to do something - *gāi*

ought, should - *yīnggāi*

ounce - *āngsī*

our, ours - *wǒmen de*

out of bounds - *chūjiè*

outside phone line - *wàixiàn*

outside, exterior; positional noun - *wài; wàibiān; wàimiàn; wàitou*

outward appearance; exterior; surface - *wàibiǎo*

over and over again - *zài sān zài sì*

over, above; positional noun - *shàng; shàngbiān; shàngmiàn; shàngtou*

overcast sky; cloudy day - *yīntiān*

overcoat - *dàyī*

overthrow - *dádǎo*

owe - *qiàn*

own, possess; all - *suóyǒu*

oxcart - *niúchē*

oyster sauce - *háoyóu*

ozone layer - *chòuyǎng-céng*

P.M. - *xiàwǔ*

package; wrap - *bāo*

page - *yè*

pain; suffering; agony - *tòngkǔ*

paint - *qī*

paint pictures - *huàhuà*

English -   Chinese (Pinyin)

painter; artist - *huàjiā*

pajamas; night clothes - *shuìyī*

paper - *zhǐ*

papers; examination papers - *juànzi*

parents; father and mother - *fùmǔ*

Paris - *Bālí*

park - *yuán*

park; garden - *gōngyuár*

parking lot, place - *tíngchē-chǎng*

parliament; legislative assembly - *yìhuì*

part, section - *bù*

part-time study - *bàndú*

partiality; bias - *piānxīn*

parts production - *chuàngzào língjiàn*

party member - *dǎngyuán*

pass (a test); get a passing grade - *jígé; kǎo jígé*

pass by; past, through, over - *guò*

pass through - *jīng; tōngxíng*

pass, successive - *lì*

pass; go through; undergo - *jīngguò*

passport - *hùzhào*

pastor; minister; clergyman - *mùshī*

paternal grandmother - *nǎinai*

patient - *bìngrén*

patiently - *nàixīn*

pay - *fù; fùqián*

pay (money), defray - *zhīfù*

peaceful - *jìng-qiáoqiáo de*

peaceful, safe - *ān*

pearl - *zhēnzhū*

peasant; peasantry - *nóngmín*

Peking Gazette - *Jīngbào*

pen - *bǐ*

pen; fountain pen - *gāngbǐ*

pencil - *qiānbǐ*

People's Bank - *Rénmín Yínháng*

People's Daily - *Rénmín Rìbào*

percentage - *bǎifēn-zhī; fēn-zhī*

perfect - *quánqí*

perform; act; play - *biǎoyǎn*

perform; play; act; show (a film) - *yǎn*

perhaps - *kěnéng*

English -   Chinese (Pinyin)

perhaps, maybe; or, either...or... - *huòzhě*

perhaps; I think; I'm afraid... - *kǒngpà*

perhaps; probably; maybe - *yéxǔ*

period - *qī*

period, wait, expect - *hòu*

perish, die out; eliminate, exterminate - *xiāomiè*

permissible, possible; extremely - *kě*

permit, allow; permissible - *yúnxǔ*

permit, allow; permission - *xúkě*

personal name - *míngzi*

perspire; sweat - *chūhàn*

pessimistic - *bēiguān*

Ph.D. - *xué bóshì*

pharmacy - *yàofǎng*

photograph; photo - *xiàngpiàn*

photograph; picture - *zhàopiàn*

photograph; take a picture - *zhào(xiàng)*

physical exercise; drill - *tǐcāo*

physics - *wùlǐ-xué*

piano - *gāngqín*

pick; pick and choose - *tiāojiǎn*

pick; pluck; take off - *zhāi*

picnic - *yěcān*

picture - *huà*

piece, lump, dollar, classifier - *kuài*

pile; heap; stack - *duī*

pilot - *fēixíng-yuán*

Ping-Pong, table tennis - *pīngpāng-qiú*

pint - *pīntuō*

pistol; hand gun - *shǒuqiāng*

pitiful; pitiable; poor - *kělián*

pizza - *Yìdàlì-bǐng*

place - *chù; dìfāng*

place, that which - *suǒ*

place; classifier - *wèi*

plan to, intend - *dǎsuàn*

plan; project - *jìhuà*

plant; flora - *zhíwù*

platform (in a railway station) - *zhàntái*

play (a stringed musical instrument) - *tán*

play (bowed instruments); pull - *lā*

play cards - *dǎ pái*

English - Chinese (Pinyin)

play tennis - *dá wǎngqiú*

play up to - *máihǎo*

play up to; pander to - *ē*

play; amuse - *wár*

play; drama; show - *xì(jù)*

play; have fun - *wánshuǎ*

plead sickness as an excuse - *tuōbìng*

pleasant sounding [good listen] - *hǎotīng*

please do not (often used in public signs) - *qǐng wù*

please transfer to... - *qíng zhuǎn*

pleasure, pleased - *huān*

plentiful; well-developed, full-grown - *fēngmǎn*

plum; surname - *lǐ*

plural suffix (for personal pronouns) - *men*

pocket - *kǒudài*

pocket; bag - *dōu*

point, dot, hour, ignite - *diǎn*

pointed: Ace (in deck of cards) - *jiār*

poisonous snake; viper - *dúshé*

Poker (cards) - *pūkè-pái*

police station - *jǐngchá-jú*

police, policeman - *jǐngchá*

policy - *zhèngcè*

polite - *kèqi*

political science - *zhèngzhì-xué*

politician - *zhèngzhì-jiā*

pontoon bridge - *fúqiáo*

pool - *táiqiú*

poor - *qióng*

poor people; the poor - *qióngrén*

poplar and willow; willow - *yángliǔ*

population - *rénkǒu*

pork - *zhūròu*

pornography - *huángshū*

porridge; rice/millet gruel - *xīfàn*

port; harbor - *gángkǒu*

portrait - *huàxiàng*

Portugal - *Pútáoyá*

position; force; power; influence - *shìlì*

post office - *yóujú; yóuzhèng-jú*

postman, mailman - *yóuchāi; yóudì-yuán*

postmark - *yóuchuō*

postpone, defer; extend - *yánqī*

potato - *tǔdòu*

potato chips - *tǔdòu-piàr*

pound - *pāng*

pound (Chinese units) - *(shì) jīn*

pounds (lbs.) - *jīn*

practice, exercise - *liànxí*

praise; commend - *kuājiǎng*

pray; say one's prayers - *dǎogào*

precious - *bǎoguì*

prejudice; bias - *piānjiàn*

Premier of the State Council - *guóhuì zónglǐ*

Premier Zhou - *Zhōu zónglǐ*

preposition - *jiècí*

prescription - *chǔfāng; yàofāng*

present, gift - *lǐwù*

president (of a republic) - *zóngtǒng*

presidential election - *xuánjǔ zóngtǒng*

press; push down; flatten - *yā*

pretend; make believe - *zhuāngjiǎ*

pretty much - *chà bù duō*

pretty, beautiful; good-looking; attractive - *piàoliàng; hǎokàn*

prevent; guard against - *yùfáng*

previously, before - *yǐqián*

price - *jiàgé*

prices [lit. goods prices] - *huòpǐn jiàgé*

prime of life - *zhuàngnián*

princess - *gōngzhǔ*

principal - *xiàozhǎng*

principle; pay attention to, acknowledge - *lǐ*

print; mark - *yìn*

prison; jail - *jiānyù*

procedures - *shǒuxù*

produce; manufacture; give birth to a child - *shēngchǎn*

professional - *zhíyè*

profitable - *yǒulì*

profiteer; speculator - *tóujī-dàoba-fènzi*

program (e.g., TV program) - *jiémù*

progress; advance; improve - *jìnbù*

prohibit, ban, forbid (often used in public signs) - *jìnzhǐ*

English - Chinese (Pinyin)

proletariat - *wúchǎn*

promote; advance - *cùjìn*

proof; evidence - *zhèngjù*

property; capital; assets - *zīchǎn*

proposed partner in marriage - *duìxiàng*

prose written in the classical literary style - *gǔwén*

protect; safeguard - *hù; bǎohù*

prove; testify; bear out - *zhèngmíng*

provide for the aged (usually one's parents) - *yánglǎo*

province (Chinese); economize, save - *shěng*

provincial capital city - *shěnghuì*

provost - *fù-xiàozhǎng*

public - *gōnggòng*

public building - *yuàn*

public bus - *gōnggòng-qìchē*

public security bureau; police - *gōngān-jú*

public telephone - *gōngyòng-diànhuà*

Public TV - *Guójiā Diànshì-tái*

public; used for decimal system - *gōng*

publish in a newspaper or magazine - *kāndèng*

publish; come off the press - *chūbǎn*

pudding - *bùdīng*

punctual; on time; on schedule - *zhǔnshí*

punishment; to punish; penalty - *xíngfǎ*

pure, clean - *jìng*

purpose; aim; goal; objective - *mùdì*

push over; overturn - *tuī dǎo*

put back - *fàng huíqù*

put down; lay down - *fàngxià*

put on display; exhibit; show - *zhánlǎn*

put on; wear - *dài shàng*

put; set down; place - *fàng*

qualifications; seniority - *zīgé*

quarrel, dispute; right and wrong - *shìfēi*

quarrel; wrangle; have a row - *chǎojià*

quart - *kuātuō*

quarter of an hour; measure word; notch - *kè*

quarter of the hour; 45 minutes - *sānkè (zhōng)*

quarter past the hour - *yíkè*

question - *wèn*

question particle - *ma; me; ne*

quick, fast - *kuài*

English - Chinese (Pinyin)

quietly - *ānjìng*

quit job; withdraw from office - *tuìzhí*

quite (a bit), extremely - *xiāngdāng*

race (as in human race) - *zhǒngzú*

radish - *luóbō*

railway; railroad - *tiělù*

rain - *yǔ; xiàyǔ*

rainwater; rainfall; rain - *yúshuǐ*

rare; scarce; hard to come by - *nándé; sháo yǒu*

rare; unusual - *xīyǒu*

rather; a bit too; truly - *wèimiǎn*

ratio, rate - *lǜ*

razor - *tìdāo*

razor blade - *guāliǎn-dāo*

razor blade; (tool) bit; blade - *dāopiàn*

reach for - *gòu*

read - *kànshū; dú*

read; study - *dúshū; niànshū*

ready cash - *língqián*

really, honestly; true, real - *shízài*

really; as expected; sure enough - *guǒrán*

really; true, real - *zhēn*

rear - *hòufāng*

rear (verb), to keep alive, to support (as one's family) - *yánghuǒ*

reasonable; justified; in the right - *yóulǐ*

receive; get; achieve - *shōudào*

Reception Desk - *fúwù-tái*

reckon; regard as, count as - *suàn*

recommend - *tuījiàn*

record, annals - *zhì*

record; write down; copy - *lù*

red - *hóng*

Red Flag - Hóng Qí

Red Guards - *hóngwèi-bīng*

Red Sea - *Hónghǎi*

Red Sox (baseball) team - *Hóng-Wàzi-duì*

red(-colored) - *hóngsè*

reduce; narrow; shrink - *suōxiǎo*

reduced price - *jiǎnjià*

reflect, certificate - *zhào*

"reform and opening up" - *gǎigé-kāifàng*

refrigerator - *bīngxiāng*

English - Chinese (Pinyin)

refuel - *jiāyóu*

regardless of; no matter - *bù guǎn*

register; check in - *dēngjì*

regret; repent - *hòuhuǐ*

regularly, frequently - *jīngcháng*

regulate, decide - *zhì*

reimbursable; reimbursement - *bàoxiāo*

relative; kin; family - *qīnqī*

relaxed; light; easy - *qīngsōng*

reliable - *kěkào*

religion - *zōngjiào*

rely; depend on - *yǐlài*

remember - *jìdé*

remit cash, letter of credit - *huì*

remit money; remittance - *huìkuǎn*

remove, divide - *chú*

rent (for house) - *fángzū*

rent, lease - *zūgěi*

repair - *xiū*

repair; mend; overhaul; fix - *xiūlǐ*

repaired; do good works - *xiūhǎo*

replenish; get more - *tiānbǔ*

reply (to letter) - *huífù*

report (news); news report, story - *bàodào*

reporter; correspondent; newsman - *jìzhě*

representative - *dàibiǎo*

Republic of China - *Zhōnghuá Mínguó; mínguó*

Republican Party - *Gònghé-dǎng*

reputation; moral integrity - *míngjié*

research - *yánjiù*

research results - *yánjiù jiéguǒ*

reserve a room (e.g., at a hotel) - *dìng fángjiān*

reside - *zhù*

residence permit - *jūliú-zhèng*

respect; honor; esteem - *zūnjìng*

responsible - *fù zérèn*

responsive, lively - *líng*

rest; have/take a rest - *xiūxí*

result; outcome - *jiéguǒ*

resume, renew; recover, regain - *huífù*

retire - *tuìxiū*

return letter - *huíxìn*

English - Chinese (Pinyin)

return, go back; answer, reply - *huí*

return, tend; also - *hái*

return; come back - *huílái*

revenge; avenge - *fùchóu*

revise; modify; amend - *xiūgǎi*

revolt; revolution - *gémìng*

rewind - *dǎo huíqù*

rice - *dàmǐ*

rice (boiled rice) - *mǐfàn*

rice noodles - *mǐmiàn*

rich [have money] - *yǒuqián*

rich; wealthy - *fù yǒu*

riddle; conundrum - *míyǔ*

ride (e.g., bicycle) - *qí*

ride/mount a horse - *qímǎ*

right (side) - *yòu; yòubiān; yòumiàn*

right angle - *zhíjiǎo*

right now; in process of - *zhèng zài*

right wing - *yòupài*

right? - *duì bú duì*

right? [true/not true] - *shì bú shì?*

ring - *jièzhǐ*

ripe - *shóu*

rise - *qǐshēn*

rise, arise - *qǐ*

RMB, P.R.C. dollar (People's Money) - *Rénmínbì*

road - *lù*

road; say - *dào*

roadside - *mǎlù pángbiān*

rob; pillage; loot - *qiǎng*

rock and roll - *yáogǔn yīnyuè*

roe (of fish) - *yúluǎn*

roll, document - *juǎn*

Rolls Royce (car) - *Luóěr-Luósī-chē*

romantic love - *àiqíng*

Rome; Roman - *Luómǎ*

roof - *lóudǐng*

room - *fángjiān*

room, house - *fáng*

root; measures, or classifies books and documents - *běn*

rose; rugosa rose - *méiguī*

round 1 - *dì-yī huìhé*

English - Chinese (Pinyin)

round; around; revolve round - *wéirǎo*

rub oneself down with a wet towel; take a sponge bath - *cāzǎo*

rub; friction - *mócā*

rude, vulgar - *cū*

rule; regulation - *guīzé*

rumor - *fēngshēng*

run into; collide; strike - *zhuàng*

run out; expire - *dàoqī*

run to; take off to - *pǎo dào*

running hand (in Chinese calligraphy) - *xíngshū*

rush off - *jízhe*

Russia - *Éguó*

Russian; Soviet - *Sūlián*

rusty - *shēng xiù*

sad; grieved; mournful - *yōuchóu*

safe (noun), safety box - *bǎoxiǎn-guì*

safe, safety - *ānquán*

safety belt - *ānquán-dài*

sailing boat/ship; junk - *fānchuán*

salad - *shālā*

salary, pay - *gōngzī*

saliva - *xiánshuǐ*

salt - *xiányán*

same, similar; alike - *tóng*

sample book; sample; specimen - *yàngběn*

San Francisco - *Jiù-Jīnshān*

satisfy; satisfied, pleased - *mǎnyì*

Saturday - *xīngqī-liù; lǐbài-liù*

sausage - *xiāngcháng*

save; deposit - *chǔxù*

say - *shuō*

scald - *tàng shāng*

scene - *jǐng*

scenery; landscape - *fēngjǐng*

scented tea - *xiāngpiàn*

schedule; timetable - *shíkè-biǎo*

scholar; skillful writer - *xiùcái*

scholarship - *jiǎngxué-jīn; xuéwèn*

school - *xuéxiào*

schoolwork; workload - *gōngkè*

science; scientific knowledge - *kēxué*

scissors; shears - *jiǎndāo*

English - Chinese (Pinyin)

scold, rebuke; curse, swear - *mà*

scoop; spoon; ladle - *sháo*

Scottish kilt - *Sūgélán qúnzi*

scratch one's head; difficult to tackle - *náotóu*

screw (noun); a spiral - *luósī*

screwdriver - *luósī-dāo*

seafood - *hǎixiān*

seal up; seal airtight - *mìfēng*

seal; stamp - *túzhāng*

seaside; seafront - *hǎibiān*

second floor - *èrlóu*

seconds (on the clock) - *miǎo*

secretary - *mìshū*

see (consult) a doctor - *kànbìng*

see, look at - *qiáo*

see, meet with - *kànjiàn*

see, meet, perceive - *jiàn*

seem; be like - *hǎoxiàng*

seem; be more or less the same - *fǎngfú*

self - *jǐ*

self, from - *zì*

selfish - *zìsī*

sell - *mài; shòu*

sell to - *màigěi*

semester - *xuéqī*

send out; issue; deliver; distribute - *fā*

send, deliver - *sòng*

send; dispatch - *dǎfā*

senior (student) - *sì-niánjí*

sensation; feeling; sense perception - *gǎnjué*

sentence - *jùzi*

separate, other; don't - *bié*

September - *jiǔyuè*

serve in the armed forces; be a soldier - *dāng bīng*

serve; clothing - *fú*

service - *fúwù*

service personnel; attendant; desk clerk - *fúwù-yuán*

sesame oil - *xiāngyóu*

set out, start off; send out, dispatch - *chūdòng*

set out; start off; depart - *chūfā*

set the table - *bái wǎnkuài*

seven - *qī*

English - Chinese (Pinyin)

shack; shed; shanty - *wōpéng*

shadow - *yǐng*

shake hands - *lāshǒu*

shake hands; clasp hands - *wò shǒu*

Shanghai - *Shànghǎi*

share, portion; measure word for
copies/newspapers/etc. - *fèn*

share; stock - *gǔfèn*

sharp knife - *kuài dāo*

shave the face - *guāliǎn*

she, her - *tā*

sheep's wool - *yángmáo*

sheet - *chuángdān*

sheet (of paper); a piece of writing - *piān*

shelf - *jiàzi*

Shenyang - *Shěnyáng*

shoelace; shoestring - *xiédài*

shoes - *xié*

shoot (a movie); take (a picture) - *pāi*

shop - *diàn*

shop; store - *shāngdiàn*

short - *duǎn*

short of stature - *gèzi-ǎi*

show; performance - *chǎng*

shower; take a bath - *xǐzǎo*

shut, close; turn off; lock up - *guān; guānmér*

Siberia - *Xībóliyà*

Sichuan - *Sìchuān*

sick; sickness, disease - *bìng*

sick; uncomfortable - *bù shūfú*

side with, be partial to; prep. to, towards; adv. always,
all along - *xiàng*

sign - *páizi*

sign/initial (a document) - *qiānshǔ*

sign; affix one's signature - *qiānzì*

sign; autograph - *qiān*

signboard listing train numbers and destinations -
chēcì-biǎo

silk goods; silks - *sīchóu*

silly; not have meaning - *méiyǒu yìsi*

silver - *yín*

silver (used as currency) - *yínliǎng*

simple - *jiǎndān*

English - Chinese (Pinyin)

simply; at all - *jiǎnzhí*

simultaneously; at the same time - *yìbiān*

simultaneously; in unison; together - *yìqí*

since - *yǐlái*

Singapore - *Xīnjiāpō*

single - *dān*

single room - *dānrén fángjiān*

single; unitary - *dānyī*

singles bar - *dānshēn-Hàn jiǔbā*

singles bar (vulgar) - *guāngguǎr-Hàn jiǔbā*

sinology, study Chinese - *Hànxué*

sit, go by - *zuò*

six - *liù*

skirt - *qúnzi*

sky - *tiānkōng*

sky, heaven, day - *tiān*

slander; malign - *huībàng*

sled; sleigh - *xuěqiāo*

sleep in; get up late - *shuì lǎn jiào*

sleep, go to bed - *shuìjiào*

sleeveless garment - *bèixīn*

slice; flake; part - *piàr*

slide show - *huàndēng*

slightly; a little; a bit - *shāowēi*

slipcase - *shūtào*

slippers - *tuōxié*

slippery - *huá-liúliú de*

slogan - *kǒuhào*

slow - *màn*

slow train (stops at all stations) - *màn chē*

sly, crafty - *jiǎohuá*

small - *xiǎo*

smart; beautiful; graceful - *shuài*

smelly - *chòu*

smile, laugh; ridicule, laugh at - *xiào*

smiling face - *xiàoliǎn*

smoke (cigarette/pipe) - *chōuyān; xīyān*

smoke warning - *jǐngbào-qì*

snacks; between meal nibbles - *língshí*

snake meat - *shéròu*

snow - *xuě*

so as not to; in order to avoid - *yǐmiǎn*

English -   Chinese (Pinyin)

so far; up to now; to this day - *zhìjīn*

so long as; provided - *zhǐyào*

so so, not so good - *bù zěmme yàng*

so that; in order to; so as to - *yǐbiàn*

so-called; what is called - *suǒwèi*

so; such; this way; like this - *zhème*

soak; dip; immerse; steep; infuse - *pào*

soak; make wet/damp - *nèng shī*

soap - *féizào*

soccer - *zúqiú*

social class - *jīejí*

Social Science - *shèhuì-kēxué*

socks - *wàzi*

soda; pop - *qìshuǐ*

soft - *ruǎn*

soft sleeper (class of train ticket) - *ruǎnwò*

soldier, weapon - *bīng*

solely; only; merely; alone - *guāng*

solo (instrumental solo) - *dúzòu*

solve problems - *jiějué wèntí*

some; a while - *yí huǐr*

son - *érzi*

son, nominal suffix - *ér; zi*

sooner or later - *záowǎn*

sophomore (student); second year - *èr-niánjí*

sore throat - *sǎngzi-téng*

sort, kind; need - *zhǒng*

sound; voice - *yīn*

south - *nán*

South China Sea; Nanhai Sea - *Nánhǎi*

southeast - *dōngnán*

southwest - *xīnán*

space between - *jiān*

Spades (suit of cards) - *hēitáo*

Spain - *Xībānyá*

spare cash - *xiánqián*

speak - *huì shuō*

speak, say, tell; explain - *jiǎng*

speak, talk - *shuōhuà*

speak, talk, address; speech - *jiǎnghuà*

special - *tè*

special; particular; exceptional - *tèshù*

English -   Chinese (Pinyin)

specialize - *zhuānmén*

speech, language - *huà*

speed limit - *xíngchē sùdù guīdìng*

speed; velocity; tempo; rate - *sùdù*

speedboat; motor boat - *kuàitǐng*

spendthrift - *huā qián*

spent; all spent - *huā guāng le*

spinning and weaving - *fǎngzhī*

spirit; mind; consciousness - *jīngshén*

spit - *tù tán*

split it open; to split open - *pòkāi*

spoiled, bad; broken; go bad - *huài*

sports meet; athletic meeting; games - *yùndòng-huì*

sports score - *bǐsài-fēnshù*

sports stadium - *tǐyù-guǎn*

sportsman; athlete - *yùndòng-yuán*

spread out, unfold; launch, carry out - *zhǎnkāi*

spread out; classifies flat things or measures flat commodities - *zhāng*

spring season - *chūnjì*

spring(time) - *chūn*

springtime, in Spring - *chūntiān*

spy; special agent - *tèwù*

square foot - *píngfāng-yīngchǐ*

square foot (Chinese units) - *píngfāng-shìchǐ*

square inch - *píngfāng-yīngcùn*

square kilometer - *píngfāng-gōnglǐ*

square meter - *píngfāng-mǐ*

square mile (British system) - *píngfāng-yīnglǐ*

square mile (Chinese units) - *píngfāng-shìlǐ*

square yard - *píngfāng-mǎ*

square, place; just, only just - *fāng*

stable, quiet, settled - *āndìng*

stage; arena - *wǔtái*

staircase - *lóutī*

stalagmite - *shísǔn*

stamp (one's foot) - *duòjiǎo*

stand treat; give a dinner party - *qǐngkè*

stand up; sit up; rise to one's feet - *qǐlái*

stand up; station; stop; terminus - *zhàn*

standard; criterion - *biāozhǔn*

standardized; uniform - *huàyī*

star - *xīng*

English - Chinese (Pinyin)

start (a machine); switch on - *qǐdòng*

start of a race - *qǐpǎo*

start; begin - *kāishǐ*

start; to open; to drive; bloom - *kāi*

(U.S.) state - *zhōu*

state governor - *zhōuzhǎng*

statistics - *tǒngjì*

statue - *sùxiàng*

stay - *dāi*

steal; pilfer; make off with - *tōu*

steam, spirit - *qì*

steamed dumplings - *jiǎozi*

steamed stuffed bun - *bāozi*

steamer, steamship - *qìchuán*

steering (wheel) - *fāngxiàng-pár*

stepmother - *jìmǔ*

steps, ladder - *tī*

stick, twig; particle, classifies twig-like nouns - *zhī*

stiff - *yìng*

stifling (as the weather); sultry (weather) - *mèn*

still (is); bias towards being true - *háishì*

still won't - *yě méiyǒu*

stingy [small spirit] - *xiǎoqì*

stingy; miserly; mean - *lìnsè*

stir-fry; fry; sauté - *chǎo*

stitch; sew - *féng*

stock exchange - *gǔpiào-shìchǎng*

stock; share certificate - *gǔpiào*

stomach - *dù*

stomachache - *dùzi-téng; wèiténg*

stone - *shí*

stop; cease; halt; call off - *tíngzhǐ*

store - *pùzi*

storytelling - *shuōshū*

straight (in game of Poker) - *lián-pái*

straight, direct - *zhí*

strait; channel - *hǎixiá*

strange - *kěguài*

strange to say; unorthodox - *guàidào*

strange; novel; new - *xīnqí*

strawberry - *cǎoméi*

street - *jiēdào*

English - Chinese (Pinyin)

strength; power - *lìliàng*

strike - *dǎ*

strike; go on strike - *bàgōng*

string - *shéngzi*

stringed instrument (e.g., violin, piano) - *qín*

strip; classifier - *tiáo*

strong; thick of liquids - *nóng*

struggle; fight; strive - *fèndòu*

student - *xuéshēng*

study, learn; emulate - *xué(xí)*

study; studio - *shūfáng*

stupid - *shǎ-húhú de*

stupid; foolish; thoughtless - *shǎ(guā)*

stupidly - *shǎ bù lājī*

style of writing; way of writing characters - *xiěfǎ*

submarine - *qiánshuǐ-tǐng*

submerge; flood; inundate - *yānmò*

subtract; minus - *jiǎn*

succeed; success - *chénggōng*

suddenly; all of a sudden - *hūrán*

suitable - *yì*

summer - *xià*

summer season - *xiàjì*

summer vacation - *shǔjià*

summertime - *xiàtiān*

Sun Yat-sen - *Sūn Zhōngshān*

sun, day - *rì*

sun; sunshine, sunlight - *tàiyáng*

sunbathe; sit in the sun - *shài tàiyáng*

sunburn - *shài hóng*

Sunday - *xīngqī-rì; lǐbài-tiān; lǐbài-rì*

sundial - *rìguǐ*

sunflower - *kuíhuā*

sunshine - *yángguāng*

supermarket - *chāojí-shìchǎng*

supervise - *guānzhào*

supply, furnish - *gòngyíng*

Supreme Court - *chāojí-fǎtīng*

surgery - *wàikē*

surmise; conjecture - *cāiduó*

surname - *xìng*

surpass - *yù*

English - Chinese (Pinyin)

surplus; remnant - *shèng*

sustain; hold out; bear - *zhīchí*

sweater, woolly - *máoyī*

sweep the floor; reach rock bottom - *sǎodì*

sweep; clean - *dǎsǎo*

sweet; agreeable - *tián*

swim; swimming - *yóuyǒng*

switch - *kāiguān*

Switzerland - *Ruìshì*

symbol, emblem; symbolize, signify - *xiàngzhēng*

system - *xìtǒng*

system/form of government - *zhèngtǐ*

T-shirt - *duǎnxiù-chényī*

table - *zhuōzi*

table, desk; measure word for performances/engines, etc. - *tái*

tailor; dressmaker - *cáiféng*

Taipei - *Táiběi*

Taiwan - *Táiwān*

take a risk; take chances - *màoxiǎn*

take a walk; go for a walk - *sànbù*

take aim at - *miáozhǔn*

take care; be careful - *xiǎoxīn*

take down (in writing); notes - *bǐjì*

take for, in, at, suitable - *dāng*

take leave (of one's host) - *gàocí*

take leave of - *líbié*

take office - *shàngtái*

take root - *shēng gēn*

take the place of - *dài*

take, particle; by means of - *yǐ*

take; bring; carry - *dài*

take; pick up; hold - *ná*

take; withdraw - *qǔ*

tall of stature - *gèzi-gāo*

tape recorder - *lùyīn-jī*

taste; experience - *cháng*

tasty, delicious - *hǎochī*

tax - *guānshuì*

tea - *chá; cháshuǐ*

tea (leaves) - *cháyè*

teach - *jiāo*

teach school; teach - *jiāoshū*

English - Chinese (Pinyin)

teach; lecture - *jiǎngkè*

teacher (polite address) - *lǎoshī*

teacher; school teacher - *jiàoshī*

teacup - *cháwǎn*

team member - *duìyuán*

team, group; row of people, line - *duì*

technical; technology - *jìshu*

teeth - *yáchǐ*

telegram - *diànbào*

telephone - *diànhuà*

telephone expenses, bill - *diànhuà fèi*

telephone extension (interior line) - *nèixiàn*

telephone number - *diànhuà hàomǎ*

television - *diànshì*

tell secrets - *xièlòu mìmì*

tell; instruct - *fēnfù*

tell; let know - *gàosù*

temperament - *píqì*

temperate; mild; moderate - *wēnhé*

temporary worker; casual laborer - *línshí-gōng*

ten - *shí*

ten thousand - *wàn*

tend to need - *hái yào*

tennis - *wǎngqiú*

tennis shoes - *yùndòng-xié*

terminology - *shùyǔ*

terrific; very good - *dǐng hǎo*

terror - *kǒngbù*

test, try - *shì*

textbook - *jiàoběn; kèběn*

textbook; teaching book - *jiàokè-shū*

Thailand; Thai - *Tàiguó*

thank you, thanks - *xièxie*

that - *nà, nèi*

that's nothing - *nà méiyǒu shémme liǎo bù qǐ*

the Cultural Revolution - *Wénhuà-Dà-Gémìng*

the east; the East, the Orient - *dōngfāng*

the five apertures: mouth, throat, nose, eyes, and ears - *wǔguān-kē*

the four tones - *sìshēng*

"The Godfather, III" (movie) - *Shénfù Dì-sānjí*

the human world - *rénjiān*

the less...the less - *yuè bú...yuè bú*

English - Chinese (Pinyin)

the Liberation - *jiěfàng*

the masses - *qúnzhòng*

The People's Republic of China - *Zhōnghuá Rénmín Gònghé Guó*

the South - *nánfāng*

the top of the head - *tóudǐng*

the west; the West, the Occident - *xīfāng*

the whole family - *mǎnmén*

their, theirs - *tāmen de*

then; after that; afterwards - *ránhòu*

theory; doctrine - *xuéshuō*

there - *nàr (nàlǐ)*

therefore, so - *suóyǐ*

these - *zhè xie*

they - *tāmen*

thick - *hòu*

thin - *bó; shòu*

thing - *dōngxī*

think - *sī*

think deeply; ponder - *sīsuǒ*

think over; consider - *kǎolǜ*

think; believe; consider - *yǐwéi*

think; use your brain - *dòng nǎozi xiǎng*

think; want to, feel like doing (something) - *xiǎng*

third class; third rate - *sānděng*

Third World country - *Dì-Sān Shìjiè de guójiā*

this - *zhè*

this month - *zhè ge yuè*

this week - *zhè ge xīngqī*

this year - *jīnnián*

thorough - *chèdǐ*

though; although - *suīrán*

thoughts; trend of thought, ideological trend - *sīcháo*

thousand - *qiān*

threaten; intimidate - *dònghè*

three - *sān*

Three Gorges - *Sānxiá de lúnchuán*

through train (general fast train) - *pǔtōng kuàichē*

through; nonstop - *zhídá*

throw; toss - *rēng*

Thunder God - *Léigōng*

Thursday - *xīngqī-sì; lǐbài-sì*

Tibet - *Xīzàng*

English - Chinese (Pinyin)

ticket - *piào*

ticket (for train or bus) - *chēpiào*

ticket hall; ticket office; box office - *shòupiào-chù*

ticket window - *shòupiào-chuāng*

tide - *cháoshuǐ*

tidy; put in order; clear away - *shōushí*

tiger - *láohǔ*

Tigers (baseball) team - *Láohǔ-duì*

time - *shí; guāngyīn*

time (point in/duration of); moment - *shíhòu*

time; duration - *shíjiān*

times; age; era; epoch - *shídài*

tin; can - *guàntóu*

tincture of iodine - *diánjiǔ*

tip; gratuity - *xiǎofèi*

tires (noun) - *lúntái*

to death, extremely - *sǐ le*

to do business; to open a shop - *zuò mǎimài*

to make tea - *pào chá*

to telephone - *dǎ diànhuà*

to the end; to the finish - *dàodǐ*

to; toward (e.g., turn toward) - *wàng*

today - *jīntiān*

together - *yìqǐ*

together; at same place - *yíkuàr*

toilet - *cèsuǒ*

toilet paper - *cáozhǐ*

Tokyo - *Dōngjīng*

tomorrow - *míngtiān*

tomorrow morning - *míngzǎo*

ton - *dūn*

tone - *shēng*

too much trouble; troublesome - *fèishì*

too; adjective - *tài*

tool; instrument; implement - *gōngjù*

toothpaste - *yágāo*

tornado - *lóngjuǎn-fēng*

total, all together - *yígòng*

touch; come into contact with; be affected by - *zháo*

tough - *zhuàngdà*

tour; tourism - *lǚyóu*

tour; visit; go sightseeing - *guānguāng*

English - Chinese (Pinyin)

tourist - *yóukè*

tourist group - *lǚxíng-tuán*

tourist; sightseer; visitor - *yóurén*

toward (e.g., go toward); in the direction of - *wǎng*

toward; (in regard) to; at; for - *duìyú*

towel - *máojīn*

town, city - *chéngshì*

town, wall - *chéng*

track and field (sports/athletics) - *tiánjìng*

tractor - *tuōlā-jī*

trade/labor union - *gōnghuì*

trade; profession - *hángyè*

traffic light - *hónglǜ-dēng; jiāotōng zhǐhuī-dēng*

traffic; transportation; communications - *jiāotōng*

train - *huǒchē*

train schedule - *huǒchē shíkè-biǎo*

train station - *huǒchē-zhàn*

traitor (to China) - *hànjiān*

tram, trolley - *diànchē*

Trans-Siberian Railway - *Xībóliyà tiělù*

transceiver; broadcasting station - *diàntái*

transfixed [lit. eyes not revolve eyeballs] - *mù bú zhuàn jīng*

translate; interpret - *fānyì*

transliteration syllable - *pí*

transparent - *tòuguāng*

travel - *lǚxíng*

travel; go out - *chū mén*

traveler's check - *lǚxíng zhīpiào*

treat; cure - *zhìliáo*

trouble [lit. drop anchor] - *pāomáo*

trouble, mishap; question, problem - *wèntí*

truck - *kǎchē*

truck; freight train - *huòchē*

trunk - *chēxiāng*

trustworthiness; credit - *xìnyòng*

truth - *shíhuà*

Tuesday - *xīngqī-èr; lǐbài-èr*

tuition - *xuéfèi*

turn; change direction - *guǎi*

TV Guide - *diànshì-bào*

TV soaps - *diànshì féizào liánxù-jù*

two (number) - *èr*

English - Chinese (Pinyin)

two (of a kind); always used when counting things - *liǎng*

two; some; several - *liǎ*

U.S. dollar, $ - *Měiyuán*

ugly - *bù hǎokàn*

ugly; ghastly - *èxīn*

ultraviolet rays - *zǐwài-xiàn*

umpire, ref - *cáipàn*

uncle, mother's brother - *jiùjiu*

uncle; father's younger brother - *shūshu*

unclear; illegible - *bù qīngchǔ*

under, below; positional noun - *xià; xiàbiān; xiàmiàn; xiàtou*

under; below; beneath - *dǐxià*

underclothes; shirt - *chènyī*

understand - *dǒng; tīngdǒng; tōngdá*

understand; clear - *míngbái*

uniform - *zhìfú*

unify, unite, integrate - *tǒngyī*

unit - *dānwèi*

unite; rally - *tuánjié*

universal; all creation - *wànyǒu*

university - *dàxué*

University of Michigan - *Mìdà*

unlikely, be unlikely; be unable to - *bú huì*

untie, unloose; settle disputes - *jiěkāi*

updated [lit. change new ones] - *huàn xīn de*

upset; be vexed; be perturbed - *xīnfán*

urgent; pressing - *kóngzǒng*

Urumchi - *Wūlǔmùqí*

use - *yòng*

use, action, function; effect - *zuòyòng*

use; usage - *yòngfǎ*

used to (habitual action in the past) - *guòqù*

useful - *yǒuyòng*

usually - *píngcháng; zhàolì*

utilize; wield; apply - *yùnyòng*

vacation - *dù jià*

vain - *chòuměi*

value - *jiàzhí*

various - *zhǒngzhǒng*

various kinds, categories, etc. - *gèzhǒng*

various, mixed, confused - *zá*

English - Chinese (Pinyin)

vegetable dish - *sùcài*

vegetarian - *chīsù*

vehicle - *chē*

very - *hěn*

very poor; in deep need - *qióngkǔ*

very, rather - *tǐng*

veteran; old hand - *láoshǒu*

video - *lùxiàng-dài*

video game - *diànzi yóuxì*

Vietnam - *Yuènán*

vigor - *jìngr*

village - *cūnzi*

violence - *bàoxíng*

violin (the violin family) - *tíqín*

visitor at a meeting - *pángtīng*

vocabulary - *cíhuì*

vote, to cast a vote; to ballot - *tóupiào*

walk, go on foot - *zǒulù*

wall - *qiáng*

wallet; pocketbook - *pí-jiāzi*

want to - *xiǎngyào*

War and Peace - *Zhànzhēng yǔ Hépíng*

war; warfare - *zhànzhēng*

warm - *nuǎnhé*

wash hands - *xíshǒu*

wash one's hair; shampoo - *xǐtóu*

wash; bathe; develop (a film) - *xǐ*

washing machine - *xǐyī-jī*

Washington - *Huáshēngdùn*

waste - *fèi*

waste of time - *làngfèi shíjiān*

waste time - *cuōtuó*

waste, squander - *làngfèi*

watch, look, see; read - *kàn*

water - *shuǐ*

water power; hydraulic power - *shuǐlì*

water, irrigate - *jiāoshuǐ*

Watergate affair/incident - *Shuǐmén-shìjiàn*

watermelon - *xīguā*

watermelon seed - *guāzi*

waterpipe - *shuǐguǎn*

wave one's hand; wave - *huīshǒu*

English - Chinese (Pinyin)

wave, waste - *làng*

way of doing or making a thing - *zuòfǎ*

we (including both the speaker and the people spoken to) - *zán*

we, us - *wǒmen*

weak; feeble - *ruǎnruò*

weakness; weak point - *ruòdiǎn*

wealth - *zī*

wealth; money - *cái*

wear - *chuān*

weather - *tiānqì*

weave; knit - *biānzhī*

wedding ceremony; wedding - *hūnlǐ*

Wednesday - *xīngqī-sān; lǐbài-sān*

weekend - *zhōumò*

weekly publication (e.g., magazine) - *zhōukān*

well-known; famous - *yǒumíng; hǎowén*

west - *xī*

what - *shén*

what's (it) like? - *zěmme yàng*

what (thing)? - *shémme*

what is your (honorable) surname? - *guì xìng*

what place; whereabouts - *shémme dìfāng*

what time is it; at what hour? - *jǐdiǎn (zhōng)*

what to do; why on earth; whatever for - *gàmmá*

what/which year? - *nǎnián*

whatever you do - *qiānwàn*

wheel (of a vehicle) - *chēlún*

when, what time? - *shémme shíhòu*

when; by the time - *děngdào*

where; (in, at) what place? - *zài nǎr*

where? - *nǎr*

whether or not; whether; if - *shìfǒu*

which month? - *jǐyuè*

which one? - *nǎ*

which year? - *nǎ-yì nián*

whisky; scotch - *wēishìjì-jiǔ*

white - *bái*

White House - *báigōng*

White Swan (Hotel, in Guangzhou) - *Bái-tiānér*

who? - *shéi*

whole (full) audience - *mǎnzuò*

whole, total - *gòng*

English -   Chinese (Pinyin)

whole; complete; total; all - *quánbù*

why? - *wèi shémme*

widow - *guǎfù*

wife (outside P.R.C.) - *(wǒ) tàitài*

win (used when not quoting the score) - *yíng*

win (used when quoting the score) - *shèng*

wind, style - *fēng*

window - *chuānghù*

window; wicket - *chuāngkǒu*

wineglass - *jiǔbēi*

wines and spirits - *míngjiǔ*

winter - *dōng*

winter season - *dōngjì*

winter vacation - *dù hánjià*

wintertime - *dōngtiān*

wipe; rub; brush - *cā*

wish, like, want; be willing - *yuànyì*

wishful thinking - *wàngxiǎng*

with, to, from (prep.); and (conj.) - *gēn*

within; less than - *yǐnèi*

witness - *zhèngrén*

wolfhound - *lánggǒu*

wolfing, eat in a hurry - *láng tūn hǔ yàn*

woman - *fùnǚ*

woman; female - *nǚ*

women's department - *fùnǚ-kē*

women's volleyball - *nǚrén-páiqiú; nǚpái*

wood - *mù*

woods; grove - *shùlín*

word - *dāncí*

word, speech - *yǔ*

words, speech - *yán*

work - *gōng*

work (usually in an office); handle official business - *bàngōng*

work permit - *gōngzuò-zhèng*

work, labor; physical/manual labor - *láodòng*

work/study, [half-work, half-study] - *bàngōng-bàndú*

work; handle affairs - *bànshì*

work; to work; job - *gōngzuò*

worker - *gōngrén*

works (of literature and art) - *zuòpǐn*

world - *shì; shìjiè*

English -   Chinese (Pinyin)

worldly - *lǎo-yú-shìgù*

worry; feel anxious - *zháojí*

wristwatch - *shóubiǎo*

write - *xiě*

write (write characters) - *xiězì*

writing - *xiězuò*

writing brush; Chinese brush pen - *máobǐ*

wrong; mistaken - *cuò*

X-rated movie - *huángsè diànyǐng*

X-ray - *X-guāng*

Xi'an - *Xī'ān*

yak - *máoniú*

Yale University - *Yèlǔ dàxué*

Yan'an - *Yán'ān*

Yangtze River - *Chángjiāng*

yard - *mǎ*

year - *nián*

year after next - *hòunián*

year before last - *qiánnián*

year-era - *niándài*

Yellow River - *Huáng Hé*

Yellowstone National Park - *Huáng-Shí Gōngyuár*

yesterday - *zuó; zuótiān*

yesterday evening - *zuówǎn*

yield; submit - *dī tóu*

you (plural) - *nǐmen*

you (polite) - *nín*

you (singular) - *nǐ*

you compliment me; very kind of you to say so - *hǎoshuō*

you may, but... - *kéyǐ shì kéyǐ*

young - *niánqīng*

young man - *xiáo huǒzi*

younger brother - *dìdi*

younger generation; posterity - *hòubèi*

younger sister - *mèimei*

your, yours (plural) - *nǐmen de*

your, yours (polite) - *nín de*

your, yours (singular) - *nǐ de*

youth - *tóng*

zero - *líng*

Zhou Enlai - *Zhōu Ēnlái*

zoo - *dòngwù-yuán*

Index